Conversando com o
CADE

Pedro Dutra

Conversando com o
CADE

Instituto Brasileiro de Estudos de Concorrência,
Consumo e Comércio Internacional

EDITORA SINGULAR

C766 Conversando com o Cade. / Organizado por Pedro Dutra. São Paulo: Singular, 2009.
386 p.

Depoimentos de: Mauro Grinberg, Ruy Coutinho do Nascimento, Neide Teresinha Malard, Lucia Helena Salgado e Silva Pedra, Renault de Freitas Castro, Arthur Barrionuevo Filho, Ruy Afonso de Santacruz Lima, Marcelo Procópio Calliari, João Bosco Leopoldino da Fonseca, Hebe Teixeira Romano Pereira da Silva, João Grandino Rodas, Afonso Arinos de Melo Franco Neto, Celso Fernandes Campilongo, Thompson Almeida Andrade, Roberto Augusto Castellanos Pfeiffer, Ronaldo Porto Macedo Jr., Fernando de Oliveira Marques, Cleveland Prates Teixeira, Elizabeth Maria Mercier Farina, Luis Fernando Rigato Vasconcellos, Ricardo Cueva, Luiz Carlos Thadeu Delorme Prado, Luis Fernando Schuartz.

ISBN: 978-85-86626-49-4

1. Conselho Administrativo de Defesa Econômica (Brasil) (Cade). 2. Concorrência, Brasil. I. Dutra, Pedro. II. Grinberg, Mauro. III. Nascimento, Ruy Coutinho do. IV. Malard, Neide Teresinha. V. Salgado, Lucia Helena. VI. Castro, Renault de Freitas. VII. Barrionuevo, Arthur. VIII. Lima, Ruy Afonso de Santacruz. IX. Calliari, Marcelo Procópio. X. Fonseca, João Bosco Leopoldino da. XI. Romano, Hebe Teixeira. XII. Rodas, João Grandino. XIII. Franco Neto, Afonso Arinos de Melo. XIV. Campilongo, Celso. XV. Andrade, Thompson Almeida. XVI. Pfeiffer, Roberto Augusto Castellanos. XVII. Macedo Jr., Ronaldo Porto. XVIII. Marques, Fernando de Oliveira. XIX. Teixeira, Cleveland Prates. XX. Farina, Elizabeth Maria Mercier. XXI. Vasconcellos, Luis Fernando Rigato. XXII. Cueva, Ricardo. XXIII. Prado, Luiz Carlos Delorme. XXIV. Schuartz, Luis Fernando. XXV. Título.

CDU: 347.733   CDD: 338.85 21

Diagramação eletrônica: Microart
Capa: Casa de Tipos

© Copyright - Editora Singular Ltda.

Telefone: 11 3862-1242
Internet: www.editorasingular.com.br
E-mail: singular@singular.com.br

À Francis e ao Eduardo,
companheiros de jornada.

SUMÁRIO

Apresentação	9
Mauro Grinberg	17
Ruy Coutinho do Nascimento	25
Neide Teresinha Malard	39
Lucia Helena Salgado e Silva Pedra	55
Renault de Freitas Castro	67
Arthur Barrionuevo Filho	77
Ruy Afonso De Santacruz Lima	95
Marcelo Procópio Calliari	107
João Bosco Leopoldino da Fonseca	119
Hebe Teixeira Romano Pereira da Silva	125
João Grandino Rodas	133
Afonso Arinos de Melo Franco Neto	137
Celso Fernandes Campilongo	145
Thompson Almeida Andrade	159
Roberto Augusto Castellanos Pfeiffer	169
Ronaldo Porto Macedo Jr.	181
Fernando de Oliveira Marques	195
Cleveland Prates Teixeira	203
Elizabeth Maria Mercier Querido Farina	219
Luis Fernando Rigato Vasconcellos	231
Ricardo Villas Bôas Cueva	243
Luiz Carlos Thadeu Delorme Prado	253
Luis Fernando Schuartz	265
Colegiados do Cade 1962-2008	277

APRESENTAÇÃO

Este livro procura registrar a trajetória da defesa da concorrência no Brasil, as suas realizações e as suas limitações. *Conversando com o CADE*[1] reúne depoimentos de ex-conselheiros do CADE. Todos eles responderam à igual ordem de perguntas, para que o leitor possa ter visões distintas sobre os mesmos temas, reproduzindo assim o que ocorre em um Conselho como o CADE, onde a mesma questão é decidida a partir de visões distintas, ainda que convergentes. A seleção dos entrevistados é de responsabilidade exclusiva do Autor, e procurou trazer ao leitor o quadro recente da defesa da concorrência no Brasil.

Agradeço a colaboração dos entrevistados, sem a qual esse livro não seria possível. Os ex-conselheiros João Bosco Leopoldino e João Grandino Rodas responderam por escrito às questões formuladas, o primeiro pela impossibilidade de uma entrevista pessoal e o segundo por opção própria. Todos os textos aqui reunidos foram revistos e aprovados pelos seus autores. Registro, com pesar, a decisão do ex-conselheiro Gesner de Oliveira, que, depois de concedida a entrevista, entendeu não encaminhá-la à publicação.

Agradeço o empenho do editor José Carlos Busto e à competente colaboração da acadêmica de direito Larissa Toyomoto na preparação deste livro.

***

A primeira Lei de Defesa da Concorrência foi editada em 1945, ao fim da ditadura Vargas[2]. Bem elaborada, jamais foi aplicada, porém.

---

[1] A fórmula *Conversando com* é de origem norte-americana e naquele país usada correntemente em livros sobre diferentes temas. No Brasil, recentemente, José Márcio Rego, sob título análogo, organizou três obras distintas e significativas: José Márcio Rego, Luiz Felipe L. Cozac e Ciro Biderman. *Conversas com economistas brasileiros*. São Paulo: Editora 34, 1996. 447 p. "Conversas com filósofos brasileiros". José Márcio Rego e Marcos Nobre. São Paulo: Editora 34, 2000. 431 p. e José Márcio Rego e José Geraldo Vinci de Moraes. *Conversas com historiadores brasileiros*. São Paulo: Editora 34, 2002. 399 p.

[2] Decreto-lei 7.666, de 22 de junho de 1945, de autoria de Agamenon Magalhães. Um excelente ensaio sobre a história de legislação da defesa da concorrência até 1985 foi feito por Franceschini e Franceschini. In: José Luiz Vicente de Azevedo Franceschini

Nova lei viria dezesseis anos depois – n.º 4.137, de 1962[3], substituindo aquela e dando execução concreta ao disposto na Constituição Federal de 1946, que pela primeira vez disciplinava essa matéria. O Conselho Administrativo de Defesa Econômica – CADE - foi criado, autorizado a reprimir o abuso do poder econômico das empresas, traduzido em condutas infrativas - cartéis, preços predatórios, venda casada, recusa de venda, etc. Mas não foi o CADE autorizado a prevenir o abuso do poder econômico que decorresse de atos de integração de empresas a importar em expressiva concentração de poder econômico de mercado – aquisições, fusões, *joint-ventures*, parcerias, etc.

Essa limitação à ação do CADE foi justificada sob duplo argumento, então majoritário: a industrialização do País estava em curso (sendo natural a concentração de empresas), e o Estado era o indutor desse processo; e o combate à carestia – o contínuo aumento dos preços, como então era referido – o objetivo maior de um órgão de defesa da concorrência. A experiência mostraria serem esses argumentos bem menos consistentes do que o pensamento dominante acreditava, mas, de qualquer forma, a defesa da concorrência não se afirmou. Sobrevindo a ditadura militar em abril de 1964, a vida política e econômica do País foi posta sob o controle incontrastado do Poder Executivo, e o CADE teria, de então por diante, ação inexpressiva, embora algumas das decisões tomadas por seu conselho nesse período, a estender-se até meados de 1980, mostrem considerável refinamento técnico[4].

---

e José Inácio Gonzaga Franceschini. *Poder econômico: exercício e abuso – direito antitruste brasileiro*. São Paulo: Ed. Revista dos Tribunais, 1985. p. 07-16.

[3] Cf. Antônio C. de Azevedo Sodré Filho e Lionel Zaclis. *Comentários à legislação antitruste: direito econômico, defesa da livre concorrência*. São Paulo: Atlas, 2002. p. 112-129.

[4] Mário Martins, senador pelo estado do Rio de Janeiro e ex-conselheiro do CADE, recordou em suas memórias a pressão arbitrária exercida pelo governo sobre o CADE: "A Revolução de 64 logo procurou liquidar o Cade. (...) As pressões começaram a se avolumar contra o Cade. As empresas acusadas de *dumping* no processo da barrilha mudaram subitamente de tom. Antes respeitosas e cerimoniosas em suas petições, tornaram-se atrevidas, como se quisessem dar o recado de que os tempos eram outros, sentiam-se com as costas quentes. Quando se aproximava a data do julgamento do processo, recebemos comunicado verbal de um coronel do Gabinete Militar da Presidência da República de que nenhuma decisão poderia ser tomada antes que o governo nos desse instruções. Estranhando a advertência, procurei o chefe da Casa Civil, Luís Viana Filho, dando-lhe conta do ocorrido e cientificando-o de que, em

Apresentação

Sob o novo regime político, seguiu-se uma estatização sem precedentes de empresas prestadoras de serviços públicos e de indústrias de base, submetida a economia do País à condução e à autoridade incontrastadas do Executivo, na qual a concorrência, como as demais liberdades públicas, viu-se praticamente eliminada, substituída por um rígido controle de preços, reservas de mercado, isenções fiscais e a criação de monopólios e oligopólios, estatais e privados. O desenlace desse regime centralizado e autoritário, onde praticamente toda a atividade econômica (e social e política) era ditada pelo Poder Executivo exclusivamente, é conhecido: depois de um rápido aumento da oferta de serviços e bens, a beneficiar sobretudo as camadas médias e altas da população, esboroou-se em meio à ineficiência, malversação de recursos públicos e à falta de investimento.

O novo processo de redemocratização deflagrado formalmente com a edição da atual Constituição Federal em 1988, a coincidir, não por acaso, com a desintegração política das economias autoritárias na Europa, fomentou a reprivatização das empresas estatais[5]. Pouco antes,

---

hipótese alguma, o Conselho aceitaria qualquer interferência do Executivo em seus trabalhos. Ele declarou que devia haver algum equívoco, pois o presidente jamais se envolveria em assuntos do Cade. Pouco depois, com igual firmeza, o general Ernesto Geisel, procurado por Vítor do Espírito Santo, de quem era amigo pessoal, também nos tranqüilizou. Apesar disso, as pressões continuaram. Semanas depois, uma ordem do punho do próprio presidente da República determinou o retorno às suas repartições de origem dos funcionários requisitados pelo Cade. Como o Conselho não tinha quadro próprio de pessoal, a determinação equivalia a um decreto de morte do órgão. Diante disso, resolvemos renunciar aos nossos mandatos de conselheiros.". In Mario Martins. *Valeu a pena: memórias de um jornalista e político de oposição que nunca foi do contra*. Organização, pesquisa e texto final de Franklin Martins. Rio de Janeiro: Nova Fronteira, 1996. p. 208-209.

Sobre as decisões, veja o sítio do CADE: www.cade.gov.br. e Franceschini&Franceschini, ob. cit.

[5] A infraestrutura dos serviços públicos no Brasil começou a ser implantada ainda no Império pela iniciativa privada, alcançando as capitais estaduais e federal e as cidades maiores dos estados mais desenvolvidos nas primeiras décadas do século passado. Cf. Urbanização e modernidade: entre o passado e o futuro (1808-1945). Nestor Goulart Reis Filho. In "Viagem incompleta: a experiência brasileira (1500-2000) – A grande transação". Organização de Carlos Guilherme Mota. São Paulo: Senac São Paulo, 2000. A partir da década de 1950, muitas das empresas prestadoras de serviços públicos, todas em dificuldades financeiras, em boa parte devido à falta de uma regulação técnica, dotada de independência hierárquica e decisória em relação ao poder Executivo, começaram a ser estatizadas, arcando os cofres públicos com suas vultosas

em 1986, fora o CADE reinstalado[6] devido à iniciativa ousada do então ministro da Justiça Paulo Brossard, que o viu, acertadamente, como um instrumento indispensável de defesa de uma ordem econômica democrática, que se pretendia implantar. Sob forte oposição do ministério da Fazenda, cuja burocracia relutava em abandonar os ineficazes mecanismos intervencionistas herdados do regime anterior, as condições materiais necessárias ao funcionamento do CADE não foram providas, e ele foi desativado, em 1989.

Mas por curto período. Em 1991, em curso a reprivatização e próximo o fim do processo inflacionário, foi o CADE reinstalado e, três anos depois, editada a atual Lei de Defesa da Concorrência, de n. 8.884/1994. Essa lei marca um avanço considerável na construção de um regime de intervenção democrática do Estado na economia, prevista na Constituição Federal.[7] Ao assegurar mandato fixo aos seus conselheiros, cuja indicação pelo presidente da República deve ser aprovada pelo Senado Federal, e estipular que das decisões de seu colegiado só cabe recurso ao Judiciário, a lei n. 8.884/1994 vem possibilitando não só a sobrevivência do CADE, mas a sua crescente participação na afirmação de uma economia moderna e democrática, fato que explica o apoio a ele prestado pela sociedade.

Esses dispositivos legais não seriam suficientes, porém, se não tivesse havido uma ampla e convergente percepção por parte dos consumidores, das empresas, dos últimos titulares dos ministérios da Justiça e da Fazenda, dos funcionários do CADE e dos operadores do Direito e da Economia nele atuantes: a percepção de que a concorrência só é livre se a repressão e a prevenção ao abuso do poder econômico forem promovidas na forma da Lei por órgão técnico e independente do Executivo, e que a livre concorrência, assim praticada, de fato beneficia tanto o consumidor quanto o empresário decidido a disputar com os demais a preferência do consumidor. Os depoimentos reunidos neste livro mostram a evolução dessa percepção, seus êxitos e seus desfalecimentos.

---

dívidas. Depois da Companhia Siderúrgica Nacional na década de 1940, começaram a ser criadas as empresas estatais e na década de 1970 esse processo foi intensificado. Portanto, não é exato falar em privatização, senão em reprivatização, a privatização parcial verificada nas duas últimas décadas.

[6] Em 1985, o CADE foi transferido do Rio de Janeiro para Brasília.

[7] A trajetória da intervenção do Estado na economia acha-se exemplarmente descrita e analisada por Alberto Venancio Filho em *A intervenção do Estado no domínio econômico: o direito público econômico no Brasil*. Rio de Janeiro: Renovar, 1998.

A intervenção democrática do Estado na economia prescrita na Constituição só pode ser feita – e só é eficaz - na forma da Lei. Ou seja, nos termos em que a Lei, votada pelo Congresso, prescrever, e não nos termos em que o Executivo – o governo federal – entender, seja o Presidente da República, ministro de Estado, ou qualquer outro servidor público. A intervenção democrática só pode se dar para regular e fiscalizar os mercados de bens e serviços, e não para o Estado concorrer com a iniciativa privada, ou a suprimir. Nesse contexto, é proibida pela Constituição a formação de monopólios privados, e aqueles estatais, além dos nela estipulados, só poderão vir a ser criados atendidos determinados requisitos legais.

A exemplo das economias democráticas avançadas, e daquelas cujos países renunciaram ao estatismo autoritário, a atual Constituição estipulou as diretrizes de um Estado fortemente interventor na economia, mas para regulá-la e fiscalizá-la, a fim de nela reprimir o abuso de poder de mercado, que reduz ou elimina a livre concorrência. Esse Estado *regulador* e *fiscalizador* precisa organizar a sua administração pública para que ele possa prolongar e tornar efetiva a sua atuação regulatória e fiscalizatória sobre todos os mercados de bens e serviços, pelos quais se desdobra a atividade econômica. Mas o Estado regulador e fiscalizador só conseguirá cumprir esse objetivo por meio da ação, contínua e desembaraçada, de órgãos reguladores e de defesa da concorrência eminentemente técnicos, dotados de independência hierárquica e decisória em relação ao poder Executivo, assegurado a seus titulares mandatos fixos, garantias que os colocam a salvo da influência político-partidária, que distingue a ação do governo.

A regulação é necessária nos mercados onde a concorrência não é suficiente para neles impedir condutas abusivas por parte dos monopólios e oligopólios que aí se formam naturalmente, já que pela estrutura desses mercados a oferta de serviços e bens só é economicamente viável se feita por uma ou poucas empresas. Recentemente, o avanço tecnológico registrado em alguns mercados estreitou essas duas formas de intervenção do Estado na economia.[8] Assim, a atividade regulatória hoje se volta cada vez menos para a fixação de tarifas de serviços e mais para a promoção da concorrência nos mercados regulados. Por exemplo, a telefonia móvel oferece competição à fixa, e a internet começa a opor con-

---

[8] Cf. "O controle da concentração do poder econômico de mercado e a defesa da livre concorrência". In: Pedro Dutra. *Livre concorrência e regulação de mercados: estudos e pareceres*. Rio de Janeiro: Renovar, 2003. p. 319-350.

corrência à televisão, onde canais abertos disputam com canais por assinatura; e os trens de alta velocidade, e mesmo autoestradas, competem com o transporte aéreo em determinadas distâncias[9].

Essa convergência entre os órgãos administrativos de intervenção do Estado na economia é, portanto, crucial, e os depoimentos aqui registrados mostram a complementaridade existente entre a regulação de determinados mercados e a defesa da concorrência, a alcançar a todos eles.

Desde a sua reinstalação em 1991, o CADE reúne o seu Conselho em público, a portas abertas, e, a partir de 2005, foram as suas sessões – e o inteiro teor dos debates aí travados – postas na rede em tempo real e arquivadas, áudio e texto, em seu sítio[10]. O texto das decisões tomadas pelo CADE e a agenda de seus conselheiros são também postas na rede; e, anualmente, é publicado detalhado relatório de atividades. Essa transparência expõe a ação do CADE à crítica permanente da sociedade, dos operadores do Direito e da Economia, e à análise diária da mídia.

A publicidade dos atos da administração pública, a mais ampla possível, é dever constitucional de todo servidor e órgão público. Nesse sentido, o CADE cumpre apenas a Lei. É a Lei que torna pública a ação da administração – daí o seu nome –, e não a vontade dos servidores; a estes cabe não vedar a publicidade de seus atos, que a Lei, antes, já determinou sejam públicos. A transparência do CADE não teria significado maior se esse princípio fosse ordinariamente cumprido pelos órgãos de intervenção do Estado na economia, cuja ação ordinária afeta a toda a população do País, direta ou indiretamente.

A ação e a transparência do CADE o acreditam junto à sociedade brasileira e à comunidade internacional, mas ela não tem sido suficiente para conquistar o apoio devido por parte do Poder Executivo e do Poder Legislativo. O CADE e a Secretaria de Direito Econômico, do Ministério da Justiça, esta incumbida de investigar as infrações à lei de defesa de concorrência e opinar sobre os atos de integração de empresas posteriormente julgados pelo CADE, ainda hoje não dispõem de qua-

---

[9] Veja-se, por exemplo, a opção posta ao consumidor, em vários países europeus, entre o trem e o avião. Em distâncias curtas e médias, o trem é um efetivo competidor do avião; em alguns países, dependendo da velocidade permitida ou tolerada nas rodovias, como na Alemanha, as autoestradas, para determinados percursos, podem ser uma alternativa àqueles dois meios de transporte.

[10] Sítio do CADE: www.cade.gov.br.

dro de pessoal próprio, e subsistem com orçamentos inacreditavelmente reduzidos. Em boa parte, a ação desses dois órgãos é antes mérito de seus funcionários, cujos salários estão entre os mais baixos da administração pública federal.

A presença efetiva do Brasil em uma economia globalizada exige uma sólida defesa da concorrência, a exemplo das economias democráticas. A experiência já provou, reiteradamente, ser a disputa entre empresas pela preferência do consumidor, na qual o abuso do poder econômico é prevenido e reprimido, um dos mais eficazes instrumentos de desenvolvimento econômico sustentado e de distribuição de renda. E, sobretudo, mostrou ser a arma mais eficaz para fortalecer empresas competitivas e, simultaneamente, proteger o consumidor, o seu direito a uma oferta ampla de produtos e serviços, a preços razoáveis e de boa qualidade.

Promover e guardar a livre concorrência é, hoje, uma política de Estado e assim deve ser cumprida.

Pedro Dutra

MAURO GRINBERG[1]

Mauro Grinberg, qual é a sua formação?

Mauro Grinberg: Eu me formei na Faculdade de Direito do Largo de São Francisco, em 1968, ou seja, entre o Ato Institucional n. 1 e o Ato Institucional n. 5. Na Faculdade não tive nenhum contato com Direito Econômico; no currículo havia apenas Economia Política, ministrada pelo prof. Pinto Antunes, e nada mais. Depois eu me mudei para Recife por motivos vários, e lá eu fiz o mestrado na Faculdade de Direito da Universidade Federal de Pernambuco, que é a Faculdade irmã da nossa aqui do Largo de São Francisco, em Direito Comercial; a minha dissertação era sobre protesto cambial, mais tarde um livro hoje totalmente desatualizado. Naquela época não havia direito da concorrência, não se ouvia falar em direito da concorrência. Paralelamente, eu passei a ensinar na Universidade Católica de Pernambuco, que queria instituir, para ser avançada, uma cadeira de Direito Econômico, e entre os professores de Direito Comercial eu fui o único a dizer: "É, eu gostaria de fazer isso". E comecei a estudar Direito Econômico a partir do nada, sem nenhuma experiência profissional, com conhecimento apenas teórico. Li o Ripert, o Azema, e havia um livro muito interessante, o único que se podia indicar, do Alberto Venancio Filho, a *Intervenção do Estado no domínio econômico*, e surgiu o livro do Schieber, *Abuso do poder econômico*. Aliás, o Schieber tem uma história interessante. Ele era professor de Direito do Trabalho e ganhou uma bolsa para estudar Direito da Concorrência no Brasil, ele que era professor de Direito do Trabalho. Eu o conheci tempos depois. Tivemos algumas conversas muito interessantes, mas ele nunca mais mexeu com Direito da Concorrência, foi só aquele livro. Mais tarde surgiu o livro do Modesto Carvalhosa, uma tese. No final da década de 1970, começo da década de 1980, no Recife, eu ministrei um curso de Direito Econômico: eu falava do CADE sem saber sequer onde ficava o CADE, eu sabia apenas que era no Rio de Janeiro.

---

[1] Mandato: 25.11.1986 a 1990.

Eu era procurador da Fazenda Nacional e fui convidado a me mudar para Brasília, para trabalhar na área que cuidava dos empréstimos externos, dos contratos de empréstimo externos em que a União estava envolvida. Quando o Sarney assumiu e o pernambucano Fernando Lyra foi nomeado ministro da Justiça, este nomeou como secretário geral do Ministério – hoje secretário executivo – o José Paulo Cavalcanti Filho; o ministro sabia que o Tancredo não vetaria o nome do José Paulo, dada a ligação íntima que o Tancredo tinha com o sogro do José Paulo, Armando Monteiro, pai do atual senador e presidente da Confederação Nacional da Indústria. O José Paulo já era meu amigo, uma amizade que ele herdou e fez questão de honrar, porque eu era muito amigo do pai dele, que foi uma espécie de orientador informal na minha dissertação, e não só na dissertação como em vários estudos que eu fiz; ele era o dono do famoso lápis vermelho, era um amigo muito dedicado e cuja memória me é muito grata. O José Paulo Filho me chamou para integrar uma comissão que iria não só preparar a transferência do CADE para Brasília, que ainda era sediado no Rio de Janeiro, mas iria instalá-lo, nos termos da Lei então vigente, a Lei 4.137/1962. Ele não acreditava que o Congresso votasse uma nova lei em prazo razoável, e por isso ele queria fazer o CADE funcionar com a lei em vigor: ele era partidário daquele dito segundo o qual lei boa é lei velha. A comissão era integrada pelo prof. Fábio Comparato, pelo Evaristo de Moraes, advogado criminal já falecido, Miécio Cavalcanti, procurador da República de Pernambuco, o sociólogo Clóvis Cavalcanti, Renato Tucunduva, especialista em direito do consumidor, que ainda não tinha esse nome, pois o código ainda não havia sido editado. Era um grupo multifacetado e fez um bom trabalho; dele resultou, em 1985, o decreto que regulamentou a Lei 4.137/1962. Dois tópicos dispostos no decreto surgiram pela primeira vez na legislação brasileira e existem até hoje, para o bem ou para o mal: o compromisso de cessação de prática e a sindicância, que o atual projeto de lei quer fazer retornar, porque as próprias averiguações preliminares tornaram-se contenciosas. Como nós não poderíamos mudar nem a jurisprudência nem a lei, então criamos a sindicância para evitar aquelas representações claramente estranhas ao direito da concorrência.

A comissão reunia-se no Ministério da Justiça, em Brasília, na sala do José Paulo, sempre com a sua presença; eram reuniões muito ricas porque, como ninguém tinha experiência nesse assunto, fazíamos um *brainstorming*; jogavam-se ideias na mesa e nós as debatíamos. O compromisso de cessação partiu do princípio de que o CADE tinha uma função educativa para o mercado; ou seja, em certas circunstâncias, se o CADE consegue resolver uma situação que é ruim para o mercado, ele cumpre a sua função, não precisa punir. Completado o seu trabalho, o grupo se desfez. O José Paulo chegou a ser nomeado presidente do CADE, mas o CADE não foi instalado. Ele trouxe o CADE do Rio de Janeiro para Brasília, que passou a funcionar em um dos anexos do Ministério da Justiça, creio que o anexo II. Mais tarde, o Fernando Lyra deixou o Ministério e com ele saiu o José Paulo.

Como se deu a sua ida para o CADE?

Mauro Grinberg: O sucessor do ministro Fernando Lyra foi o ministro Paulo Brossard, que convidou o professor Werther Faria, gaúcho e seu amigo, desembargador aposentado, professor de Direito Comercial da Universidade Federal do Rio Grande do Sul, para, com carta branca, formar o CADE. Eu estava aguardando o CADE ficar completo para ir procurar o Werther Faria para conversar com ele, contar o que acontecera naquela comissão, etc. Eu não queria procurá-lo enquanto ele não tivesse o CADE nomeado, por razões óbvias, mas quase no final de 1986 ele me ligou e me convidou para ser conselheiro do CADE. Todas as pessoas com as quais comentei sobre esse convite disseram-me que eu não deveria ir, só iria perder tempo e nada ganhar, pois eu já era funcionário público, seria uma mera transferência. Eu hesitei, pois não queria romper o meu vínculo com a Procuradoria, até porque não sabia o que iria acontecer com o CADE. Teimosamente, e depois de ter lido tanta coisa do que acontecia no exterior, resolvi aceitar porque pensei: se funcionava em outros países, viria a funcionar bem aqui no Brasil também algum dia.

Os meus colegas de Conselho foram: Werther Faria, presidente, já falecido; George Marcondes, já falecido, de São Paulo, ex-advogado do Banco Central, uma figura maravilhosa e um cultor do Direito; Ana Maria Ferraz Augusto, que se tornou juíza em Minas Gerais e deixou o Conselho, sendo substituída pela professora Isabel Vaz, também de Minas; e Geová Sobreira, o único economista do grupo. Éramos cinco no total. As reuniões eram mensais e eventualmente se fazia alguma extraordinária. Lembre-se de que, então, não havia previsão legal de se notificar ao CADE atos de concentração, embora tenha havido um ou outro ato de concentração notificado voluntariamente.

Quais foram os principais casos que você julgou?

Mauro Grinberg: Sem dúvida foi a união entre a Volkswagen e a Ford para criar a Autolatina, que foi aprovada no CADE como uma *joint venture* voltada à exportação: as empresas competiriam dentro do Brasil, e fora do Brasil elas uniriam esforços na exportação. O CADE aprovou o ato porque entendeu que, no mercado externo, elas estariam sujeitas a uma concorrência muito grande, o que não causaria problema concorrencial no mercado interno. A análise econômica foi muito rudimentar, a análise era quase só jurídica. Não havia um corpo técnico; os conselheiros, eles mesmos, analisavam o ato, praticamente sem apoio administrativo. Eu sequer tinha sala no CADE, trabalhava no meu gabinete no Ministério da Fazenda e só ia ao prédio do CADE para as sessões. Nenhum conselheiro tinha sala no CADE; havia uma sala coletiva em que todos ficavam na véspera da sessão. Tudo era muito frugal, o CADE não era convidado para seminários. O próprio Conselho Interministerial de Preços, o famigerado CIP, simplesmente ignorava os ofícios do CADE, pedindo preços de produtos e serviços, informações gerais de mercado. A relação do CADE com os órgãos do governo era muito tênue e pouco respeitosa.

Um outro caso envolvia a Copesul, a Petroplastic, a Petroquisa[2] e o que ainda era na época a Dow Chemical, no pólo petroquímico do Rio Grande do Sul. Como relator do caso, eu era obrigado a interrogar os acusados. Para esse fim, notifiquei o Paulo Belotti, presidente da Petroquisa, para comparecer e ser interrogado. O Aureliano Chaves, então ministro de Minas e Energia, foi ao presidente Sarney achando absurdo eu, conselheiro do CADE, obrigar o Paulo Belotti a comparecer a uma audiência. Não sei que palavras ele usou para se referir a mim, mas imagino que não tenham sido das mais elogiosas, pois o presidente chamou o Brossard, ministro da Justiça, e indagou o que deveria fazer, e o Brossard exigiu que a lei fosse cumprida, o que é mais ou menos óbvio,

---

[2] Processo Administrativo 89, de 10.08.1989 – Representante: Petroplastic Indústria de Artefatos Plásticos Ltda., Representada: Petrobrás Química S.A. – Petroquisa e outras.

mas na época não era tão óbvio assim. Quando eu me dirigi ao CADE para o interrogatório, eu não sabia se o Paulo Belotti iria atender ou não à notificação; saí da minha sala na Procuradoria e fui a pé, como eu costumava ir, ao Ministério da Justiça. Ao chegar ao CADE, notei algumas pessoas em volta do prédio, com uns olhares estranhos, e pensei: "meu Deus, o que vai acontecer agora?" E lá estava o Paulo Belotti extremamente amável, educadíssimo, e o interrogatório ocorreu sem nenhum percalço; ao final, depois de seu advogado ler o respectivo termo, ele o assinou. Foi um fato que só ganhou importância devido à resistência à autoridade do CADE.

Houve algumas condenações por violação à Lei de Defesa da Concorrência. Curiosamente, há alguns anos, bem depois de eu haver deixado o CADE, eu estava em um almoço, e a pessoa que estava ao meu lado disse: você é o Mauro Grinberg? Sou, por quê? Você aplicou a maior multa que eu já paguei. Confesso que houve um certo constrangimento na mesa, tive dificuldade de ingerir o resto do almoço, mas no fim tudo terminou bem, e esse cidadão depois se tornou meu amigo. Eu fui relator de outro caso, uma denúncia de preço predatório da Central Sul[3] e da Defensa. A Central Sul era uma Central de Cooperativas do Rio Grande do Sul que tinha algum benefício fiscal que utilizava em benefício de seus cooperados, o que do ponto de vista concorrencial era prejudicial, porém estava de acordo com a lei, e não se podia punir quem atuasse de acordo com a lei. Em dado momento, a Defensa, que era a empresa subsidiária da Central Sul, passou a vender defensivos fora do âmbito de seus cooperados por preço ainda menor do que o preço praticado junto a seus cooperados. Essa prática o CADE entendeu ser preço predatório e a puniu. Outro caso interessante, também de preço predatório – confesso que hoje teria decidido de maneira diferente –, foi da Orniex.[4] A Orniex representou contra a Bombril, porque essa teria vendido detergente a preço predatório. Na verdade, esse produto era controlado pelo CIP e, assim, a empresa poderia, a partir do preço do CIP, cobrar o preço que quisesse; em alguns momentos ela o vendeu por pre-

---

[3] Processo Administrativo 05, de 07.05.1987 – Representante: Nortox Agro Química S.A., Representadas: Central de Cooperativas de Produtores Rurais do Rio Grande do Sul – Central Sul e Defensa-Indústria de Defensivos Agrícolas S.A.

[4] Processo Administrativo 74, de 05.02.1987 – Representante: Orniex S.A.; Representada: Bombril Indústria e. Comércio Ltda.

ço inferior ao do CIP, havia documentos dizendo que ela tinha prejuízo com o preço "cipado", e então o CADE entendeu, sem nenhum estudo econômico, que isso era preço predatório.

Apesar das suas limitações, o CADE funcionava com total independência; o ministro, sempre por intermédio do Werther, pedia celeridade, nunca resultado. O ministro Brossard queria que o CADE funcionasse bem, até, creio, para neutralizar as pressões sobre ele. Não era, contudo, possível o CADE funcionar bem; nos três anos que lá fiquei não tínhamos, além de sala, biblioteca, arquivo, nada. Sequer sei onde foram parar os autos dos processos que julgamos e parece que ninguém sabe. Note-se que no início do governo Collor houve quase uma revolução interna em todos os Ministérios, no sentido de acabar com o velho e começar o novo; e daí, inclusive, veio a Lei 8.158/1992, porque a Lei 4.137/1962, diziam, não prestava, era velha. Eu tenho comigo os acórdãos, e já os tenho digitalizados. Pretendo editá-los, mas eu preciso ter um pouco mais de tempo para preparar as ementas padronizadas para que possam ser objeto de pesquisa algum dia, caso contrário não será objeto de pesquisa, porque não vai ser fácil catalogar.

Uma outra decisão muito interessante foi a que envolvia as indústrias de pneumáticos;[5] uma empresa que havia começado como uma borracharia e que por méritos óbvios dos seus titulares acabou crescendo e se tornando também uma loja de pneumáticos e produtos relativos, queria comprar pneus diretamente das indústrias, e as indústrias não queriam vender porque elas tinham limites para venda, tinham padrões de venda: vendiam apenas aos grandes compradores e aos distribuidores. Fui relator do caso e entendi que as indústrias estavam certas naquele ponto, mas elas deveriam ter critérios objetivos, ou seja, qualquer um que atingisse um critério objetivo poderia ter direito a comprar da indústria; caso esse critério não fosse atingido, que ele fosse comprar dos distribuidores. O mercado estava abastecido e era competitivo. E naquela época eu usei um dos poucos livros que havia, o do Hovenkamp, em que ele diz: se você tem 50 varejistas e você elimina um, se sobram 49 o mercado continua competitivo. Os pequenos varejistas não tinham acesso às indústrias, e eu entendi na época não ser necessário que tivessem, porque a indústria teria que criar todo um outro canal de distribuição muito mais sofisticado e custoso

---

[5] Averiguações Preliminares 159, de 12.10.1989 – Representante: Imbiribeira Pneus Ltda.; Representadas: Fázio e Fázio S.A., Cia. Goodyear do Brasil e Pirelli S.A.

– e naquela época eu nunca tinha ouvido falar de custo de transação, mas eu decidi de acordo com esse raciocínio. Note-se que estamos falando da pré-história do CADE, e não como ele é hoje.

Eu deixei o CADE em janeiro de 1990, já eleito o presidente Collor. O meu mandato era de quatro anos, os mandatos eram alternados, a cada ano vencia um mandato e com isso se preservava a memória do Conselho. Naquela altura, eu e o George Marcondes pedimos exoneração porque não queríamos ficar na mudança de governo, queríamos sair junto com o Werther Faria. Criou-se uma ligação muito grande entre nós, e não queríamos ficar sujeitos a influências desconhecidas; o Werther Faria era muito cordial, sério e tinha uma excelente formação jurídica, ele era cativante. A Isabel Vaz e o Jeová continuaram no Conselho, mas sem função até que uma norma qualquer os exonerou, apesar de eles terem mandato.

Qual a importância da defesa da concorrência para a sociedade brasileira?

Mauro Grinberg: O CADE de hoje é muito diferente do CADE da minha época; ele era, então, embrionário, as decisões, quando eu as leio hoje, algumas parecem pueris, não havia nenhuma sofisticação econômica; jurídica, sim, havia sempre um raciocínio jurídico desenvolvido. Além disso, o CADE lutava contra adversidades hoje inexistentes, como, por exemplo, crédito junto ao governo. O CADE não era um órgão reconhecido por outros setores do governo; o Ministério da Fazenda tinha verdadeiro horror ao CADE. Havia uma total centralização das decisões econômicas. Note-se que estamos falando aí do início da Nova República, do que se chamou Nova República, do primeiro governo civil, do presidente Sarney, um período imediatamente posterior ao governo militar, no qual as estruturas do governo ainda eram muito condicionadas pelo centralismo do governo militar, as estruturas eram extremamente voltadas para o mandonismo do Ministério da Fazenda.

Mas o CADE ainda hoje tem uma estrutura extremamente pobre, e a SDE também, em face das suas necessidades. Em certa medida, considero até que, para as necessidades da minha época, éramos mais bem aquinhoados do que o CADE é hoje. É verdade que tudo era menos sofisticado; quando terminávamos a instrução, conduzida pelo próprio conselheiro – não havia SDE –, os processos entravam em pauta imediatamente. Com o CADE concentrando as funções de instrução e julgamento, os processos ganhavam celeridade. Nós nos víamos como juízes de instrução e de julgamento. Sempre defendi, mesmo com a criação da SDE, que o conselheiro participe da instrução, da produção da prova, que ele seja logo designado. O conselheiro deve presidir a prova desde o começo, não necessariamente estar presente a toda produção de prova, que hoje seria impossível, mas deveria caber a ele dirimir as dúvidas que surgissem relativas à prova. E não esperar a SDE instruir e, eventualmente, refazê-la ou devolver à SDE para refazê-la.

O papel que o CADE pode desempenhar é em grande parte o papel que a Comissão Europeia desempenhou para a unificação da própria Europa. Nós não temos que unificar aqui tanta coisa como eles tiveram que fazer lá, mas eu vejo um papel institucional além da defesa da concorrência, que é contribuir para que a economia funcione bem. Sem concorrência será muito difícil a economia funcionar. Quero completar dizendo que vejo o papel do IBRAC como um dos atores principais na advocacia da concorrência, na promoção da concorrência, como um órgão que tem uma função educativa extraordinária. Nós já fizemos convênios com algumas universidades, curiosamente nunca conseguimos fazer aqui em São Paulo, mas fizemos alguns no Rio de Janeiro bem-sucedidos; hoje há um número muito grande de estudantes que têm pelo menos contato com essa matéria, algo que até há pouco nem sequer existia. Já além do Rio de Janeiro, atingimos Brasília e Belo Horizonte.

Quero concluir observando um ponto. Hoje ainda percebo certa resistência do Poder Executivo em relação ao CADE, e, note-se, apesar das gestões do Ruy Coutinho, do Gesner de Oliveira, do José Grandino Rodas e da Elizabeth Farina, gestões que afirmaram progressivamente o papel do CADE. Noto, como advogado, que por vezes há a tentativa do Executivo de influir sobre o CADE. Penso que o CADE deve continuar a afirmar, como vem fazendo, a sua autoridade. Ao tomar uma decisão, o CADE deve se comportar com altivez, sem ter receio, como, por exemplo – ainda na gestão do Ruy Coutinho –, ocorreu no caso da Gerdau. O CADE quase foi fechado naquela ocasião, porque a reação de determinados setores foi violenta, e hoje isso não aconteceria mais. Quer dizer, hoje a reação seria transferida para o Poder Judiciário, que é o foro competente para contestar as decisões do CADE.

RUY COUTINHO DO NASCIMENTO[1]

Ruy Coutinho, qual é a sua formação?

Ruy Coutinho: Formei-me em Direito pela Universidade de Brasília; depois, fiz pós-graduação em Mercado de Capitais na Escola de Pós-Graduação em Economia (EPGE) da Fundação Getulio Vargas, no Rio de Janeiro, e, quatro anos depois, cursei o Mestrado em Finanças na Universidade Federal de Minas Gerais, em Belo Horizonte. Comecei a minha vida profissional na iniciativa privada, em bancos de investimento. Trabalhei em dois deles, ainda muito jovem, logo depois de formado e antes do mestrado. Um deles foi o Banco Denasa de Investimento, que tinha como *chairman* o ex-presidente Juscelino Kubitschek, onde fiquei quase quatro anos, até que ele fosse vendido ao BNL italiano, em 1973. Daí fui para o Banco Crecif de Investimento, que integrava um grupo sediado em Pernambuco mas com atuação nacional. Em meados de 1974, fui indicado pelo Ministério do Planejamento para o Mestrado no âmbito do então Programa Nacional de Treinamento de Executivos, na Universidade Federal de Minas Gerais em Belo Horizonte. Coincidindo com o final do mestrado, já em 1975, o BNDES abriu, pela primeira vez, concurso para advogado "sênior" para candidatos que já possuíssem experiência profissional consolidada na área de Mercado de Capitais. Havia apenas dezesseis vagas e fui um dos aprovados. Então, a partir daí, em 1975, comecei a trabalhar no BNDES, no Rio de Janeiro, de onde vim para Brasília no final da década de 1970.

Como se deu a sua ida para o CADE?

Ruy Coutinho: Eu havia sido Secretário Executivo do Conselho de Desenvolvimento Comercial do Ministério da Indústria e Comércio, quando era titular da pasta José Hugo Castelo Branco, um grande amigo, durante o governo José Sarney. E, antes de responder diretamente à pergunta, vou me permitir uma digressão para, digamos, encaminhá-la.

---

[1] 1.º Mandato: 02.03.1992 a 01 03.1994; 2.º Mandato: 02.03.1994 a 29.03.1996.

O Conselho de Desenvolvimento Comercial incumbia-se não apenas da formulação e acompanhamento da política comercial brasileira, como tinha, também, atuação executiva; por exemplo, a introdução da tecnologia do código de barras e a gestão do chamado Sistema Expositor Brasileiro. Vivíamos uma época de reserva de mercado muito forte e somente a duras penas consegui, na Receita Federal, autorização para internação temporária de equipamentos de leitura ótica para a implantação do código de barras. A economia absolutamente fechada proporcionava a ocorrência até mesmo de situações bizarras, por exemplo: cabia a mim, na qualidade de dirigente do Conselho, autorizar a realização de feiras e exposições no Brasil inteiro, que, àquela época, já proporcionavam negócios de 10 bilhões de dólares ao ano; entre 1986 e 1989, a média de negócios gerados nas feiras e exposições no Brasil já era dessa magnitude. Havia, entretanto, o nó burocrático de ser necessário o governo aprovar qualquer feira, desde megaeventos como a Feira do Automóvel e a Fenit em São Paulo, até feiras regionais ou municipais, o que obrigava ao pequeno expositor sair de longínquos estados para vir a Brasília aprovar uma feira municipal, arcando com altos custos.

Apesar desse contexto não concorrencial da economia, tivemos no CDC uma das primeiras desregulamentações feitas no Brasil. O então ministro José Hugo Castelo Branco era um homem de ideias liberais e da maior confiança do Presidente Tancredo Neves, e, em função disso, o Presidente Sarney tinha por ele um enorme respeito. Certo dia, estávamos indo abrir a Fenit em São Paulo, e, no avião, relatei a ele haver um pedido de autorização para realização de uma feira do filhote de cão no interior do Rio Grande do Sul, acrescentando que, no meu entendimento, o governo não deveria se imiscuir na realização de feiras e exposições, uma iniciativa inteiramente privada, onde o governo não realizava negócio algum. E propus que Ministério da Indústria e Comércio apenas editasse o calendário de feiras nacionais e internacionais onde o Brasil estivesse presente, e nada mais que isso. O ministro aceitou a sugestão, mas lembrou que havia forças muito poderosas certamente contrárias a essa ideia; basta lembrar que apenas duas grandes empresas controlavam o parque de exposições Anhembi, em São Paulo, e 90% dos eventos ali eram realizados por elas. Pediu-me que preparasse uma minuta de decreto e lhe apresentasse no próximo despacho. Redigi o decreto e levei a ele diretamente. Ele aprovou e o levou à apreciação do

Presidente Sarney, que o assinou. O ministro seguiu para uma reunião no exterior e, ao voltar, quinze dias depois, eu o informei que o decreto não havia sido publicado no *Diário Oficial*. Foram necessários nada menos que 45 dias para que um decreto do Presidente da República fosse publicado!

Era nítida, em uma economia fechada, a resistência a qualquer tipo de desregulamentação. Aliás, houve pouco apoio à medida; lembro-me, inclusive, de um artigo seu saudando-a como uma abertura econômica necessária à concorrência.[2] E esse era um dos lados da decisão: desburocratizar, acabar com reserva de mercado e com oligopólios. É, afinal, o que a abertura de mercados faz.

Mas, voltando ao CADE: naquela época, ele existia apenas formalmente, havia uma defesa da concorrência mitigada, tanto que algumas de suas decisões seriam hoje absolutamente inaceitáveis, como, por exemplo, a criação da Autolatina, uma *joint venture* reunindo as duas maiores montadoras de veículos do Brasil, que foi uma verdadeira aberração do ponto de vista da concorrência.

Realmente, não se podia pensar em concorrência com o CADE convivendo com reserva de mercado, com o CIP, com a SUNAB, estes últimos órgãos de controle de preços, de aprovação de planilha das empresas; recordo-me que, a cada reunião do CIP, havia um *frisson* no mercado sobre qual seria o índice de reajuste autorizado pelo CIP, quanto tal setor iria conseguir, etc.

Retomando a linha direta de resposta, em 1988, o ministro José Hugo faleceu e retornei ao BNDES. Com a eleição do Fernando Collor, em final de 1989, foram constituídos grupos de trabalho que se reuniam lá no "bolo de noiva", um anexo ao prédio do Ministério das Relações Exteriores, e ele me pediu que, junto com mais três pessoas, participasse de um grupo que iria analisar a reformatação dos bancos federais: Banco do Brasil, BNDES, Banco do Nordeste, Banco da Amazônia, Caixa Econômica Federal e Banco Nacional de Crédito Cooperativo, que foi extinto logo no início do governo. O Collor havia trabalhado comigo no Banco Denasa de Investimento no início dos anos 1970, durante um ano e meio, muito antes de ele entrar na política. Tínhamos, como

---

[2] Pedro Dutra. Aberto o mercado para feiras e exposições. *Última Hora*, Rio de Janeiro, 2 jun. 1988.

temos até hoje, uma excelente relação. Depois que seu pai, o senador Arnon de Mello, adoeceu, ele voltou para Maceió para dirigir as empresas da família e lá fez a sua trajetória política, de prefeito a Presidente da República. Em razão de eu estar no BNDES, ele me chamou para fazer parte daquele grupo. Fizemos o trabalho e levamos a ele antes da posse, em início de março de 1990. Surgiu, então, a ideia de que eu assumisse a presidência do Banco do Nordeste, que era o segundo mais importante do sistema de bancos de desenvolvimento, atrás apenas do BNDES. Mas eu fiz ver que isso seria um problema, porque o Banco do Nordeste é uma instituição muito regionalizada, vive muito em função dos interesses nordestinos e colocar um mineiro lá realmente não seria uma solução politicamente aceitável. Surgiu, então, a hipótese do CADE, que estava parado desde 1989, porque havia terminado o mandato do Werther Faria, meu antecessor, e de seus pares, e não houve renovação desses mandatos.

Por isso, o governo Collor encontrou o CADE desativado. Na abertura econômica que se seguiu, fazia todo sentido a ressurreição do CADE, e isso explica a edição da Lei 8.158/1991, que, além de criar a Secretaria Nacional de Direito Econômico (da qual eu seria titular seis anos depois), alterou, em alguns pontos a Lei 4.137/1962, a primeira lei brasileira de defesa da concorrência.

Como não fui para o Banco do Nordeste, fiquei no BNDES ajudando o Eduardo Modiano, então presidente do banco, no Conselho Nacional de Desestatização; eu fazia a ponte entre a presidência da República e a presidência do BNDES, em relação ao Plano Nacional de Desestatização e à Comissão Nacional de Desestatização. Naquela época, em 1991, ocorreram as primeiras privatizações, a primeira delas da Usiminas. Em novembro de 1991, fui indicado pelo presidente Collor para a presidência do CADE juntamente com quatro conselheiros: a professora Neide Malard, o professor Carlos Eduardo Vieira de Carvalho, e os economistas Marcelo Monteiro Soares e José Matias Pereira, sendo procurador geral o Paulo Gustavo Bonet Branco, um jovem e preparado jurista que, infelizmente, ficou pouco tempo no CADE. Era então ministro da Justiça o senador Jarbas Passarinho, uma excepcional figura humana e hábil político, que nos deu uma ajuda inestimável no renascimento do Conselho.

Nossa sabatina no Senado Federal foi muito curiosa, porque nenhum dos senadores integrantes da Comissão de Assuntos Econômicos do Senado Federal sabia grande coisa sobre o CADE. A defesa da concorrência era inteiramente confundida com defesa do consumidor, cujo Código havia sido aprovado havia pouco, o que fez que as poucas perguntas versassem sobre questões relativas à defesa do consumidor e não à defesa da concorrência. Fomos todos aprovados, nossa nomeação se deu no dia 19 de janeiro de 1992, e a posse no dia 5 de fevereiro seguinte.

Como você encontrou o CADE?

Ruy Coutinho: Na verdade, não encontrei o CADE. Ele, como já disse, havia parado de funcionar em 1989, ficando, portanto, três anos inativo. Aliás, é bom registrar, economistas importantes como Mário Henrique Simonsen e o ex-ministro Maílson da Nóbrega diziam que o CADE atrapalhava, que o CADE era dispensável em uma economia aberta; ora, é justamente em uma economia aberta que a defesa da concorrência é fundamental!

A área física antes ocupada pelo CADE fora ocupada pelo Centro de Informática do Ministério da Justiça, e o ministro Passarinho teve que nos ceder meio andar no anexo do Ministério da Justiça para que pudéssemos nos instalar. Não havia mobiliário, os processos estavam depositados em uma sala, sem nenhuma indexação e nenhum cuidado de preservação. Ao longo do tempo, fomos conseguindo um pouco mais de equipamento para que o CADE funcionasse, mas não havia computador, não havia apoio administrativo e o CADE não tinha sequer orçamento: usávamos orçamento da SDE, criada havia pouco. Tomamos posse em fevereiro de 1992, e o Presidente Collor afastou-se da presidência em setembro do mesmo ano, sucedido pelo Presidente Itamar Franco, sendo ministro da Justiça o então senador Maurício Correia.

Trabalhando de forma muito harmônica junto aos sucessivos ministros da Justiça – foram cinco ao longo de nosso mandato –, conseguimos equipar melhor o CADE, com computadores, móveis, mas não com orçamento próprio. No final de 1992, já havia consenso entre os conselheiros de que, diante da nova configuração de nossa economia, era chegado o momento de pensar na revisão de muitos pontos da Lei 4.137/1962 então vigente.

Fazendo um parêntese, penso que a defesa da concorrência no Brasil teve três fases: a primeira, de 1962 a 1991, período de vigência da Lei 4.137, sancionada em 1962 pelo Presidente João Goulart no período parlamentarista, tanto que o CADE era ligado, quando foi criado, ao Conselho de Ministros; a ação do CADE caracterizou-se até o golpe de 1964 por ações populistas contra os chamados crimes contra a economia popular; não havia controle sobre concentração empresarial. Há fatos muito curiosos no Brasil: no mesmo ano, no mesmo mês em que o CADE foi criado, foi criada a SUNAB e depois o CIP – Conselho Interministerial de Preços. Então se criou um órgão de defesa da concorrência e fulminou-se a concorrência! No regime militar, o CADE simplesmente não existiu.

A segunda fase estendeu-se de 1991 a 1994, com o governo Collor, em que se iniciou a abertura dos mercados, e a desestatização ganhou impulso. Além disso, o CIP foi extinto, e depois a SUNAB. Nesse contexto, a defesa da concorrência era fundamental, mas a lei vigente mostrou-se ultrapassada.

Foi o que percebemos no CADE. Pensamos, então, em promover a alteração dela. Nesse trabalho, contamos com o apoio extraordinário da conselheira Neide Malard. Mas só encontramos realmente condições de fazer isso no começo de 1993; então sugeri ao ministro Maurício Correia que ele criasse uma comissão para estudar e propor o aperfeiçoamento da legislação e a transformação do CADE em autarquia. No dia 27 de janeiro de 1993, ele baixou a Portaria 28, do gabinete do Ministro, em que criou uma comissão para estudar e propor no prazo – veja bem – de vinte dias (!!) o anteprojeto de alteração da legislação. Fui indicado presidente dessa comissão, da qual participavam a conselheira Neide Malard, Alexandre Dupeyrat, então assessor do presidente Itamar Franco, que viria a ser seu ministro da Justiça à época da sanção da lei, o doutor José Geraldo Brito Filomeno, procurador de Justiça em São Paulo, a doutora Maria Aparecida Santos Pereira, assessora da Casa Civil, o professor Tercio Sampaio Ferraz e o doutor Carlos Francisco Magalhães. Essa comissão redigiu o anteprojeto no prazo estipulado: vinte dias, mais o carnaval!

E aí começou o trâmite burocrático, na consultoria jurídica da Casa Civil. Era chefe da Casa Civil um amigo meu, o Henrique Hargreaves; com ele e com o Alexandre Dupeyrat fizemos uma série de reuniões, acertando detalhes do projeto de lei, que no dia 24 de abril de 1993 foi enviado ao Congresso e tomou o número 3.712, de 1993.

Nesse meio-tempo, trabalhávamos com a Lei 4.137/1962, acoplada à Lei 8.158/1991, que inaugurou o controle de concentração de poder econômico, os chamados atos de concentração, que a Lei 4.137 não previa. Ou seja, houve um acúmulo de serviço novo, inédito entre nós, sem que nos fosse dada uma estrutura mínima. Essa nova experiência nos levou a incluir no projeto o art. 54 da lei hoje em vigor, para disciplinar o controle de concentração, precariamente estipulado na Lei 8.158/1991. À margem dessa situação, o processo de privatizações ganhou força, primeiro com as siderúrgicas, a seguir com as empresas petroquímicas estatais.

O projeto de lei sofreu um combate sistemático por parte da CNI e da FIESP. Fui vária vezes à FIESP expor o projeto com o então presidente Carlos Eduardo Moreira Ferreira, uma boa figura, muito interessado em debater o tema. O argumento dos empresários é que a lei traria de volta o controle de preços, e em uma economia aberta, como a que se estava desenhando, uma lei de defesa da concorrência não seria necessária. O Presidente Itamar Franco e o seu já ministro da Justiça Alexandre Dupeyrat tinham, de fato, viés ideológico bastante pronunciado com relação a certas coisas, inclusive com relação a controle de preços, e faziam muita pressão para que se incluísse no projeto de lei tais mecanismos. Não foi fácil evitar essa distorção; afinal, se isso acontecesse, o objetivo de um moderno aparato legal estaria desvirtuado. Note-se que durante a tramitação do projeto estávamos vivendo uma situação absolutamente peculiar: um Presidente da República que assumira em meio a uma crise institucional grave, uma inflação violentíssima, e com um *turn-over* inusitado de ministros da Fazenda: nada menos que quatro. Quando o projeto estava tramitando no Congresso, foi instituído o Plano Real, fato muito positivo, pois ele teria um suporte eficaz na Lei de Defesa da Concorrência. E, de fato, nesse novo contexto, não cabia mais se falar em controle de preços, muito menos inscrever tais mecanismos na lei. Mas a cultura demora a mudar. Recordo-me que quando o Plano Real entrou em vigor, em junho de 1994, o então presidente da Abras – Associação Brasileira de Supermercados – declarou que, na adoção da moeda Real, deveria haver reajuste de preços de nada menos do que oitocentos itens de consumo popular! Oitocentos!

A lei foi sancionada no dia 11 de junho de 1994, e essa declaração foi dada em final do mesmo mês. Essa conversa era, evidentemente, uma barbaridade: o que estava sendo proposto era um aumento coordenado, linear, de preços de produtos distintos, contrário à lei que acabava de ser editada. Mas, veja, ele não tinha noção do que fosse uma política de defesa da concorrência. Pouquíssimos tinham, e pouca gente ainda hoje tem. Se hoje for feita uma pesquisa, nem digo nas ruas, mas nos escalões superiores do próprio governo, será constatado que muitos não saberão do que estaremos falando. Não existe no Brasil ainda, apesar de tudo, uma cultura de defesa da concorrência, inclusive no Poder Judiciário.

Mas, voltando a 1994, tornou-se importante que essa lei estivesse pronta quando o Plano Real entrasse em vigor, porque o controle de preços seria substituído pela Defesa da Concorrência. E, de fato, a Lei 8.884 foi sancionada dezenove dias antes da entrada em vigor do Plano Real. Para que essa sincronia existisse, foi muito importante a colaboração do Ministério da Fazenda e do Pedro Malan, meu amigo pessoal e presidente do Banco Central à época. O Clóvis Carvalho, então secretário executivo da Fazenda, e o Winston Fritsch, secretário de Política Econômica, colocaram técnicos de grande valor para trabalhar conosco, entre eles Eliane Lustosa Thompson Flores, que depois viria a ser diretora e meu braço direito na Secretaria de Direito Econômico, quando lá estive.

A essa participação da Fazenda se deve a inclusão da SEAE no chamado Sistema Brasileiro de Defesa da Concorrência (SBDC). Aliás, a essa altura, ensaiava-se uma disputa entre o Ministério da Fazenda e o Ministério da Justiça pela vinculação do CADE, mas, ao afinal, ele acabou ficando no Ministério da Justiça.

No Congresso, o projeto sofreu muitas emendas, e teve vários relatores nas diversas comissões. Muita relevância tiveram os deputados José Carlos Aleluia, Nelson Marquezelli, Fábio Feldman e Aloísio Mercadante. Nós acompanhávamos a tramitação no Congresso, onde estivemos incontáveis vezes, a Neide Malard e eu, debatendo com parlamentares os pontos mais complexos do projeto. Ao final, acabou aprovado um substitutivo do deputado paulista Fábio Feldman (do PSDB), que alterou alguns pontos do projeto e fez um interessante trabalho.

Pode-se dizer que a tramitação foi muitíssimo rápida para o padrão legislativo brasileiro: o projeto chegou ao Congresso em abril de 1993 e foi aprovado em junho de 1994. Hoje há um projeto de reforma da lei atual tramitando há cinco anos no Congresso...

Quais foram os principais casos que você julgou?

Ruy Coutinho: Dos provenientes do processo de privatização, todos tinham relevância, pela sua própria natureza. Entre esses, o caso da Usiminas.[3] Em 1993, depois de desestatizada, ela adquiriu a Cosipa num leilão de privatização, e daí resultou uma concentração muito alta, o que causou grande celeuma. Diante desse problema, o Alexis Stepanenko, então ministro do Planejamento, me procurou para dizer que aquele assunto estava desgastando muito o governo, etc. Dessa conversa surgiu, então, a ideia de o CADE participar das reuniões da Comissão Diretora do Programa Nacional de Desestatização, para fazer um acompanhamento preventivo dos processos de privatização, evitando, assim, que se repetissem casos como o Usiminas-Cosipa. A partir dessa época, o CADE passou a ter não voto, mas presença na Comissão de Desestatização. Essas reuniões se davam do Rio de Janeiro, na sede do BNDES, a cada quinze dias. A partir daí, os editais de privatização passaram a conter mecanismos de preservação da concorrência.

Voltando aos processos: ainda na vigência da Lei 4.137/1962, recebemos inúmeros processos administrativos, nos quais o Representante era o Presidente Itamar Franco, contra inúmeras empresas farmacêuticas, por prática de reajustes abusivos de preços e desabastecimento do mercado.

Em outros mercados, o CADE sancionou condutas infrativas; por exemplo, multou em 2 milhões de UFIR a Xerox,[4] que obrigava seus clientes a somente utilizar material de consumo da marca Xerox, caracterizando venda casada. Houve uma multa de 1,7 milhão de UFIR imposta ao Sindicato das Empresas de Segurança e Vigilância de São

---

[3] Ato de Concentração 08012.009463/1998-14 – Requerentes: Usinas Siderúrgicas de Minas Gerais – USIMINAS e Companhia Siderúrgica Paulista – COSIPA.

[4] Processo Administrativo 0023/1991 – Representantes: Recomex Materiais e Equipamentos de Xerografia Ltda, Granlumen Comércio e Representações Ltda, Repro – Materiais e Equipamentos de Xerografia Ltda; Representada: Xerox do Brasil S/A.

Paulo[5] por formação de cartel. Esses processos foram todos julgados no primeiro ano de atividade do CADE, depois de sua reabertura, ainda vigente a Lei 4.137/1962.

Com a Lei 8.884/1994, vieram os atos de concentração. Meus colegas e eu já havíamos sido reconduzidos para um segundo mandato no CADE, para nossa surpresa, porque havíamos sido nomeados pelo Presidente Collor, por quem o presidente Itamar Franco não nutria nenhuma simpatia. Em novembro de 1993, fiz uma nota ao ministro Maurício Correia alertando-o de que os nossos mandatos venceriam em fevereiro de 1994 e de que, como o Congresso estaria em recesso no começo do ano, seria oportuno que o Presidente da República enviasse logo ao Senado Federal os nomes dos novos conselheiros do CADE, para que fossem sabatinados pela Comissão de Assuntos Econômicos. Mas fomos todos surpreendidos quando o ministro nos chamou, a mim e a Neide Malard, e pediu que informássemos aos demais conselheiros que o Presidente Itamar Franco havia decidido nos reconduzir a todos. Fomos sabatinados antes de o Senado entrar em recesso.

Um caso rumoroso no CADE envolveu a siderúrgica Gerdau,[6] que havia adquirido na Alemanha uma *holding* que controlava a Siderúrgica Pains, em Divinópolis, Minas Gerais, resultando em expressiva concentração de mercado em determinados tipos de aço. O CADE, em 29 de março de 1995, determinou a desconstituição total do ato. Houve dois votos pela aprovação, o da conselheira Neide Malard e o meu. Nessa época, já havia novos nomes no plenário, na verdade dois conselheiros a mais, postos criados pela Lei 8.884, totalizando sete: Edson Rodrigues Chaves, vindo da AGU, e Edgard Proença Rosa, ex-procurador geral da Fazenda Nacional, além dos reconduzidos Neide Malard, Matias Pereira, Carlos Eduardo Vieira de Carvalho, Marcelo Soares e eu.

A Gerdau entrou com um pedido de reapreciação alegando fatos novos. No dia 9 de outubro de 1995, o Conselho, por unanimidade, conheceu do pedido de reapreciação e no mérito, por maioria, de novo, negou-lhe provimento, mantendo-se assim a decisão tomada em março

---

[5] Processo Administrativo 08012.001826/2003-10 – Representados: Sindicato das Empresas de Segurança e Vigilância.

[6] Processo Administrativo 08012.004086/2000-21 – Representante: SDE; Representada: Gerdau S.A.

anterior. O desdobramento dessa decisão foi inusitado. A Gerdau, contrariando a letra do art. 50 da lei, apresentou um recurso hierárquico ao ministro da Justiça, que não tinha competência legal para acatá-lo, pedindo a revisão da decisão do CADE. Mas o ministro Nelson Jobim acatou o recurso e suspendeu temporariamente o cumprimento da decisão do CADE. É importante dizer que o art. 50 dispõe, na verdade, da garantia de independência decisória do CADE. O recurso da Gerdau foi elaborado pelo professor Tercio Sampaio Ferraz, que havia participado da elaboração da lei e, consequentemente, da redação do art. 50, mas ele deu uma nova interpretação ao artigo. Quando a regra foi inscrita na Lei 8.884, o propósito da comissão redatora foi o de garantir a soberania do Conselho. Ou seja, essa era a intenção do dispositivo, que, para nós, apresentava-se como uma exigência ao devido funcionamento do CADE. Note-se que todos os integrantes da comissão concordaram com esse dispositivo, porque fazer uma lei para disciplinar a atuação de um Conselho, mas nela autorizar uma autoridade monocrática a rever as decisões desse mesmo Conselho, é uma excentricidade. Que tudo, então, vá ao ministro e que ele decida como achar conveniente, de forma monocrática...

Seguiu-se uma enorme repercussão na imprensa diante da decisão do ministro, não só a dura crítica de advogados protestando contra o que diziam ser uma violação à letra da lei, mas também, de outro lado, dos meios empresariais, contrários à decisão do CADE.

Decisões políticas tomadas em lugar de decisões técnicas sempre têm desdobramentos negativos, e às vezes inesperados também. Foi o que aconteceu. As férias do CADE se davam em janeiro, uma espécie de férias coletivas, mas, alternadamente, conselheiros exerciam a presidência nesse período, cada um fazendo o seu plantão. O primeiro plantão foi do Conselheiro Edson Rodrigues Chaves, que havia votado negando aprovação ao ato de concentração da Gerdau. Pois logo no primeiro dia útil de janeiro de 1996, ele encaminhou, na qualidade de presidente interino do CADE, à Procuradoria Geral da República um pedido de intervenção no grupo Gerdau e o afastamento do presidente do Grupo Jorge Gerdau Johannpeter do comando da empresa até que esta cumprisse a decisão do CADE. Foi uma decisão questionável, porque, em primeiro lugar, não tinha amparo na lei e, em segundo lugar, a Procuradoria Geral da República não tomou conhecimento do pedido. Mas causou um mal-estar político tremendo; o Jorge Gerdau foi ao Presidente Fernando Henrique Cardoso, que entrou em contato comigo para saber o que havia acontecido. Eu relatei a ele que aquilo tinha sido uma medida absolutamente exótica do conselheiro em exercício interino na presidência do CADE. Interrompi as minhas férias, voltei a Brasília, reuni o Conselho, e o caso foi neutralizado, porque o próprio Rodrigo Chaves declarou que havia feito apenas uma sugestão ao Procurador Geral da República; a Procuradoria não acatou a sugestão, e o assunto foi encerrado. O desgaste foi muito grande para ele, pessoalmente, o que lhe custou, inclusive, a não recondução ao CADE.

Voltando aos demais casos, é bom registrar que os atos de concentração relativos às privatizações foram todos aprovados, porque desconcentravam poder econômico de mercado.

Outro caso importante foi a aquisição pela Rhodia de uma empresa chamada Sinasa, criando uma terceira chamada Rhodia Ster,[7] voltada à produção de fibras acrílicas e de poliéster. O CADE não aprovou esse ato, mandou desconstituir a produção de fibras acrílicas e poliéster, que alcançava uma concentração de 80% nas fibras acrílicas e de 75% nos fios de poliéster. Esse foi o primeiro grande julgamento sobre a lei nova. A decisão foi cumprida pela empresa.

Quando o nosso segundo mandato estava por expirar, começaram a surgir candidaturas políticas, o que víamos com preocupação, já que, quando da reabertura do CADE, com a nossa posse, quatro anos antes, as indicações não haviam seguido critério partidário, e sim técnico. E nós que havíamos participado da elaboração da nova lei entendíamos que assim deveria ser: critérios exclusivamente técnicos devem determinar a indicação de conselheiros. Entre diversos nomes, os mais cogitados eram o então ex-senador Mauro Benevides, que tinha sido inclusive presidente do Congresso Nacional, o deputado Vital do Rego, do PDT da Paraíba, apoiado pelo então presidente do Congresso José Sarney, e Roberto Della Manna, ex-ministro do TST, este com apoio da FIESP. Mas decidiu-se, a meu ver acertadamente, pela escolha de um técnico que pudesse tocar o CADE sem as ingerências políticas que esses outros nomes iriam trazer. Foi nomeado o economis-

---

[7] Ato de Concentração 0012/1994 – Representantes: Rhodia S/A; Representada: Sinasa S.A. Administração Participações e Comércio.

ta Gesner de Oliveira, então Secretário Adjunto de Política Econômica do Ministério da Fazenda, que se revelou dinâmico e competente no exercício de seu mandato. Encerramos o nosso ciclo no dia 5 de março de 1996, mas houve um inter-regno muito grande entre a nossa saída e a posse de nossos sucessores, que somente se deu no dia 14 de maio. O CADE seguiu a sua sina e parou mais uma vez...

Qual a importância da defesa da concorrência para a sociedade brasileira?

Ruy Coutinho: Onde há liberdade é fundamental a defesa da concorrência, porque é preciso controlar, tanto preventiva quanto repressivamente, a concentração de poder econômico que, é sabido, leva ao abuso desse poder. E um regime de liberdade econômica deve ser disciplinado por lei, e nele o abuso, reprimido e prevenido. No Brasil, isso não é fácil – veja a turbulência institucional que descrevi, em meio à qual a estruturação da defesa da concorrência entre nós se deu. Atualmente, está em tramitação no Congresso Nacional projeto de lei que reforma integralmente a Lei 8.884. A meu ver, talvez bastassem algumas alterações pontuais, incorporando-se a experiência consolidada ao longo desses 15 anos. Não se pode, a cada decênio, apagar tudo e começar de novo. A lei atual é boa, deveria ser apenas aperfeiçoada. As atenções deveriam se concentrar em dotar o CADE de um eficiente quadro de pessoal e eliminar as deficiências estruturais que até hoje apresenta. Um dos pontos negativos do projeto de lei, por exemplo, é a criação de um superintendente que concentra poderes excessivos, inclusive de decisões monocráticas em atos de concentração e processos administrativos. Isso deveria ser evitado, pois decisões colegiadas são sempre mais adequadas e seguras.

Enfim, promover a defesa da concorrência é, em poucas palavras, afirmar a democracia na ordem econômica. Para isso, é preciso, contudo, dotar o CADE da estrutura necessária ao seu bom funcionamento e manter a estabilidade jurídica, isto é, não ficar reformando seu estatuto legal, radicalmente, ao sabor de conveniências e pretensões burocráticas. Apesar de todas as dificuldades, a defesa da concorrência já desempenha um papel essencial na sociedade brasileira. E é preciso aprimorá-la sempre.

NEIDE TERESINHA MALARD[1]

Neide, qual é a sua formação?

Neide Malard: Sou advogada, formada pela Universidade Federal de Minas Gerais em 1971; em 1974, pós-graduei-me pela Universidade de Estocolmo, em Transações Internacionais; mais tarde, fiz o meu mestrado na London School of Economics, que terminei em 1989, em Negócios Internacionais. No Brasil, terminei meu mestrado na UnB (Direito e Estado), que havia sido interrompido em razão de meus estudos em Londres, tendo, em 1997, defendido minha dissertação *Concentração econômica: livre concorrência e limites à liberdade de iniciativa*. Mais tarde, fiz o meu doutorado em Direito Econômico na UFMG, e obtive o grau de doutora em 2003, com a tese intitulada *O Estado nacional e o desenvolvimento*.

Como se deu a sua ida para o CADE?

Neide Malard: Eu havia sido chefe da Divisão de Pareceres e Estudos da Consultoria Jurídica do Ministério da Justiça e consultora substituta, quando o ministro da Justiça era o Dr. Paulo Brossard. Naquela época, era presidente do CADE o Dr. Werther Faria, desembargador aposentado no Rio Grande do Sul e especialista em Direito Econômico e Empresarial. Isso foi em 1985/1987. O Dr. Werther Faria era muito amigo do ministro Brossard e dele recebeu carta branca para reativar o CADE, o que fez com muita propriedade. Na Consultoria Jurídica do Ministério de Justiça, participei desse processo de reativação do CADE. Ajudamos na redação do decreto sobre a remuneração dos conselheiros e auxiliamos no que pudemos o Werther na instalação do CADE. Foi nessa época que me interessei por Direito da Concorrência. Conheci, também, nessa ocasião, o Dr. Mauro Grinberg, pois nossos filhos eram colegas de escola e nós nos tornamos bons amigos. O Mauro era, então, conselheiro do CADE. Assim, passei a acompanhar de perto o trabalho do CADE – um

---

[1] 1.º Mandato: 02.03.1992 a 01 03.1994; 2.º Mandato: 02.03.94 a 29.03.1996.

trabalho complexo, porque naquela época os preços eram controlados e o Ministério da Fazenda queria sobrepor-se ao CADE, e só não o fez porque o Ministro Brossard depositava plena confiança no Dr. Werther Faria, que resistiu bravamente a todas as tentativas de intervenção nas decisões do CADE por parte do Ministério da Fazenda.

Deixei o Ministério da Justiça porque recebi um convite para ser procuradora geral da antiga Superintendência do Desenvolvimento da Pesca – Sudep, uma autarquia federal que depois se uniu ao Instituto Brasileiro de Desenvolvimento Florestal – IBDF e à Secretaria de Meio Ambiente para formar o atual IBAMA. Quando deixei esse cargo, fui para a Inglaterra, onde fiquei um ano e pouco, em 1989/1990. Ali estudei Direito da Concorrência como parte de uma das disciplinas do curso de mestrado. Ao retornar ao Brasil, ainda como procuradora da Companhia de Financiamento da Produção – CFP, autarquia que me cedera ao Ministério da Justiça, acabei cedida mais uma vez àquele Ministério, cujo titular era o ministro Jarbas Passarinho e consultor jurídico o Dr. Inocêncio Mártires Coelho, que fora meu professor na UnB e, posteriormente, orientador de minha dissertação de mestrado. O professor Inocêncio me convidou para trabalhar no Ministério da Justiça assessorando o secretário executivo Dr. Paulo Sotero, de quem me tornei amiga e admiradora pelo excelente trabalho desenvolvido naquela pasta. Na verdade, com a reforma administrativa empreendida pelo governo Collor, o Ministério da Justiça recebera novas atribuições, tendo sido criada a Secretaria Nacional de Direito Econômico – SNDE, cujo primeiro titular foi o Dr. José Del Chiaro. Quando retornei ao Ministério da Justiça, o Dr. Del Chiaro já não estava mais lá. Era secretário o Dr. Salomão Rotemberg.

A SNDE passava por vários problemas, sendo a falta de autonomia um deles, como ainda é hoje, pois completamente subordinada ao ministro da Justiça. A SNDE passara a sofrer as pressões antes exercidas sobre o CADE, que naquela ocasião estava desativado. A Lei 8.158/1992, que criara a SNDE, hoje SDE, estipulava que ela forneceria apoio administrativo ao CADE. Você pode imaginar o quadro embrionário da SDE ajudando o CADE. Era o nu ajudando o malvestido, ou o malvestido ajudando ao nu! O que aconteceu? O CADE ficou literalmente desativado durante dois anos, de 1990 a 1992. Não dispunha àquela época de competência legal para examinar os atos de concentração de empresas.

Um grande número de atos de concentração era recebido na SNDE, e as condutas não eram julgadas, pois com o CADE desativado o sistema não funcionava.

A Lei 8.158/1992 foi muito mal formulada, e sua única virtude foi não revogar a Lei 4.137/1962, o que permitiu que o CADE, ao ser instalado, pudesse balizar-se pela sua jurisprudência. Era evidente que a SNDE sozinha não iria inibir ou coibir o abuso do poder econômico, porque ela não podia julgar as condutas infrativas. Na verdade, a Lei 8.158/1992 foi um verdadeiro retrocesso, pois retirou a competência do CADE para instruir os processos que julgava. Aqui no Brasil, as pessoas gostam muito de criar instituições e regras sem prestar atenção à história, sem conversar com as pessoas que dominam o assunto, sem verificar os erros e os acertos do passado para corrigir os primeiros e consolidar os últimos. Há muito voluntarismo e pouca maturidade.

A SNDE foi fruto daquelas reuniões a portas fechadas com vários neófitos no chamado *Bolo de Noiva*, onde a futura equipe do ex-presidente Collor se reunia antes da posse. Quando a SNDE surgiu, foi uma surpresa para todos.

Note-se que, com a Lei 4.137/1962, o CADE, apesar das dificuldades, funcionou e enfrentou os defensores do mercado fechado e do protecionismo. Acredito que a Lei 8.158/1992 tenha sido uma reação negativa a essa primeira tentativa de se fazer no Brasil uma verdadeira defesa da concorrência. Por que, então, mudar algo que estava no caminho certo?

Voltando à reativação do CADE. Na gestão do ministro Passarinho, fui convidada para ser titular da Secretaria de Direito Econômico, mas não aceitei. Expliquei ao Secretário Executivo do Ministério da Justiça, Dr. Paulo Sotero, que a Secretaria não era um órgão independente, e como eu já conhecia bastante o serviço público, sabia das dificuldades de se reprimir efetivamente as práticas anticoncorrenciais quando não se tinha independência hierárquica e decisória. Ademais, com o CADE desativado, de pouca utilidade era a SNDE.

Porém, em 1991, o Dr. Paulo Sotero me chamou e disse: "Vamos instalar o CADE, é uma decisão do ministro e do Presidente. Gostaria de convidá-la para ser conselheira; é o primeiro convite que faço para o cargo. Já temos um nome para a presidência do Conselho, o Dr. Ruy Coutinho, do BNDES". Aceitei o convite, pois percebi logo o desafio que teria pela frente: reativar o Conselho e resgatar sua história. A notícia da reativação do CADE correu, e os pedidos para nomeação para os cargos choveram. Lembro-me de uma reunião entre o Dr. Inocêncio Mártires Coelho e o Dr. Paulo Sotero – eu estava presente – na qual decidiram que não haveria qualquer indicação política; os primeiros integrantes do CADE deveriam ser técnicos com longa experiência na administração pública e, pelo menos, algum conhecimento na área, que era, como se sabe, praticamente desconhecida no Brasil. As indicações começaram, então, a ser feitas. Um dos primeiros nomes foi o Dr. Carlos Eduardo Vieira da Carvalho, professor de Direito Administrativo da UnB, que tinha sido procurador-geral do CNPq. Seguiram-se os demais: o Dr. Marcelo Soares, economista, ocupante de cargo técnico no Ministério da Indústria e Comércio, com muita experiência em política industrial; o José Matias Pereira, funcionário de carreira do IPEA, e àquela altura parecerista na SNDE. Com os quatro conselheiros escolhidos, sob a presidência do Dr. Ruy Coutinho, o CADE foi finalmente instalado.

Como você encontrou o CADE?

Neide Malard: Depois que fomos sabatinados no Senado, uma mera formalidade, como é hoje, pois, na minha opinião, essas sabatinas não são suficientemente rigorosas, tomamos posse, com toda pompa e circunstância, e fomos trabalhar... e não encontramos o CADE. Não existia o CADE. Fisicamente, não existia!

Você acredita que as pessoas que elaboraram a Lei 8.158/1992 achavam que o CADE era um daqueles vários Conselhos do Ministério da Justiça – Conselho da Mulher, Conselho do Índio, Conselho Penitenciário e outros tantos –, que se reunia uma vez por mês para tratar de políticas públicas apenas. Não atentaram para o fato de que o CADE era o órgão judicante dos processos instruídos pela SNDE e que, para isso, o Conselho precisaria de uma estrutura física para funcionar como um tribunal. Eles não conheciam o CADE. Acho que nem bem sabiam o que o Conselho fazia.

Nós, conselheiros, fizemos nossa primeira reunião em uma sala de reuniões no prédio principal do Ministério da Justiça, e pedimos uma audiência ao secretário executivo, que nos atendeu muito bem e, diante da situação exposta, comprometeu-se conosco a providenciar instalações adequadas para que o Conselho pudesse funcionar.

É incrível! Tudo que o CADE tinha havia se dispersado, inclusive a biblioteca, tão cuidadosamente montada pelo Dr. Werther. Os móveis foram distribuídos por diversos órgãos do Ministério da Justiça. Conseguimos, no entanto, resgatar a tribuna e o mastro das bandeiras. Não sei se a tribuna é a mesma até hoje. Depois, conseguimos algumas salas do 1.º andar do anexo I do Ministério da Justiça, onde foram montados os quatro gabinetes dos conselheiros; em um espaço maior montou-se o gabinete do presidente, com uma sala de reunião. Duas salas contíguas foram reunidas e montamos o plenário. Em maio de 1992, o CADE estava instalado, embora precariamente. Então, fui à procura dos livros da biblioteca. Encontrei um funcionário que me disse: "Olha, doutora, tem uma salinha lá no 5.º andar, lá no cantinho do corredor, onde eu acho que tem umas pastas, e eu já vi por lá também uns livros". Pedi-lhe que me acompanhasse até a tal da sala. Ao abrir a porta, tive uma surpresa agradável: os livros estavam todos empilhados até o teto e os processos do CADE espalhados pelo chão. Conseguimos resgatar algumas obras raras que ainda estavam por lá, mas muita coisa se perdeu. Mais tarde, ao fazer-nos uma visita no CADE, o Dr. Werther Faria nos informou que havia adquirido várias obras importantes, sobretudo norte-americanas. O que conseguimos resgatar levamos para a biblioteca do Ministério da Justiça. Mais tarde, conseguimos comprar alguma coisa e ganhamos uns livros da Embaixada Americana e da Embaixada Inglesa, em razão de alguns seminários que organizamos com autoridades daqueles países.

Segundo a Lei 8.158/1992, a SNDE deveria disponibilizar pessoal para o CADE, e houve um grande afluxo de pedidos de transferência para o CADE, cujo trabalho já empolgava os técnicos lotados na SNDE. Veja bem, nós trabalhávamos de segunda a sexta, em horário integral, na sede do CADE. Precisávamos de pessoal, pois tudo era novo ou precisava ser refeito. Mas só conseguimos uns poucos funcionários; não tínhamos assessores, como hoje. Com o tempo, fomos convidando funcionários de outros órgãos, mas enfrentávamos o problema da falta de gratificações, e havia um decreto que proibia a cessão de funcionários quando não havia função gratificada. Mesmo assim, a duras penas, conseguimos montar uma pequena equipe.

O entrosamento entre os conselheiros era muito bom. Nós quatro sempre conversávamos sobre os processos que relatávamos. O Dr. Ruy Coutinho, como presidente, não relatava, como até hoje não relata o presidente. Seu papel, porém, era muito importante, pois era ele que divulgava o CADE, que se apresentava como uma instituição moderna, apta a reprimir o abuso do poder econômico. Note-se que, àquela altura, a Europa já dispunha de uma defesa da concorrência articulada e nós nos tornávamos contemporâneos ao processo de abertura econômica que acontecia no mundo, com o CADE funcionando, ainda que precariamente.

O nosso mandato terminou em março de 1994, e a nossa recondução foi muito tranquila. O Dr. Ruy Coutinho e eu tínhamos acesso ao ministro da Justiça, o Dr. Maurício Corrêa, que respeitava muito o CADE e jamais interveio em quaisquer de suas decisões. De igual modo, o secretário da SNDE, Dr. Antonio Gomes, era uma pessoa isenta, membro do Ministério Público do Distrito Federal, que entendia muito bem que o bom relacionamento entre a SNDE e o CADE seria indispensável para que a nova lei produzisse os efeitos que dela esperava a sociedade. Foi esse bom relacionamento dos membros do CADE, tanto com o ministro, que reconhecia o nosso trabalho, quanto com o secretário, que levou à recondução de todos os quatro conselheiros e do presidente, sem que houvesse um único pedido de recondução.

Em julho de 1994, a nova Lei 8.884/1994 entrou em vigor. No início do ano seguinte, o presidente Fernando Henrique Cardoso tomou posse, assumindo a pasta da Justiça o ministro Nelson Jobim, e o Dr. Aurélio Wander Bastos assumiu a SDE, assim rebatizada. O relacionamento do CADE com a SDE mudou completamente, pois o Dr. Aurélio tinha uma maneira própria de administrar, e uma de suas primeiras iniciativas foi tentar mudar a nova lei para que a SDE passasse a ter mais autonomia em relação ao CADE. Nessa altura, ficamos sabendo pela imprensa que modificações na lei estavam sendo propostas pelo secretário de Direito Econômico. Logo constatamos que a proposta era absurda e esvaziava o CADE, entidade independente, como a Lei 8.884/1994 tornara o Conselho, exatamente para fortalecê-lo em relação à SDE, órgão não independente e sujeito ao ministro da Justiça. E pior, o CADE sequer fora convidado para discutir essas alterações! Uma delas consistia em outorgar poder monocrático ao secretário para arquivar os processos administrativos de conduta, sem a figura do recurso de ofício ao CADE, e decidir sobre atos de concentração inclusive. Veja bem, o CADE, um órgão colegiado, dotado de independência decisória, ficaria à mercê de um órgão exatamente privado dessas garantias fundamentais.

Essa iniciativa acabou estremecendo muito as relações do CADE com a SDE, e foi um período extremamente desgastante. Mas a tentativa do Dr. Aurélio não vingou, tendo sido, no entanto, retomada mais tarde pela própria SDE, quando era secretário o Dr. Paulo de Tarso, e titular do DPDE o Darwin Correa. Essa tentativa foi, felizmente, frustrada, tendo a OAB, sob a presidência do Dr. Reginaldo Castro, desempenhado um papel decisivo na defesa do CADE. Na verdade, a OAB criou um grupo de estudos que se encarregou de ouvir as maiores autoridades do País em matéria de concorrência. Os depoimentos foram transcritos e compuseram um relatório, o qual foi encaminhado à Casa Civil da Presidência da República. Os especialistas ouvidos foram unânimes em afirmar que a proposta era ruim e que a lei deveria continuar como estava até para ser testada. Eu tive o privilégio de participar da comissão que elaborou o relatório final, juntamente com o ex-conselheiro Renault de Castro.

É de se observar que essas tentativas de alterar a lei são sempre feitas de forma pouco transparente. Parece que as pessoas acham que vão ficar nos cargos para sempre e que precisam ajustar a lei àquilo que pensam ou que lhes é conveniente. Há em nosso país uma grande vocação para o autoritarismo, sobretudo por parte da geração mais jovem, que não sofreu com a ditadura e não valoriza o ambiente democrático para discussão de ideias. Veja, por exemplo, a introdução na Lei 8.884/1994 sobre a competência da SEAE para se manifestar em ato de concentração. Enquanto era ministro o Dr. Maurício Corrêa, as competências da SDE e do CADE se mantiveram íntegras. Bastou o Dr. Maurício Corrêa deixar o governo rumo ao STF para que o Ministério da Fazenda conseguisse introduzir mais um guichê para dificultar a vida das empresas envolvidas em atos de concentração.

Um fato importante, que cabe recordar, foi a gestão que fizemos, os conselheiros do CADE, para alterar o valor do faturamento bruto das empresas, de R$ 100 milhões/ano, para R$ 400 milhões/ano, como um dos requisitos legais para notificar o ato de concentração. O

Ruy Coutinho pediu ajuda ao BNDES sobre o faturamento médio de empresas de maior porte, e chegou-se a esse novo número. Levamos esse pleito ao ministro Jobim, que nos ouviu. E a alteração no requisito legal que determinava a notificação de ato de concentração ao CADE foi feita.

Quais foram os principais casos que você julgou?

Neide Malard: O CADE, em minha época, decidiu vinte e seis processos administrativos instaurados contra laboratórios farmacêuticos, por denúncia formulada pelo vice-presidente Itamar Franco, ainda sob a vigência da Lei 4.137/1962.

Os laboratórios resistiam às pressões do governo e aumentavam os preços, alegando falta ou encarecimento de insumos necessários à produção daqueles medicamentos majorados. Ocorre que essas alegações acabaram por se encaixar como uma luva nas hipóteses de infração à concorrência, previstas na Lei 4.137/1962. Por isso, muitos laboratórios foram condenados. Houve caso em que encontramos correspondência do laboratório para a matriz pedindo que não fosse embarcado determinado insumo, para descaracterizar a existência de estoque. Enfim, tratava-se de práticas evidentemente infrativas. Mas o grande problema era executar as decisões condenatórias tomadas pelo CADE, pois não havia uma Procuradoria estruturada como hoje. A nosso pedido, a Procuradoria da Fazenda Nacional passou a fazer as primeiras inscrições da dívida e ajuizar as primeiras execuções.

Outro caso importante julgado naquela época foi o ato de concentração envolvendo a Rhodia Excel-Sinasa,[2] que criava um verdadeiro monopólio de fibra acrílica. Eu me lembro que nessa época o Ministério da Fazenda não gostou da decisão do CADE, pois havia emitido um parecer favorável à aprovação do ato. No dia do julgamento, os funcionários do Ministério estavam assistindo à sessão. Eu me recordo de discutirmos entre nós, os conselheiros, sobre a repercussão no futuro do CADE, caso fosse permitida a formação de um monopólio. Certamente,

---

[2] Ato de Concentração 0012/1994 – Representante: Rhodia S/A; Representada: Sinasa S.A. Administração Participações e Comércio.

o CADE não mostraria à sociedade a que viera. A decisão foi pela desconstituição parcial do negócio, que acabou ocorrendo.

O caso Gerdau[3] foi, a meu ver, paradigmático, pois foi naquela decisão, e na atitude que o CADE tomou posteriormente, que se firmou a independência do Conselho. Todos os sete votos foram absolutamente técnicos, tendo a minoria vencida, na qual eu me incluía, juntamente com o conselheiro Edgar Proença e o Dr. Ruy Coutinho, exposto seus argumentos e a razão por que não acompanhara a maioria. E, note-se bem: findo o julgamento, a minoria vencida foi quem saiu em defesa da decisão do CADE, no sentido da desconstituição do ato. E é assim que deve ser, sempre.

Como se sabe, a Gerdau entrou com um recurso hierárquico, dirigido ao ministro da Justiça Nelson Jobim. Nós, no CADE, ficamos surpresos, pois esperávamos que a empresa fosse questionar a decisão no Judiciário, como manda a Lei 8.884/1994. O Ministro, no entanto, ao receber o recurso, solicitou a manifestação da SDE, que tinha como titular o Dr. Aurélio Wander Bastos, o qual opinou sobre o cabimento do tal recurso. Foi então que o ministro solicitou que os autos do processo lhe fossem encaminhados. Ficamos perplexos, pois jamais imaginaríamos que o CADE fosse solapado no âmbito do próprio Ministério da Justiça. Nós, conselheiros, nos reunimos então, sem o presidente, que não estava no momento, e chegamos à conclusão de que não iríamos enviar o processo ao Ministro, mas sim ao Ministério Público, para que este executasse a decisão, como lhe facultava a lei. Foi o que fizemos. E enviamos também um ofício ao ministro da Justiça explicando-lhe os motivos de nossa decisão. Dissemos que o colegiado não reconhecia a competência ministerial para rever decisões do CADE. Se tivéssemos cedido àquela época, eu não sei o que seria do CADE hoje, pois a sua independência jamais seria afirmada.

O nosso mandato, dos quatro primeiros conselheiros e do presidente, encerrou-se em março de 1996. Foram empossados o Dr. Gesner de Oliveira como presidente, e quatro novos conselheiros. O novel Conselho assinou com a Gerdau um termo de compromisso de desempenho, que disciplinou o cumprimento da decisão, mantida em seus ter-

---

[3] Processo Administrativo 08012.004086/2000-21 – Representante: SDE; Representada: Gerdau S.A.

mos. O CADE saiu, assim, vitorioso e manteve sua autonomia *vis-à-vis* o poder político.

Ainda como conselheira e a esse propósito, escrevi um artigo sobre essa relação do poder econômico com o poder político, que foi publicado no Caderno Direito & Justiça do *Correio Brasiliense*.[4]

Outro fato importante ocorrido nessa época foi a celebração do primeiro compromisso de cessação de prática infrativa pelo CADE, no chamado caso das laranjas.[5] Os produtores denunciaram o abuso de poder econômico por parte de um oligopsônio, formado pela indústria do suco de laranja. Em sua defesa, a indústria juntou uma enorme quantidade de documentos, informações etc. Quando o processo chegou ao CADE, ficou claro para mim que um compromisso de cessação de prática atenderia ao interesse público: a instrução feita na SDE era insuficiente e não haveria tempo de refazê-la no CADE. Convoquei os representados e lhes propus o acordo. Eles o aceitaram.

Entendo ser esse o dever da autoridade de defesa da concorrência: agir imediatamente, sem ser provocada, se há evidente agravo à ordem concorrencial. A autoridade não deve esperar, se a restrição à concorrência é evidente: é seu dever agir, para fazer cessar a ofensa à concorrência, com a maior presteza possível. E deve, também, agir de forma transparente, com reuniões marcadas em agenda pública e com todas as tratativas relatadas em plenário. A minha preocupação com a transparência dessas ações no âmbito do CADE devia-se, principalmente, ao fato de à época ainda não haver um membro do Ministério Público designado para o Conselho. Felizmente, tudo correu muito bem, e o compromisso foi assinado. Antes, porém, de o compromisso ser assinado, a minuta do termo foi aprovada pelo plenário e disponibilizada ao público para que os representantes e terceiros, se assim o desejassem, pudessem apresentar seus comentários e sugestões ao texto. Feito isso, o primeiro compromisso de cessação de prática foi aprovado unanimemente pelo plenário e firmado com as partes. É importante ressaltar que, quando foi firma-

---

[4] Poder político e poder econômico. Caderno Direito & Justiça. *Correio Brasiliense*, Brasília, 1995.

[5] Processo Administrativo 08000.012720/1994-74 – Representante: Associtrus – Associação Brasileira de Citricultores, Aciesp – Associação de Citricultores do Estado de São Paulo; Representada: Sucocítrico Cutrale Ltda., Citrovita Agroindustrial Ltda., Citrosuco Paulista Ltda., Cargill Citrus Ltda., Bascitrus Agroindústria Ltda., e outros.

do, o compromisso já era de conhecimento público, o seu texto já havia sido aprovado por unanimidade pelo plenário do CADE. Não houve surpresa para ninguém.

O segundo termo de compromisso de cessação foi firmado também naquela época. Foi no caso dos produtores de fertilizantes.[6] Havia, também, uma ação civil pública ajuizada em São Paulo pelo Ministério Público Federal. Entramos em contato com o Ministério Público e o informamos de que o CADE iria celebrar com os representados um compromisso de cessação, e convidamos o Ministério Público para participar das tratativas. Tal participação seria de extrema importância, uma vez que o objeto da investigação era o mesmo da ação civil pública. Foi, então, designado um procurador da República aqui de Brasília para acompanhar as negociações. Ele se fez presente em todas as reuniões e assinou todas as atas e o acordo também. Foi realmente a primeira participação do Ministério Público no CADE, porque nessa época nós não tínhamos o representante do Ministério Público oficiando no Conselho. Foi uma forma racional de resolver o conflito concorrencial, tanto no CADE quanto no Judiciário, pois o acordo foi homologado também na justiça.

Qual a importância da defesa da concorrência para a sociedade brasileira?

Neide Malard: Defesa da concorrência, sim; eu não uso a palavra antitruste e vou explicar por quê. Eu vejo a defesa da concorrência em três dimensões: política, econômica e sociológica. Na dimensão política, deve haver o controle do Estado sobre o poder econômico. O poder econômico, em sua dimensão política, é perigosíssimo, pois influencia os políticos, financia campanhas, organiza *lobbies* e busca sobrepor-se ao Estado para organizar as coisas à sua maneira; quando tem sucesso, se opõe ao Estado; quando não é bem-sucedido, corre em busca da proteção do Estado, como estamos presenciando hoje, no mundo inteiro, sobretudo na maior economia de mercado do mundo. Por isso, é importante haver uma lei severa que cuide do poder econômico, suscetível de uso político, qualquer que seja a forma pela qual ele se organize – mono-

---

[6] Processo Administrativo 08000.016384/1994-11 – Representante: Votufértil Fertilizantes S.A.; Representada: Ultrafértil S.A. Indústria e Comércio de Fertilizantes.

pólios, duopólios, oligopólios. Quanto mais concentrado o poder econômico, maior é a capacidade de corromper, de distorcer a concorrência e de fazer aprovar no Congresso Nacional leis de seu particular interesse. Exemplo disso é a alteração sofrida no art. 53 da Lei 8.884/1994, para permitir o compromisso de cessação por parte dos cartéis, vale dizer, a compra da impunidade.

A concorrência é um enorme diluidor do poder econômico, em todos os setores em que ele se manifesta. Então, essa é a dimensão política: é preciso controlar o poder econômico, porque afinal de contas o poder político é uma conquista do Estado moderno, e a sociedade moderna exige esse controle, e a Lei de Defesa da Concorrência pode ajudar muito na democratização dos mercados. Sabemos que é missão do Estado regular os monopólios; mas sabemos, também, que as autoridades reguladoras muitas vezes são capturadas e se focam mais no investimento, esquecendo-se da sociedade. Assim, a defesa da concorrência é imprescindível para que a sociedade possa beneficiar-se das vantagens da economia de mercado.

Agora a dimensão econômica: é a concorrência que vai proporcionar a inovação; é a concorrência que vai promover os melhores produtos; é a concorrência que vai transformar o empresário em um ser criativo. A busca de menores custos e de inovação só é possível quando os agentes se expõem à concorrência. Assim, na dimensão econômica, a defesa da concorrência vem promover o espírito inovador dos empresários e fazer que eles ofereçam produtos de qualidade a um preço razoável. O argumento em defesa de monopólios, de sua eficiência e dos benefícios que podem representar para a economia nacional é absolutamente improcedente. Eu mesma não conheço monopólio eficiente.

Na dimensão sociológica, a concorrência vai servir de esteio à própria economia de mercado, que não pode prescindir da liberdade de iniciativa. É preciso assegurar a liberdade de iniciativa, que é a expressão genuína do sistema capitalista. Por outro lado, é necessário, também, propiciar ao consumidor o direito de escolher. Veja o caso dos serviços públicos privatizados. É preciso assegurar ao consumidor, por exemplo, o direito de escolher a operadora de telefonia que melhor o atenda, que lhe cobre a menor tarifa. No tocante aos mercados regulados que afetam diretamente o interesse público, a indagação que se coloca é a seguinte: a regulação desses mercados atende às necessidades do consumidor? A meu ver, não. Se você perguntar aos usuários o que acham dos serviços públicos privatizados, a resposta será sempre a mesma: são ruins e caros. Essa resposta, por si só, já mostra que a sociedade exige uma regulação eficiente desses mercados, exige um Estado que regule efetivamente esses mercados. A regulação jamais substituirá a concorrência, pois a técnica não cria escolhas.

A livre concorrência é essencial em uma economia de mercado; por isso que é um princípio da atividade econômica disciplinado no art. 170 da Constituição. Por isso não cabe falar em direito antitruste, expressão absolutamente inadequada, tão inadequada que nem mesmo a Inglaterra, país de língua inglesa, a adotou, mas sim a expressão *competition law*. Com efeito, defesa da concorrência não significa repressão ao truste, aliás um instituto jurídico inexistente no direito brasileiro, mas muito utilizado nos Estados Unidos no século XIX para lesar a concorrência. Então, chamar o direito da concorrência de direito antitruste é um reducionismo, sendo certo que no Brasil sequer existem trustes. É preciso empregar no direito os termos corretos, sobretudo quando se tem uma matriz constitucional.

O art. 173, § 4.º, da Constituição Federal, diz: "A lei reprimirá o abuso do poder econômico". A preocupação do legislador é preservar a livre-iniciativa, que tem na defesa da concorrência um corolário. A Constituição elege já no art. 2.º a liberdade de iniciativa como princípio fundante da República Federativa do Brasil. Como se terá liberdade de iniciativa se não houver defesa da concorrência? Como alguém vai iniciar alguma atividade econômica se os fornecedores da matéria-prima se recusarem a vender-lhe o produto porque já assinaram contratos de exclusividade com seus futuros concorrentes? A liberdade de iniciativa e a livre concorrência são princípios constitucionais complementares, e o legislador constituinte percebeu isso claramente.

Na defesa da concorrência, o CADE tem um papel fundamental. Sabemos que o poder econômico anda de braços dados com o poder político; daí a necessidade de se ter instituições para intervenção do Estado na economia dotadas de independência decisória, hierárquica e financeira. A independência do CADE deve começar pela nomeação dos conselheiros. Eu proponho uma fórmula interessante: o Ministério da Justiça deveria abrir inscrições para o posto de conselheiro do CADE; os interessados no cargo enviariam seus currículos – desde o jovem de tenra idade recém-saído da faculdade até o advogado ou economista, engenheiro etc. experiente –, e seria feita uma seleção cuidadosa, rigorosa, com critérios técnicos predefinidos por uma banca especialmente criada para esse fim. Os mais aptos seriam indicados em lista ao Presidente da República. Esse modelo que proponho serviria para todas as agências. Assim, não haveria indicação de pessoas pelo fato simples de serem conhecidas ou amigas de ministros, políticos e outras pessoas influentes no governo. Creio que essa seria uma boa resposta à demanda da sociedade por pessoas isentas e preparadas, cujas decisões irão afetar o bem-estar dos cidadãos. Essa proposta reforçaria a independência do CADE e das agências reguladoras.

Entendo que a função de conselheiro do CADE deve ser desempenhada de forma transparente. Os conselheiros devem estar abertos ao diálogo e dispostos a atender os advogados com a maior presteza possível. Deveria ser um cargo de dedicação exclusiva, não é possível ter outra atividade. Eu me lembro que tive de abdicar de minha vida acadêmica. Dedicava-me ao CADE em horário integral e nós conselheiros atendíamos a todos, como fazem os juízes, sem agendamento. Àquela época o CADE funcionava como se fosse um tribunal, e não uma repartição pública. De uns anos para cá têm aumentado substancialmente as dificuldades para se exercer a advocacia no CADE. É uma dificuldade para ser recebido por um conselheiro do CADE. É uma burocracia inútil exigir o preenchimento de um formulário para ser recebido por uma autoridade. O advogado entra em uma fila de espera por audiência e, às vezes, vem a resposta de que não poderá ser recebido. Nunca vi tanta gente tão ocupada. Só não sei bem com o que, pois se julga tão pouco, tanto que as sessões são quinzenais. Quando o CADE não tinha a estrutura que tem hoje, as sessões eram semanais e os conselheiros atendiam a todos sem delongas. Os advogados tinham livre acesso aos conselheiros. Só agendavam encontros quando iam acompanhados dos seus clientes. Nessa hipótese, pediam para marcar audiência com antecedência. Os advogados eram recebidos à tarde e, pela manhã, os conselheiros dedicavam-se aos seus votos e às reuniões internas. É bom lembrar que uma grande parte dos advogados não reside em Brasília. Muitos vão ao CADE com pouco tempo e a um custo muito alto para o cliente. Assim, se têm procuração nos autos, para que tanta dificuldade para recebê-los?

Por que o advogado é, muitas vezes, obrigado a esperar vários dias para saber quando será atendido pelo conselheiro?

O CADE precisa estar mais atento ao seu papel de tribunal administrativo, para não se transformar numa mera repartição pública.

A defesa da concorrência precisa ser exercida com autoridade e responsabilidade, atributos que se impõem pelo respeito ao administrado e ao jurisdicionado.

Eu acho um despropósito, uma verdadeira inversão de valores, o conselheiro receber o advogado acompanhado de assessor. Como o julgador pode desconfiar do advogado ou se sentir inseguro ou ameaçado a ponto de se fazer acompanhar de uma pessoa que sequer tem as garantias do mandato? Ora, os conselheiros são pessoas ilibadas, pelo menos é essa qualidade exigida por lei, não havendo razão para que alguém confira sua reputação. E quem garante a reputação do assessor, que hoje é um, amanhã é outro, não tem mandato, é um simples funcionário e, muitas vezes, sem qualquer estabilidade? Não conheço um único caso de suspeição de conselheiro do CADE que pudesse ter ensejado tudo isso. Pelo contrário, poucas instituições da República são depositárias de tanta confiança por parte da sociedade quanto o CADE ao longo de sua história.

LUCIA HELENA SALGADO E SILVA PEDRA[1]

Lucia Helena Salgado, qual é a sua formação?

Lucia Helena Salgado: Eu sou economista, graduada pela Faculdade de Economia e Administração da UFRJ, em 1983. Fiz mestrado no IUPERJ em Ciência Política e apresentei a dissertação em 1988. No primeiro ano do mestrado fiz concurso para economista do Ministério da Fazenda, passei e fui lotada na Sunab. Em 1995, no início da Nova República, fui convidada para trabalhar no CIP, órgão importante à época, pois vivíamos uma inflação alta e acelerada e o controle de preços era o instrumento básico com que se tentava estabilizar a economia. Lá eu acompanhava a evolução dos índices de preços, principalmente no atacado, e os reajustes eram autorizados levando em consideração qual seria seu impacto sobre a inflação, algo já bastante distorcido. Em 1988 havia começado o doutorado na UFRJ, que só acabei em 1996, porque em paralelo à vida acadêmica trabalhava no Ministério da Fazenda.

No início do governo Collor, o Antonio Kandir montou uma equipe de jovens economistas – muitos conquistaram posições de destaque anos depois –, e eu tive a grata experiência de compor essa equipe. O Kandir me orientou a estudar o que se fazia em defesa da concorrência em outros países, porque havia a ideia de se dar uma nova dimensão ao CADE. Naquele momento, já havia a compreensão de que o controle de preços e a proteção comercial não eram o caminho que levava à eficiência, ao melhor resultado para o bem-estar da população, e assim era preciso estabelecer uma economia de mercado e as instituições que as garantissem. Logo no início do governo Collor foi editada a Lei 8.158/1991 – uma lei visivelmente falha –, que criou a SDE justamente porque o governo não tinha segurança de abrir mão do mecanismo de controle de preços e queria ter um braço político para tentar coibir aumentos abusivos de preços, função que a SDE poderia desempenhar. Nós economistas desse grupo sabíamos que o controle de preços não funcionava, mas havia no governo uma enorme confusão entre controle

---

[1] 1.º Mandato: 22.04.1996 a 21.04.1998; 2.º Mandato: 02.06.1998 13.05.2000.

de preços e defesa da concorrência. A Lei 8.158/1991 transferiu funções do antigo CADE para a recém-criada SDE, mas o governo não deu estrutura nem ao CADE nem à SDE para funcionarem. Ficaram esses dois órgãos totalmente sem meios de dar conta de uma tarefa hercúlea: substituir o sistema de controle de preços pela defesa da concorrência.

Como se deu a sua ida para o CADE?

Lucia Helena Salgado: No Ministério da Fazenda participei, ao lado da Neide Malard, do grupo de trabalho que redigiu o Decreto 36/1992, que regulamentou e deu alguma operacionalização à Lei 8.158/1991. Nesse decreto foi estabelecida uma série de procedimentos, como regras e prazos para a instrução de processos administrativos e parâmetros para aplicação de multa.

Deixando Brasília, vim para o IPEA no Rio de Janeiro, com o intento de dar continuidade às minhas pesquisas em antitruste; organizei no IPEA, juntamente com Ellen Sampaio, que também compusera aquele grupo de trabalho em 1991, o primeiro Seminário Internacional em Defesa da Concorrência, isso ainda em 1991, e, em 1992, publiquei o resultado de uma pesquisa sobre o estado da arte da defesa de concorrência nos outros países e no Brasil. A essa altura, eu já era uma apaixonada pelo tema. Participei em 1993 do grupo de trabalho que redigiu o anteprojeto da Lei 8.884/1994 e logo em seguida retomei o doutorado para concluí-lo; fui para Berkeley, com bolsa da Fulbright Commission, onde fiquei por dois anos. Lá tive aulas com gente como Oliver Willamson, Dan McFadden, Kenneth Train e Carl Shapiro, que hoje, no governo Obama, é o economista-chefe da Divisão Antitruste do Ministério de Justiça norte-americano. Quando eu estava no final dessa temporada, Ruy Coutinho, então presidente do CADE, me disse ao telefone que iria me indicar para compor o próximo conselho; eu pedi que não o fizesse, pois tinha intenção de me estabelecer no Rio de Janeiro com a família e retomar a vida acadêmica. Voltando ao Brasil, apresentei a minha tese, que é uma análise dos fundamentos da política antitruste, com uma aplicação para o caso brasileiro.

No Brasil, encontrei o Kandir em uma festa e ele me avisou que iria indicar meu nome para o CADE. Isso foi em seguida ao caso Gerdau, que gerou uma celeuma muito grande por conta do veto do CADE a esse ato de concentração, e foi o pretexto para, no governo Fernando Henrique, começar-se a falar em rever o papel do CADE, retirando-lhe a competência para prevenir o abuso do poder econômico, ou seja, para examinar atos de concentração de empresas. Embora eu tivesse uma filha pequena àquela altura e não quisesse deixar o Rio de Janeiro, vi a indicação como um desafio e aceitei. O caso Colgate-Kolynos, que eu viria a ser sorteada para relatar, já havia sido notificado, e sobre ele o Mário Henrique Simonsen escreveria um artigo sob o título, veja você: "O CADE atrapalha". Certamente ele estava vocalizando interesses específicos, mas ao dizer isso ele ampliava o movimento que havia dentro do próprio governo Fernando Henrique.

Fui indicada conselheira do CADE e comigo foram nomeados Gesner Oliveira, Renault de Castro, Antonio Fonseca, Paulo Dirceu e Leônidas Xausa. Fomos sabatinados no Senado em abril de 1996 e tomamos posse em 15 de maio. A sabatina mostrou o desconhecimento por parte dos senadores sobre a matéria. Não houve propriamente uma arguição. Cada indicado fez uma breve explanação e eu, que me preparara para perguntas difíceis – tinha acabado de enfrentar uma banca de tese de doutorado –, confesso que me decepcionei.

Como você encontrou o CADE?

Lucia Helena Salgado: O presidente anterior Ruy Coutinho havia instalado o CADE, mas não lhe haviam sido providos todos os meios necessários. Era preciso obter esses meios, ou pelo menos alguns deles. O Gesner tinha um bom relacionamento com o chefe da Casa Civil Clóvis Carvalho e conseguiu alguns cargos de função gratificada, o que nos permitiu montar uma equipe provisória, e conseguiu montar a procuradoria do CADE também, o que foi fundamental naquele momento. Não havia quadro de pessoal, como até hoje não há, apesar de previsto na lei em vigor. E assim começamos.

Quais foram os principais casos que você julgou?

Lucia Helena Salgado: O caso Kolynos-Colgate[2] era, como disse o então ministro da Justiça Nelson Jobim, quando Gesner e eu, relatora,

---

[2] Ato de Concentração 55/95 – Requerentes: Colgate-Palmolive Ltda. e Itap S.A.

fomos conversar com ele no dia do julgamento do caso, antes da sessão do CADE, o Rubicão que o CADE tinha de atravessar. O relatório já estava distribuído, e o meu voto escrito quando encontrei o ministro e expus a ele a solução que eu tinha dado para o caso; ele achou muito interessante, e até usou uma imagem relacionada à Filosofia do Direito dizendo: "Você conseguiu uma solução que traz a operação para dentro da legalidade da defesa da concorrência". Quer dizer, se ele achasse o contrário, paciência; na verdade, foi uma visita simpática, uma deferência ir lá conversar com ele e dizer "encontramos uma solução".

No caso Kolynos-Colgate, havia um desafio institucional e, se nós decidíssemos erradamente, seria o fim do CADE. Nós tínhamos consciência disso, Gesner e eu conversávamos muito sobre isso. O caso Gerdau só não acabou com o CADE porque o colegiado do CADE naquela altura foi muito firme em sua decisão e na defesa dela, mas houve uma forte pressão privada e pública, dentro do governo, movida pelos interesses específicos contrariados com o papel mais atuante do CADE em sua função preventiva de analisar concentração de poder econômico. Mais do que percepção, eu havia vivido esses fatos no governo, eu os conhecia bem.

Desde o início, percebi que havia uma concentração alta em vários segmentos, e o que mais espantava nossos colegas do exterior era o fato de a Colgate, uma vez firmado o negócio, haver entrado imediatamente na fábrica da Kolynos; portanto, ao chegar ao CADE, as empresas que haviam notificado o ato já eram uma coisa só, a junção delas já estava em curso, havia muito menos espaço para o CADE atuar, quando ele recebeu os autos vindos da SDE – a operação já acontecera um ano antes. Esse fato deveu-se a um erro nosso, dos que participaram da elaboração da Lei 8.884/1994, de não tornar obrigatória a notificação prévia dos atos de concentração, de achar que a redação do art. 54 tal como estava já estabelecia isso. Como se sabe, a lei concede 15 dias, contados da realização do ato de concentração, para sua notificação; pensamos ser esse um prazo necessário para as partes prepararem os documentos, e que elas estipulariam a realização do negócio somente depois de apresentarem os documentos, ou seja, de notificar o ato de concentração. Foi uma ingenuidade, porque abriu a possibilidade legal de a notificação ser feita depois de realizado o ato de concentração. Esse entendimento ingênuo, de que não se podia dar andamento à operação antes de sua notificação, por conta do § 7.º, que diz que só são válidos os atos após sua aprovação, caiu por terra e, embora a lei faculte a notificação prévia ao ato, ela praticamente não existe no Brasil: todas as empresas notificam o ato depois de sua realização.

Voltando ao caso Kolynos-Colgate: ele me chegou praticamente consolidado, e eu tinha de encontrar uma solução, não podia simplesmente aprová-lo ou reprová-lo inteiramente, solução inviável, pois não era possível retornar à situação inicial. Isso me levou à solução que apresentei, com três alternativas: licenciar a marca Kolynos, vendê-la ou suspendê-la por quatro anos. Note-se que foram dadas três alternativas que atenderiam ao objetivo de compatibilizar o interesse público da concorrência e o interesse privado da operação, e a escolha ficaria a cargo da empresa. Outro ponto que me parece marcante é que no curso da instrução realizamos uma consulta pública, a primeira audiência e consulta públicas – o que agora é regra para as agências – norteadas por várias questões técnicas que apresentei aos participantes do mercado, inclusive representantes de interesses dos consumidores, e as informações obtidas ali foram muito úteis para balizar a decisão. Aliás, houve um fato curioso, relacionado a uma das propostas de substituição do creme dental, que recusei; a recusa se deveu à proibição, que estabeleci, de não haver relação entre o creme dental substituído e o novo, estava associada a uma campanha publicitária que levou à televisão, no horário nobre, nos intervalos da novela das oito, atualmente novela das nove, a antiga garota propaganda da Kolynos, a Regina Duarte, dizendo: "Ah! Eu usava essa pasta", e ela em preto e branco usando Kolynos; a seguir, ela dizia "Agora eu uso esta". Foi feita uma indevida associação no anúncio. Eu fui avisada da propaganda pelo conselheiro Leônidas Xausa, que me ligou à noite para avisar: "Lucinha! Você está vendo televisão?" Eu não, estava quieta estudando. Ele então me descreveu a propaganda, fiquei escandalizada e chamei no dia seguinte cedo a empresa e seus advogados, que trouxeram o anúncio para vermos juntos; eu disse aos seus diretores que eles estavam descumprindo a decisão e o anúncio foi imediatamente retirado do ar. O creme dental com o desenho que eu vetara já estava pronto, mas não foi comercializado e ele acabou sendo doado à Comunidade Solidária. O episódio custou uma fortuna à empresa, mas pelo menos serviu para uma boa causa. Ao fim, chegou-se a um acordo, e o termo de compromisso de desempenho, cujo texto foi ampla e publicamente debatido, foi assinado entre o CADE e a empresa e cumprido à risca por ela.

Outro caso relevante que relatei foi o Anheuser Busch-Antarctica.[3] A Antarctica percebeu a ameaça concorrencial das cervejarias estrangeiras – assim como a Brahma também –, e a sua estratégia foi associar-se à Anheuser-Busch, essa entrante potencial, de forma a neutralizar o impacto disciplinador de sua entrada, até o momento feita por meio de importação no mercado brasileiro. Pareceu-me claro que naquele momento se tratava de eliminação de concorrente potencial. Qual foi o grande problema? Naquele momento, todas as decisões baseadas numa preocupação com concorrência potencial eram muito antigas; hoje, o impacto sobre concorrência potencial é avaliado de forma mais realista, e um bom exemplo é a compra da BrT pela Oi e outras concentrações no setor de telecomunicações, que deve, espero, seguir essa linha de análise também. Há doze anos parecia algo bizarro. Mas procurei demonstrar a minha tese, inclusive na réplica que fiz ao voto-vista do conselheiro Arthur Barrionuevo, o qual, juntamente com o presidente Gesner Oliveira, procurou demonstrar que a tese da concorrência potencial não tinha fundamento.

As opções que vi para aquele caso eram estruturais, além de simplesmente negar aprovação ao caso. Mas a Antarctica tinha muitos problemas, e a Anheuser-Busch tinha muito a oferecer à Antarctica em termos de melhores práticas, de aumento de produtividade, de melhoria de gestão. Eu quis, com a minha decisão, tornar aquela entrada em uma entrada comprometida, ou seja, um outro conceito de entrada. Pode-se até dizer que havia algum tempero de política industrial na minha decisão, mas com a recusa da Anheuser-Busch em aceitá-la, e o consequente desfazimento do negócio, ficou claro que o acordo visava exclusivamente eliminar a concorrência potencial de uma entrada independente da firma norte-americana.

Mais tarde comentou-se que, se a minha decisão tivesse permitido a associação da Anheuser-Busch com a Antarctica, o caso AmBev[4]

---

[3] Ato de Concentração 0083/1996 – Requerentes: Anheuser Busch International Inc. e Companhia Antarctica Paulista Indústria Brasileira de Bebidas.

[4] Ato de Concentração 08012.005846/1999-12 – Requerentes: Companhia Antarctica Paulista Indústria Brasileira de Bebidas e Conexos, Cervejaria Brahma e outros.

não teria ocorrido, isto é, a Brahma não teria comprado a Antarctica. É preciso salientar que o caso AmBev foi decidido em um momento em que a composição técnica do CADE era uma das mais fracas de sua história, e foi decidido por apenas cinco conselheiros, com quatro votos a favor. Nessas grandes concentrações, tornou-se regra as empresas primeiro visitarem o Presidente da República, como agora no caso Sadia-Perdigão, e no caso AmBev foi assim também. Os executivos da Brahma e da Antarctica foram ao Presidente Fernando Henrique dizer que estavam constituindo uma multinacional verde-amarela, e após a reunião um dos representantes da empresa ligou para o presidente do CADE e para mim para nos informar da operação. Estava longe de ser um caso trivial.

Eu me declarei impedida, pois o meu marido na época fora contratado pela Kaiser, que fez oposição à compra da Antarctica pela Brahma. Ainda no curso do processo, a Kaiser trocou a equipe que a assessorava, e o meu impedimento cessou. Mas já estava criado um ambiente conturbado a respeito do caso, digamos, com uma cobertura dos fatos desigual, senão tendenciosa, feita por parte da imprensa. E eu decidi não julgar o caso para não tumultuá-lo, pois certamente a minha decisão de julgá-lo, a meu ver legítima, seria impugnada pelas partes, como eu percebi na época, uma vez que se supunha que eu votaria negando a operação. Eu admitiria aprovar o negócio, porém era óbvio, sabido de todos que conheciam defesa da concorrência, pois bastava ler a jurisprudência e a doutrina vigentes, que uma condição inafastável para aprovação daquele caso, entre outras, era a venda de uma marca de cerveja a um competidor e as fábricas com capacidade para produzi-la competitivamente, assim como os meios para distribuí-la. E essa marca, todos que conhecem defesa da concorrência sabiam e sabem, era a cerveja Skol. Ou seja, uma decisão técnica, a meu ver, imporia como condição de aprovação do caso AmBev a venda da marca Skol, juntamente com os meios de produzi-la e distribuí-la. Como se sabe, não foi o que ocorreu. A condição de aprovação do CADE impôs a venda de um punhado de fábricas que as empresas já iriam fechar mesmo, porque eram totalmente obsoletas, e a venda de uma marca que, coitada, além de inexpressiva, fora, ao longo da análise do ato de concentração, intencionalmente derrubada, pois a sua participação no mercado caíra fortemente durante o período.

Foi uma decisão realmente lamentável. Custou muito ao CADE, depois de tanto esforço de construção institucional, foram vários passos atrás. Mas a trajetória do CADE não é diferente dos demais processos históricos, feita de passos para frente e de alguns passos atrás. O caso AmBev foi uma decisão muito triste.

Kellogg's-Superbom[5] foi outro caso relevante e me ficou marcado o erro que cometi. Eu dispunha de elementos factuais e de estatísticas descritivas para demonstrar que a Kellogg's tinha comprado a Superbom com a mesma finalidade de muitas empresas dominantes quando percebem a concorrência aumentando: compram a marca ascendente, a segunda do mercado, aquela que lhe impõe alguma disciplina, para simplesmente retirá-la do mercado. Consegui mostrar que o preço da Kellogg's era um preço de monopólio, mas o preço caíra dramaticamente quando ela enfrentou a concorrência, entre 1995 e 1999, dos cereais importados. Já com a saída dos importados por conta da crise cambial e a entrada da Nestlé, que, pelo tamanho de seu *portfolio*, bolso profundo e outros aspectos de dominância, a Kellogg's não pudera impedir, foi obrigada a se acomodar. Diante da dimensão da Nestlé, e sua presença junto à cadeia de distribuição, a Kellogg's não seria capaz de promover uma guerra de preços para inviabilizar a entrada da empresa no mercado de cereais matinais prontos para consumo. A entrada da Nestlé foi acomodada e ambas formaram um duopólio, compartilhando lucros de monopólio: os preços voltaram ao nível anterior ao da efervescência da concorrência. Isso eu mostrei no voto. A compra da Superbom foi uma maneira de a Kellogg's eliminar o principal concorrente que ela era capaz de eliminar. E esse fato eu consegui mostrar, e queria demonstrar, em detalhe, que se tratava de um de bloqueio à concorrência. Contudo, para dar fundamentação formal maior à decisão, eu despendi muito tempo tentando fazer a contratação de um consultor que fizesse a análise econométrica dos dados de mercado que comprovassem, empiricamente, o ponto de vista que eu defendia. E o meu erro, um terrível erro, foi haver levado esse caso na última sessão de que participei como conselheira. Eu não deveria ter feito isso, propor a não aprovação de uma operação importante no meu último dia como conselheira. O que aconteceu? O presidente do CADE foi chamado, no curso

---

[5] Ato de Concentração 174/97 – Requerentes: Kellogg do Brasil & Cia. e Produtos Alimentícios Superbom Indústria e Comércio Ltda.

da sessão plenária do CADE no dia do julgamento, para ir a uma reunião no Palácio do Planalto, e ele atendeu ao chamado e deixou a sessão do CADE. Eu li o meu voto, sem o trabalho econométrico que gostaria de ter e não tinha, e o conselheiro que votou depois de mim, Mércio Felski, pediu vista dos autos, retirando o processo de votação. Mas os conselheiros Ruy Santacruz e Marcelo Calliari, contrariando a praxe de aguardar o voto-vista ser proferido em sessão posterior, decidiram votar e acompanharam o meu voto, no sentido de não aprovar o ato de concentração. Já a conselheira Hebe Romano e o conselheiro João Bosco Leopoldino resolveram aguardar o voto-vista. Com isso, foram proferidos apenas três votos, todos pela desconstituição, quórum insuficiente, porém, para se ter uma decisão definitiva. Mais tarde, em sessão posterior – eu já havia deixado o CADE –, o processo retornou a julgamento, sendo relator o conselheiro que havia pedido vista, e aconteceu algo absolutamente surpreendente: os votos contrários à operação proferidos naquela sessão foram anulados, sob o pretexto de ter ocorrido fato novo, superveniente, o que não ocorreu. Não houve qualquer fato novo; basta ler os autos para constatar isso. E o caso, nesse novo julgamento, depois de os votos antes proferidos terem sido anulados, foi aprovado.

Note-se que no caso Nestlé-Garoto[6] tentou-se a mesma coisa, mas felizmente não prosperou: o voto de relator foi mantido, e era pela desconstituição do ato de concentração também.

Qual a importância da defesa da concorrência para a sociedade brasileira?

Lucia Helena Salgado: A importância da defesa da concorrência está em ela permitir ao consumidor fruir os benefícios do regime de economia de mercado. O cidadão, o eleitor, o contribuinte, o consumidor, o trabalhador é o mesmo indivíduo, é uma pessoa dentro da sociedade com várias dimensões; do ponto de vista do mercado, esse cidadão é um consumidor, e a Lei de Defesa da Concorrência defende a comunidade de consumidores. Na ausência dela, a democracia estaria em perigo, porque a capacidade de o poder econômico se organizar e controlar as formas legítimas de representação da sociedade é ilimitada, e só

---

[6] Ato de Concentração 08012.001697/2002-89 – Requerentes: Nestlé Brasil Ltda e Chocolates Garoto S/A.

uma lei que coíba o abuso do poder econômico e a excessiva concentração do poder econômico pode evitar tal situação, como o Senador Sherman chamava a atenção ao defender a edição da primeira lei de defesa da concorrência norte-americana, de 1890. Sem ser coibido, o poder econômico toma o lugar do cidadão nas escolhas a serem feitas, e isso a democracia não pode permitir. Em relação ao CADE, cuja função é prevenir e reprimir o abuso do poder econômico, hoje ele já é reconhecido nessa qualidade pela sociedade brasileira, mas é importante lembrar que esse prestígio do CADE se deve ao fato de ele haver sido o primeiro órgão de intervenção do Estado na economia a agir com grande transparência. E antes de a lei estipular, como dever desses órgãos, a publicidade com que devem se conduzir, como fez no caso das agências reguladoras e que nem por isso são transparentes como deveriam ser, discute-se cada vez mais a transparência das agências reguladoras, algo que o CADE já faz há mais de dez anos. Há mais de dez anos o CADE já havia incorporado a sua rotina um código de ética, o instituto das audiências públicas, de decidir em sessões sempre abertas ao público e à imprensa, de colocar em uma página na internet dados sobre a sua atuação (página montada pelo Adriano Stringhini e que recebeu prêmio do Instituto Hélio Beltrão, de transparência na administração pública), de disponibilizar relatórios com antecedência, votos e acórdãos de todas as decisões, enfim os mais completos procedimentos de transparência, e hoje é possível acompanhar as decisões do CADE em tempo real pela Internet. Existe alguma agência reguladora que faça isso? A Anatel, a maior delas, para exemplificar, ainda decide quase tudo entre quatro paredes, realizando sessões fechadas, sem transparência, exemplificando o que um dia o Fernando Henrique Cardoso sociólogo chamou de "anel burocrático". Por outro lado, é bom registrar, a ANAC vem tentando atuar com a nítida preocupação de promover a concorrência no mercado de transporte aéreo e a sua defesa, a mostrar que o caminho do CADE pode e deve ser seguido. Não é à toa que hoje se bate muito na ANAC, como antes se bateu no CADE: é sinal de que a ANAC está no bom caminho.

Além das críticas abertas ou veladas que o CADE sofreu e sofre, e a que outros órgãos dessa natureza, sendo independentes, estão sujeitos, há sempre pressão para influir em suas decisões; basta haver um caso de maior expressão para surgir ministro subitamente interessado, parlamentar que jamais tomou conhecimento do CADE mostrar-se interessado. Não se pode liminarmente tachar de ilegítima tal conduta, mas o remédio a ela já está dado na Lei de Defesa da Concorrência (e das diversas agências reguladoras): o mandato do conselheiro, aprovado pelo Senado Federal. Essa arma é infalível: o conselheiro só aceita pressão, qualquer que seja, se quiser; se não quiser, nada pode dobrá-lo: o mandato o protege. Ninguém pode tocá-lo. Portanto, é a postura individual do conselheiro: se ele atende ao requisito legal para sua nomeação, de notório saber e reputação ilibada, e atendeu pois foi nomeado, ele tem total segurança e proteção legal, que o seu mandato lhe confere, para decidir, exclusivamente, de acordo com o seu melhor entendimento e a sua melhor convicção.

Por isso o papel do Executivo é fundamental na indicação ao CADE e às agências reguladoras de pessoas que atendam aos requisitos legais de habilitação para ocupar o cargo de conselheiro, assim como é fundamental também o papel do Senado, ao sabatinar o indicado pelo Executivo, para verificar o efetivo atendimento desses requisitos legais.

Infelizmente, essa não é a regra, sabemos disso. Às vezes os poderes constituídos não fazem o dever de casa. Mas deve-se lutar para que seja feito, e no CADE, começa a ser feito. As indicações têm sido técnicas, e os conselheiros continuam resistindo às pressões – e espero que seja sempre assim. A propósito, seria bom que se alterasse a regra para estender o termo do mandato: dois anos é um período muito curto e acaba por pressionar o conselheiro que almeja ser reconduzido; ele, diante de um caso importante, sobre o qual haja interesse óbvio do governo, de setor do governo, pode acomodar-se, relativizar suas posições. Essa é uma possibilidade real e perigosa.

Veja-se o caso Oi-Brasil Telecom, um caso em que se percebe uma mão forte do governo, uma preocupação de política industrial e, mais que isso, uma leitura nacionalista de que é preciso criar grandes empresas de capital nacional. Note-se que não se fala, nesse eloquente discurso, em defesa da concorrência, em defesa do interesse do consumidor – já para não falar no exemplo recente de criação, por meio de concentração excessiva de poder econômico, de grande empresa nacional. Justificativa efêmera, como se viu no caso AmBev, que hoje de fato é belga. Porém, eu tenho certeza de que, ao contrário da Anatel, que não viu problema nenhum na concentração existente no caso Oi-Brasil Telecom, o CADE vai atentar para os aspectos que parecem ser bastante problemáticos desse caso, entre outros a questão da concentração de redes, do acesso dos provedores de dados, dos pequenos provedores, a possibilidade de bloqueio do uso de rede, por exemplo. Há um precedente bastante recente da União Europeia, que estou certa vai ser considerado pelo CADE – eu se estivesse analisando o caso eu o consideraria, e em minhas aulas na pós-graduação a ele tenho referido –, a punição da Telefónica na Espanha por prática de *margin squeeze*: a empresa dominante, que detém um insumo, uma rede, por exemplo, à qual uma concorrente precisa se conectar para prestar o seu serviço, cobra um preço exorbitante por essa conexão, e assim "espreme" o lucro das concorrentes não integradas, inviabilizando sua permanência no mercado. Quando se trata de ato de concentração de redes, como é o caso aqui, a possibilidade dessas condutas serem adotadas cresce consideravelmente. Essa prática ocorre quando uma empresa controla sozinha uma rede de telecomunicações em um mercado geográfico amplo. Esse é um dos exemplos, entre outros, das questões complexas que o CADE vai enfrentar no caso Oi-Brasil Telecom.

O caso Sadia-Perdigão eu tenho acompanhado com enorme interesse, como estudiosa e apaixonada pela matéria; é um dos maiores casos, senão o maior e será um grande desafio para o CADE, porque há vários mercados envolvidos e, como no caso de telecomunicações, envolve diretamente um contingente enorme de consumidores, praticamente o país todo. Sem contar o impacto sobre milhares de pequenos fornecedores integrados, que vão ver alterada de forma drástica a correlação de forças nas negociações de preços, entre outras. Há também uma complexa análise a ser feita do mercado relevante geográfico, pois são 42 fábricas espalhadas pelo Brasil.

Citei esses casos como exemplo de que o CADE, a defesa da concorrência, deve se preocupar cada vez mais com o consumidor diretamente. É preciso sempre lembrar que o foco do antitruste é o consumidor (o Carl Shapiro deixou isso bem claro na sua primeira manifestação pública ao tomar posse no governo Obama). Ao mesmo tempo, o CADE, nas menores ações, sempre lutou para a preservação da sua independência, para resistir a pressões, inclusive às legítimas, pois o que a ele cabe é defender o interesse público.

Eu confio que, hoje, o CADE, a defesa da concorrência no Brasil, esteja preparado para enfrentar esses e outros casos desafiantes, com capacidade técnica e independência decisória. E espero não me decepcionar.

RENAULT DE FREITAS CASTRO[1]

Renault, qual é a sua formação?

Renault de Castro: Sou economista, formado pela Universidade de Brasília em 1975 e com mestrado em Economia Agrícola na Universidade de Oxford, na Inglaterra, concluído em 1981. Comecei a trabalhar no Instituto Brasileiro de Desenvolvimento Florestal – IBDF, antecessor do IBAMA, o que me permitiu fazer o mestrado e de onde saí em 1983 para o Ministério da Indústria e do Comércio, para trabalhar na implementação do Proálcool (Programa Nacional do Álcool). Tendo me especializado na formação de preços de combustíveis, aceitei convite para trabalhar, a partir de 1985, no Ministério da Fazenda, na área de controle de preços, comandada pela Secretaria Especial de Abastecimento e Preços – SEAP. A SEAP cuidava diretamente dos preços e tarifas públicas, e era a Secretaria Executiva do Conselho Interministerial de Preços – CIP, que decidia sobre os preços privados controlados. No Ministério da Fazenda, fiquei até 1990. É curioso esse aspecto da minha carreira, porque depois de trabalhar no controle de preços, que suprimia o livre funcionamento do mercado, acabei indo para o CADE, onde procurava precisamente atingir a situação inversa, com a defesa da liberdade de mercado, para proteger a concorrência. Voltando à ordem cronológica, passei o ano de 1990 na assessoria do ministro e do secretário executivo do Ministério da Infraestrutura e, em 1991, fui para o Ministério do Planejamento, então SEPLAN, onde trabalhei numa atividade desvinculada do que vinha sendo a minha carreira, a área de empréstimos e financiamentos internacionais. Lá cheguei a ser responsável pela coordenação do setor de financiamentos bilaterais, ou seja, do relacionamento do governo brasileiro com organismos bilaterais de financiamento internacional, como por exemplo o então Eximbank do Japão e o KFW, que é o banco oficial da Alemanha para cooperação internacional. Em seguida, em 1994, aceitei o convite da ministra Dorothéa Werneck para ser o diretor do Departamento Nacional do Café, no Ministério do

---

[1] Mandato: 22.04.1996 a 22.04.1998.

Desenvolvimento, Indústria e Comércio Exterior, cargo que deixei em maio de 1996, quando fui para o CADE.

Como se deu a sua ida para o CADE?

Renault de Castro: Eu soube do término dos mandatos de vários dos conselheiros do CADE, mostrei à ministra Dorothéa o meu interesse e solicitei a minha indicação para o cargo. Ela levou o meu nome ao ministro da Justiça Nelson Jobim, e este ao Palácio do Planalto, que aceitou a indicação.

Eu me senti atraído pela transformação que se operava na economia naquela época, de uma economia fechada, com preços controlados, para uma economia mais aberta e livre, embora o CADE ainda não tivesse uma presença forte naquele contexto. O controle de preços ainda era a questão mais importante, apesar da existência do CADE. A influência dos órgãos de controle da economia superava a do CADE. Mas a mentalidade criada com o controle de preços não demorou a desaparecer, embora ainda se achem vestígios em alguns setores. Com a liberalização econômica iniciada no governo Collor, passou-se a dar maior atenção para a defesa da concorrência, que ajuda a aperfeiçoar as instituições do mercado, em vez de cartelizar a economia, como fazia a política econômica até então. Essa política, na verdade, continha elementos, como o controle de preços, que eram verdadeiros incentivos à cartelização e a condutas concertadas de uma forma geral; no Ministério da Fazenda tínhamos dificuldade de conversar, por exemplo, com a indústria do petróleo, parte estatal e parte privada. Era muito mais fácil conversar com os órgãos representativos dos vários segmentos dessa indústria, como por exemplo o Sindicato dos Postos de Gasolina, o que era um estímulo à cartelização. Do outro lado, havia outras curiosidades do ponto de vista concorrencial: a Petrobras, por exemplo, exercia, como faz até hoje, o seu monopólio com a conivência e participação do próprio governo (já que o seu principal acionista é a União), visando à proteção dos interesses de ambos, muitas vezes em detrimento dos interesses da defesa da concorrência. A Petrobras era e continua a ser um poder à parte no governo, dominada por um corporativismo muito forte, e protegida naquela época pelo então Conselho Nacional do Petróleo, órgão que ajudou a criar importantes aberrações concorrenciais; por tudo isso, era difícil obter dados da Petrobras. Então, mesmo o controle de preços do governo não chegava a ser eficaz no caso da Petrobras, mas funcionava no caso dos postos de gasolina... Uma assimetria que, aliás, ainda não mereceu a atenção dos estudiosos, assim como a herança comportamental deixada pelas políticas de controle de preços, indutoras de cartelização.

O meu interesse pelo CADE foi trazer a minha experiência para o outro lado, que então se articulava, o da economia onde a livre concorrência era o princípio que se buscava implementar. Especialmente, parecia um desafio trabalhar com os aspectos concorrenciais que surgiriam com a privatização.

Voltando à minha indicação para o CADE: a ela seguiu-se a sabatina, coletiva. Foram indicados também o Paulo Dirceu Pinheiro, o Leônidas Xausa, a Lucia Helena Salgado, o Antonio Fonseca e o presidente Gesner de Oliveira. Foram perguntas rápidas, de rotina, dirigidas principalmente ao Gesner, uma mera formalidade. Do Conselho anterior, remanescia o Edson Rodrigues Chaves, que completava o quadro de sete conselheiros.

Como você encontrou o CADE?

Renault de Castro: Não só em relação a hoje, mas em relação a outras áreas do governo naquela época mesmo, o CADE era muito mal aparelhado; tinha uma sede física precária, em um dos corredores do anexo do Ministério da Justiça; a porta principal das salas dos conselheiros abria diretamente para o corredor... Eram pouquíssimos os funcionários habilitados disponíveis – dentre eles, lembro-me da Carla Lobão e da Carla Naves, especialmente. Trouxe uma funcionária de fora, sem experiência na área, para ser minha assessora, e ela foi aprendendo com o tempo. Ajudou-nos muito o fato de o conselheiro Marcelo Soares haver permanecido no CADE como assessor, depois de encerrado o seu termo como conselheiro.

Outro fato importante eram as reuniões prévias, o chamado "plenarinho", durante as quais discutíamos os principais pontos, os fatos mais importantes relacionados aos processos a serem julgados. Como os relatórios dos casos eram distribuídos antes dessas reuniões, essa prática era muito produtiva, porque nos permitia ter uma noção dos aspectos mais delicados dos casos e assim preparar melhor nossa participação no julgamento deles.

Com o término do mandato do Rodrigo Chaves, veio para o Conselho o Arthur Barrionuevo, uma substituição importante, porque completou a renovação total do plenário; os economistas se tornaram maioria, com quatro profissionais no plenário: Gesner, Arthur, Lucia e eu. Completavam o conjunto dois advogados, o Fonseca, o saudoso Xausa e o diplomata Paulo Dirceu.

O Arthur trouxe muita qualidade para a análise de questões econômicas. Ele e a Lucia Helena eram os únicos que tinham experiência em defesa da concorrência. Eu não tenho nenhuma preocupação em dizer isso, pois estudei e aprendi muito no exercício do mandato, embora eu conhecesse bastante os aspectos relacionados à formação de preços e tivesse, claro, a base econômica que me permitiu uma rápida familiarização com a matéria. Quer dizer, a microeconomia relacionada à formação de preços, o comportamento das empresas e mercados, com essa parte eu tinha bastante familiaridade, não só pela formação acadêmica mas em razão do meu trabalho anterior.

Quais foram os principais casos que você julgou?

Renault de Castro: O de maior repercussão e importância, pela complexidade e pelo debate que despertou, foi o caso Brahma-Miller,[2] no qual você atuou como advogado. O caso chamou atenção pela importância do requerente, a Brahma, que tinha uma força econômica e política considerável. Porém, esse ângulo não era novo para mim; eu já havia lidado com empresas que tinham força política quando trabalhei no controle de preços. Essa força política, que pela minha experiência logo identifiquei, mais tarde se fez sentir. Antes da primeira votação, contudo, não percebi qualquer tipo de pressão; ao contrário, tanto a empresa quanto seus advogados na época foram sempre éticos, elegantes, muito tranquilos. Nunca houve problema. Visitei inclusive a fábrica da Brahma em Jacareí para conhecer o processo de fabricação de cerveja. Tivemos um relacionamento muito bom, sem nenhum tipo de pres-

---

[2] Ato de Concentração 58/95 – Requerentes: Companhia Cervejaria Brahma, Miller Brewing Company e Miller Brewing M1855, Inc.

são. A partir da primeira votação do plenário, e do meu voto pela aprovação sob condições – condições muito fortes que foram consideradas, praticamente, uma reprovação ou não aprovação do ato e que motivaram até o pedido de reconsideração elaborado com muita competência, aliás –, senti pressões, não por parte da empresa, mas do próprio governo e de políticos que entendiam que aquela decisão não poderia ser aceita. Chegou-se ao ridículo de tachar de xenófobo o meu voto e a decisão tomada pelo CADE. Durante o julgamento do pedido de reconsideração, a conselheira Lucia Helena Salgado pediu vista do processo, e seu novo voto trouxe novas condições, muito mais suaves do que as que foram por mim recomendadas, tanto que foram aceitas pela requerente. A Lucia Helena havia votado comigo, isto é, a favor das condições que eu impusera no primeiro julgamento do caso Brahma-Miller e cujo fundamento era igual ao por ela adotado para impor condições no caso Antarctica-Budweiser, do qual ela era a relatora; condições diversas, contudo, das que impus no meu caso. A Lucia reviu e modificou significativamente o entendimento dela no pedido de reconsideração Brahma-Miller em relação ao primeiro julgamento. Embora respeitasse a liberdade de cada conselheiro formar o seu entendimento, recebi com grande surpresa essa mudança; não consegui alcançar os motivos que a levaram a uma mudança tão radical. Posso dizer o mesmo em relação aos demais conselheiros que me acompanharam na primeira votação, o Leônidas Xausa e o Antonio Fonseca, que acabaram votando com a Lucia Helena. O Arthur Barrionuevo já na primeira votação foi favorável à aprovação incondicional do caso e, coerentemente, manteve essa posição até o fim, inclusive no pedido de reconsideração, assim como o Gesner de Oliveira. Curiosamente, antes da apresentação do meu voto sobre o pedido de reconsideração, um influente ministro de Estado ligou num domingo à tarde para a minha residência, para me pedir um tratamento carinhoso, especial, para o caso, situação absolutamente inusitada; era algo que a empresa não havia pedido em momento algum, sequer insinuado! Insatisfeita com a decisão, ela recorreu da decisão, como era seu direito e era até esperado. Eu respondi ao ministro que daria ao caso a mesma atenção que dispensava a todos os casos e, assim, o assunto morreu.

    A celeuma em torno do caso Brahma-Miller foi acrescida pela condição imposta para aprovação do caso Antarctica-Budweiser, julgado praticamente à mesma época, condição que consistia na imposição de obrigação para a empresa de realizar um elevado investimento, a ser feito pelo grupo americano participante da *joint venture*, condição que não foi imposta no caso Brahma-Miller. Essa condição levou o grupo Anheuser-Busch, dono da Budweiser, à desistência da *joint venture* com a Antarctica e talvez tenha ajudado a abrir o caminho para a compra da Antarctica pela Brahma, alguns anos depois.

A minha preocupação maior, para resumir, era o ganho de economia de escopo que a Brahma teria com a *joint venture* com a Miller. No meu entender, o ato tinha o potencial de impedir o fortalecimento de concorrentes, principalmente de pequenas cervejarias, tanto assim que fiz desse propósito, a meu ver benéfico à concorrência, o objeto de condições de aprovação que fixei em meu voto. A preocupação com o poder de mercado era absolutamente procedente, pois a Brahma e a Antarctica detinham cerca de 70% do mercado de cervejas naquela época, além de dominarem o complexo sistema de distribuição. Isso tudo procurei mostrar no meu voto. De certa forma, a preocupação com o poder de mercado mostrou-se cabível pouco depois, quando a Brahma comprou a Antarctica.

Depois desse caso, pode-se notar uma maior cautela do CADE no julgamento de atos de concentração mais significativos. Mas a pressão política existe, e cabe aos conselheiros enfrentá-la. É nessa resistência que reside a independência do CADE. O problema não é a existência de pressão política; é a coragem de resistir a ela o que cabe a cada conselheiro fazer.

Outro caso interessante foi o da Iochpe-Maxion,[3] que tinha por requerente uma empresa fabricante de material ferroviário que comprava outra do mesmo setor, complementando sua linha de produtos e criando um monopólio na produção de certos tipos de material ferroviário. Apesar da criação de um monopólio, votei pela aprovação do ato, considerando o tamanho e a dinâmica do mercado relevante e que o único comprador de material ferroviário à época, a Rede Ferroviária Federal, tinha mais poder de mercado do que o vendedor. Na época, a Rede Ferroviária era um monopsônio, ou seja, o único comprador, e com a expansão prevista no programa de privatização da Rede, a demanda por

---

[3] Ato de Concentração 03/94 – Requerente: Iochpe-Maxion S/A.

aqueles materiais seria forçosamente aquecida e atrairia novos fornecedores para o mercado do País. Além disso, havia um argumento complementar, a situação de *failing company*; senão integralmente configurada, havia, de fato, necessidade de se ter uma empresa com capacidade mínima para atender a uma parcela da demanda programada por parte do único comprador. Ou seja, era um caso de criação de poder aparente ou teórico e não real. A minha conclusão foi de que aquele monopólio não tinha capacidade de causar dano ao mercado na prática, dado o poder do comprador, ainda maior que o do novo monopolista, e à perspectiva de crescimento do mercado, o que veio a se confirmar com a privatização da Rede. O caso foi aprovado, sendo vencido o Gesner de Oliveira, que entendeu que a criação de um monopólio era razão suficiente para não aprovar o ato de concentração.

Outro caso interessante foi o cumprimento de um compromisso de cessação de prática infrativa, no chamado caso do cartel da laranja,[4] dos produtores de suco de laranja. Foi um caso importante para mim, porque recebi a relatoria do caso em andamento, e o compromisso de cessação estava sendo fiscalizado pelo CADE. As intercorrências desse caso, desse compromisso de cessação, deram muito trabalho. Os produtores de laranja argumentavam que o compromisso não estava sendo cumprido, enquanto os produtores de suco questionavam o compromisso. A indústria manteve a unidade entre si, mas o interesse dos produtores pulverizou-se, o que gerou entre eles um problema de coordenação, e eles perderam a representatividade. O setor de suco tinha nítidas marcas de cartel, e havia fortes suspeitas nesse sentido. As questões eram de natureza processual, mas nem por isso menos trabalhosas. Quem se der ao trabalho de ler essa parte do processo sem dúvida terá um exemplo das virtudes e das dificuldades do trabalho do CADE na defesa da concorrência.

Em abril de 1998, meu mandato encerrou-se e eu não trabalhei para a minha recondução nem quis ser reconduzido. Senti que a liberdade do conselheiro era muito ameaçada por conveniências do governo, conveniências políticas de forma geral. A isso se somava a falta de estrutura, as dificuldades diárias para se fazer um bom trabalho, com um mí-

---

[4] Processo Administrativo 08000.012720/94-74 – Representantes: Associtrus e Aciesp; Representados: Indústrias de Suco e Laranja.

nimo de tranquilidade e até de privacidade. Não havia sequer condições que garantissem a inviolabilidade do meu gabinete, do meu computador e dos meus papéis. Em situações críticas, como no caso Brahma-Miller, por exemplo, eu me vi forçado a trabalhar mais em casa, no meu computador pessoal, e tive que pegar emprestado um *notebook*, coisa rara naqueles dias, para garantir minha privacidade. Isso tudo gerava um estresse permanente e tornava o trabalho extremamente penoso, apesar do meu grande interesse pelo tema.

Qual a importância da defesa da concorrência para a sociedade brasileira?

Renault de Castro: Depois que deixei o CADE, trabalhei por cerca de oito anos como consultor na área de defesa da concorrência e nessa qualidade participei de diversos casos importantes como o da DirecTV x TV Globo, AmBev, Nestlé-Garoto, entre outros. A experiência posterior somou-se à minha passagem pelo CADE, o que me permitiu uma visão mais ampla da defesa da concorrência e do funcionamento do CADE, da SDE e da SEAE. O CADE vem ganhando em qualidade e em importância, e o fato de a seleção de seus membros ser feita, majoritariamente, por critérios técnicos, responde por isso. É verdade que o caso AmBev pode ter trazido questionamentos quanto à independência decisória do CADE – e aqui registro que trabalhei para a parte que impugnou o ato de concentração, a cervejaria Kaiser. Mas cito esses questionamentos referindo os pareceres da SEAE e da SDE, revertidos pelo CADE, a meu ver, de forma tecnicamente incorreta. Aquele caso foi uma evidência de falta de independência do CADE, no meu modo de ver. No caso Nestlé-Garoto, a favor do qual eu trabalhei, o CADE resistiu às pressões, embora isso tenha custado a não renovação do mandato do conselheiro Cleveland Prates Teixeira, que relatou o recurso à decisão que mandou desconstituir o ato, e que não foi provido pelo CADE. O nome do Cleveland foi aprovado pelo Senado, mas a nomeação não era feita pelo Palácio do Planalto, e o Cleveland desistiu da nomeação, em um gesto digno. A independência do CADE serve para isso: para resistir às pressões, como disse. Aqui observo que os mandatos dos conselheiros deveriam ter maior duração e não serem renováveis. Assim seria minimizada a pressão sobre a recondução, que, por vezes, pode interferir no discernimento do conselheiro que almeje a renovação do seu mandato.

O papel da defesa da concorrência é uma salvaguarda do sistema capitalista a ele mesmo. Se o capitalismo leva naturalmente à concentração de poder econômico, ele precisa ser protegido desse efeito nocivo que ele mesmo gera. A prática de mercado mostra que a concorrência traz benefícios ao consumidor, e o consumidor sente isso, não é preciso recorrer à teoria microeconômica para demonstrar esse efeito benéfico. Se isso é verdade, como de fato é, a preservação das condições de concorrência torna-se um dever do Estado, que a deve assumir em nome da coletividade. No Brasil, o governo, o Legislativo e o Judiciário ainda precisam amadurecer sua visão do papel e da importância da defesa da concorrência como bem a ser preservado em defesa do consumidor e do próprio regime de livre mercado. Daí o papel fundamental do CADE, inclusive na advocacia da concorrência. A resistência à formação de monopólios e de grupos com grande poder de mercado, que é, repito, a tendência natural do capitalismo – daí ser fácil apoiá-la como fazem alguns economistas que passam pelo governo –, precisa ser exercida pelo CADE de maneira persistente, na forma da lei. Aliás, essa resistência tem a grande vantagem de ser apoiada pela população, mesmo que intuitivamente. A alta concentração pode ser admitida, é claro, mas em circunstâncias especiais, verificadas caso a caso.

É preciso ter em mente que a defesa da concorrência não é tarefa apenas do CADE. Os demais órgãos do governo devem estar envolvidos nessa tarefa – todos aqueles órgãos que intervenham na economia. E a forma primeira de fazer isso é exigir que esses órgãos sejam transparentes, sobretudo as agências reguladoras. Lembro-me do caso da Anatel, que é um órgão fechado, onde não se tem acesso aos trâmites dos processos que lá correm. Há também o caso da Camex, a Câmara de Comércio Exterior, que decide sobre normas e tributos aplicáveis a essa área, e que até há pouco, ignorava a interseção entre suas decisões e a defesa da concorrência, além de ser também fechada. Nesse sentido, o CADE atual é um bom exemplo de transparência, com sessões transmitidas via internet e com amplo acesso da imprensa às suas decisões.

Esse exemplo deveria ser seguido por todos os órgãos reguladores. A sociedade então poderá ver a defesa da concorrência, do seu interesse, ser defendida e assim apoiá-los com maior rigor.

ARTHUR BARRIONUEVO FILHO[1]

Arthur Barrionuevo, qual é a sua formação?

Arthur Barrionuevo: Fiz minha graduação em Porto Alegre, na Universidade Federal do Rio Grande do Sul; comecei fazendo Engenharia, mas mudei para Economia e terminei o curso em 1979. Na faculdade, os temas macroeconômicos, como controle da inflação, ainda não dominavam a agenda, como o fizeram na década de 1980 e até 1994; havia discussão sobre o desenvolvimento econômico e seus efeitos sobre a distribuição de renda. Era o período do regime autoritário, mas a discussão sobre esses problemas nacionais empolgava muitos alunos e professores. A partir de 1980, tudo mudou, e assumiu o primeiro plano (quase todos os economistas relevantes se dedicavam à questão) o problema do controle inflacionário. Não se falava em concorrência, regulação de mercado. Discutia-se sobre controle de preços, inércia da inflação, se o déficit fiscal era ou não importante, até mesmo se existia déficit fiscal no Brasil, enfim, os fatores que faziam o processo inflacionário brasileiro tão resistente às políticas monetárias e fiscais tradicionais; outro tema importante era o da influência da dívida externa sobre o crescimento econômico. Esses eram os temas mais candentes, o que era compreensível, pois o Brasil viveu dos anos 1980 até 1994 um período de altíssima inflação, que era muito resistente às políticas de governo.

Depois, vim para São Paulo fazer meu mestrado em Economia; a minha dissertação, em 1986, foi sobre a relação entre propriedade acionária e controle, ou seja, a questão do comportamento de empresas que não têm controle acionário definido. Isso foi no início de 1986, e no segundo semestre comecei a dar aula na Fundação Getulio Vargas como professor horista; prestei concurso nesse ano e em 1987 me tornei professor concursado. Nesse mesmo ano trabalhei no governo pela primeira vez, quando o professor Luiz Carlos Bresser Pereira foi ministro da Fazenda durante o governo Sarney. Trabalhei na área de política industrial da SEAE. A SEAE daquela época não era a mesma de hoje: ela

---

[1] Mandato: 28.04.1997 a 11.03.1999.

fazia o que a Secretaria de Política Econômica faz hoje. Nesse mesmo período, participei do Conselho de Desenvolvimento Industrial representando o Ministério da Fazenda; que, na época, era um órgão decadente e havia perdido sua função, pois o Estado brasileiro não dispunha de recursos para fazer políticas consistentes de desenvolvimento. Também é verdade que o processo de substituição de importações que definia o rumo da industrialização havia se esgotado com o II PND.

Em 1988, comecei a ministrar alguns cursos na própria graduação de Administração de Empresas, na área de organização industrial (que estuda o funcionamento dos mercados e da concorrência) e de estratégia de desenvolvimento industrial; e, em 1991, tornei-me professor de mestrado e comecei a ministrar uma disciplina de organização industrial na pós-graduação e também alguns cursos de política industrial.

A seguir, trabalhei como diretor de planejamento da Associação Brasileira para o Desenvolvimento da Infra-Estrutura e Indústrias de Bases (ABDIB). A ABDIB reunia construtoras e fabricantes de equipamentos para setores de infraestrutura e insumos básicos, isto é, setores de extração de petróleo, de transporte ferroviário e de geração de energia entre outros. A associação passava por um processo de mudança: havia deixado de ser um interlocutor com o governo, como era nos anos 1970, porque o Estado tinha deixado de ser planejador, e as estatais não tinham mais condições de investir porque tinham se tornado ineficientes, ou porque tinham recursos limitados, seja pelo arrocho tarifário oriundo do processo de combate à inflação, seja pelos limites de endividamento. Assim, era importante ter uma lei de concessão de serviços públicos para que voltasse a haver investimentos em infraestrutura e, portanto, aumentasse a demanda de equipamentos e de serviços nessa área. O ex-presidente Fernando Henrique Cardoso, quando senador, apresentou um projeto nesse sentido, que teve o mérito de trazer à discussão uma solução para viabilizar os investimentos em infraestrutura. Contudo, o projeto era um tanto antiquado do ponto de vista regulatório. O fato é que, assessorando a associação, participei de discussões no Congresso com vários parlamentares sobre esse projeto, que foi totalmente alterado. Foi uma experiência muito interessante, porque me permitiu conhecer o pensamento prático do setor empresarial.

Em 1994, terminei meu doutorado sobre abertura comercial e seus impactos nos diferentes setores industriais no Brasil. Nessa época, em 1996, conheci o Gesner de Oliveira, colega na Fundação Getulio Vargas, com quem eu não tinha muita convivência. Eu fazia consultoria (a FGV tinha um departamento de consultoria) e o Gesner de Oliveira também. Ele se tornou presidente do CADE e eu era professor da área de organização industrial; ele criou um fórum de discussão sobre políticas de concorrência do qual participei e teve a ideia – cujo mérito é dele – de levar ao CADE alunos de graduação, que fariam estágio de um ou dois meses, dependendo das férias escolares. Eu e outra professora, Paula Forgioni, à época da área de Direito da FGV, ministramos um curso para as duas primeiras turmas de estagiários: um pouco de defesa da concorrência, um pouco de organização industrial, porque a turma era composta de alunos de Direito e alguns da área econômica. Também nesse período, cheguei a trabalhar nas fusões Kenko-Kimberly Clark e no caso Ultrafértil-Fosfértil, em conjunto com Onofre Sampaio, e que foram os meus primeiros trabalhos profissionais nessa área.

É bom relembrar também algo da minha experiência profissional, que era congruente com a área concorrencial; trabalhei, ainda na época em que fazia mestrado, para empresas de consultoria como a Arthur D. Little e outras. Trabalhei também no planejamento estratégico de uma grande empresa chamada FNV. Além disso, integrei o Conselho Técnico de Tarifas, que julgava casos antidumping em 1992-1993. Eu já tinha essa experiência prévia quando, em 1996, o Gesner me fez um convite para que eu tentasse ser conselheiro do CADE. No início relutei um pouco, se devia ir a Brasília outra vez, passar dois anos lá, mas depois de pensar um tempo achei que seria bem interessante profissionalmente, pois o CADE estava passando por uma fase de reconstrução depois da Lei 8.884/1994.

O Gesner, nesse período, tinha um bom convívio com o Bolívar Moura Rocha, então Secretário da SEAE, ao passo que não tinha um relacionamento tão bom com Aurélio Vander Bastos, o Secretário de Direito Econômico (SDE/MJ) – três cabeças nesse sistema complexo causam frequentemente esse tipo de conflito. O Bolívar conseguiu uma entrevista minha com o ministro da Fazenda Pedro Malan. Eu tinha um bom relacionamento com o professor Luiz Carlos Bresser Pereira, que era Ministro da Administração e, além disso, conhecia também o professor da FGV Antonio Angarita (em cuja campanha para deputado federal eu havia trabalhado), secretário de governo de Mário Covas, governador de São Paulo. Conversei com o Angarita, que tinha bom relacionamento com o José Gregori, à época secretário executivo do Ministro da Justiça Nelson Jobim, e, por intermédio deles, eu tive a oportunidade de ser recebido pelo Ministro Jobim.

Creio que essa articulação levou à minha indicação no início de abril de 1997. Tomei posse no final de abril, depois de uma sabatina relativamente tranquila no Senado, ao lado do diplomata Paulo Dirceu, que estava sendo reconduzido a conselheiro do CADE. O presidente da CAE – Comissão de Assuntos Econômicos era o senador José Serra, com quem o Gesner de Oliveira tem um bom relacionamento.

Para auxiliar o questionamento pelos senadores, o próprio senador José Serra solicitou à assessoria que pesquisasse temas importantes na área, que foram repassados aos senadores, o que permitiu uma discussão muito interessante naquele momento.

Além da importância que a sabatina teve para mim objetivamente, existe também o lado subjetivo, pois foi marcante ter sido sabatinado por dois políticos que admiro, o senador Eduardo Suplicy e o ex-senador Jefferson Peres. À época não existia um clima de animosidade no Senado com relação ao CADE, como aquele que foi criado após o caso Nestlé-Garoto.

Como você encontrou o CADE?

Arthur Barrionuevo: O presidente era o Gesner de Oliveira, e eu passei por duas composições do Conselho. A primeira delas, com Antônio Carlos Fonseca, procurador Federal, Renault de Castro, economista, Lucia Helena Salgado, economista do Rio de Janeiro, Paulo Dirceu, diplomata, Leônidas Xausa, advogado, que havia sido cassado na época do regime autoritário e era muito respeitado no meio político, em particular pelos integrantes da oposição ao regime autoritário do Rio Grande do Sul, como o Senador Pedro Simon.

Quando lá estive, os recursos materiais do CADE eram muito limitados. Os assessores eram poucos e vários deles não tinham formação nem experiência na área. Gesner havia conseguido trazer um grupo de procuradores para montar uma Procuradoria, porque antes a Procuradoria contava apenas com o procurador geral. À época, no Ministério da Administração eu conhecia o ministro Luiz Carlos

Bresser Pereira e alguns assessores dele, a secretária geral Cláudia Costin, o Nelson Marconi e outros, e como o ministro Bresser havia criado a carreira de gestor público, fiz contatos para trazer alguns gestores públicos para a assessoria do CADE. Eu próprio havia ficado sem assessores no gabinete entre abril e junho-julho de 1997. Nessa época, julho de 1997, chegou um novo grupo de estagiários que ajudaram muito com os processos sob minha responsabilidade. Ressalto desse grupo o Juliano Maranhão e o Gabriel Dias (que não pôde ficar muito tempo), alunos de Direito da USP, e o Cristian, da UFMG.

Ao chegar ao CADE, havia muitos processos em andamento e uma lista de processos cujo paradeiro era ignorado. Recebi ajuda para localizá-los, ainda que precária, mas muito eficiente, em particular de uma senhora que era chefe do protocolo, a Nildes; ela era muito dedicada e ajudou bastante. Com o apoio dela, conseguimos, meu assessor Isaac Averbuch, um dos gestores indicados pelo Ministério da Administração, e eu recuperar aqueles processos. Os estagiários ajudaram a estudar esses processos. Existiam mais de 200 processos a ser julgados. O primeiro assessor exclusivo do meu gabinete, o Isaac Averbuch, foi a pessoa que mais me ajudou durante todo o período em que estive no CADE. Não posso também deixar de citar meu outro assessor, o Henrique Campos, muito generoso e bem-humorado, que ajudava a desanuviar o ambiente em momentos tensos.

No CADE, eu comecei a conhecer os advogados militantes na área, você mesmo, Pedro Dutra, o Carlos Magalhães, o Franceschini e outros que foram marcantes no período em que fui conselheiro.

Quais foram os principais casos que você julgou?

Arthur Barrionuevo: No final de maio, já se discutiam no CADE dois casos importantes, que eram duas *joint ventures*, da Brahma com a Miller,[2] de que você, Pedro, era o advogado, e o da Antártica com a Anheuser-Busch,[3] cujos advogados eram o Carlos Magalhães pela Antarctica e o Ubiratan Mattos e a Cristiane Zarzur, da Pinheiro Neto

---

[2] Ato de Concentração 0058/1995 – Requerentes: Miller Brewing Company, Companhia Cervejaria Brahma.

[3] Ato de Concentração 0083/1996 – Requerentes: Companhia Antarctica Paulista Indústria Brasileira de Bebidas e Anheuser Busch International Inc.

Advogados, que representavam a Anheuser-Busch. Esses casos foram muito polêmicos. Havia uma ideia inicial de julgá-los na mesma sessão ou em sessões consecutivas, o que acabou acontecendo, com o caso Brahma-Miller em primeiro lugar.

O relator do caso Brahma-Miller era o Renault de Castro e a relatora do caso Antarctica-Anheuser-Busch era a Lucia Helena Salgado, ambos economistas. Eram duas empresas nacionais, as duas maiores empresas nacionais do setor de cervejas, concorrentes entre si, que haviam feito *joint ventures* com duas grandes cervejarias norte-americanas, que também concorriam entre si. Mas as duas empresas estrangeiras tinham uma participação muito pouco significativa no mercado brasileiro, menos de 1% cada uma. A Brahma era uma empresa muito mais dinâmica do que a Antártica, que tinha uma administração mais tradicional, menos ativa, e talvez essa *joint venture* com a transferência de conhecimento gerencial fosse muito mais importante para a Antártica do que para a Brahma.

Nós conselheiros tínhamos reuniões internas nas quais eram discutidos problemas administrativos e, eventualmente, também os casos mais importantes. Eram reuniões onde os aspectos mais relevantes desses casos eram discutidos. As sessões de julgamento do Conselho eram nas quartas-feiras à tarde. Nas reuniões preparatórias, percebi que os dois relatores estavam influenciados pela ideia da concorrência potencial.

A conselheira Lucia Helena Salgado exercia uma certa liderança, ou tinha influência, sobre alguns conselheiros, como o Paulo Dirceu, o próprio Leônidas Xausa, e era próxima também do Gesner de Oliveira. O Fonseca e o Renault eram mais próximos entre si. Não existia uma divisão rígida, mas era perceptível que existiam grupos diferentes. Eu tinha, inicialmente, uma proximidade com o Gesner de Oliveira, que eu conhecia da Fundação Getulio Vargas. Agora, nesses dois casos das cervejarias, a Lucia Helena e o Renault de Castro estavam convergindo para posições muito semelhantes em relação à importância da concorrência potencial. Resolvi, então, estudar a tese da concorrência potencial, considerando que a função do CADE era aplicar a lei para evitar concentração abusiva de poder de mercado, subordinada ao princípio da livre-iniciativa e não para fazer teoria ou política econômica, isto é, para decidir qual seria, no entendimento do Conselho, a melhor opção para a economia do País.

Assim, considerando a hipótese da concorrência potencial, em termos práticos, apresentava-se uma situação na qual duas das dez maiores cervejarias do mundo entrariam no mercado brasileiro, mas as outras oito, ou seja, as outras "n" não estavam presentes e poderiam eventualmente entrar no mercado se assim quisessem. Todavia, por conta das características estruturais do mercado de cervejas, o grande entrave para um novo entrante é a distribuição. Portanto, isso tornava muito difícil que alguma dessas outras "n" empresas, se quisessem entrar no mercado *premium* de cerveja brasileiro, e essa era a hipótese, o fizesse separadamente sem ter o apoio de empresas que já tivessem um sistema de distribuição eficiente já estabelecido, que era o caso da Brahma e também da Antarctica. Naquela época, Brahma, Antarctica, Coca-Cola e Souza Cruz dispunham dos melhores sistemas de distribuição no País. Existe o exemplo da cervejaria Carlsberg, que entrou nos anos 1970 no mercado brasileiro, mas não conseguiu se manter.

Então, me parecia, ao contrário do que pensavam os relatores, que aquelas *joint ventures* podiam ter um efeito pró-competitivo, porque, com a entrada de duas cervejarias que detinham novas marcas, as duas cervejarias nacionais iriam disputar ainda mais o mercado *premium* do Brasil, afora os ganhos que a Antártica teria em termos de eficiência administrativa.

Concluída a análise, disse ao Gesner que não concordava com as posições dos relatores nos casos das *joint ventures*. No julgamento do caso Brahma-Miller, que foi o primeiro, fui voto dissidente. Aliás, uma posição que depois se tornou muito comum. Analisei em meu voto as razões de decidir do relator Renault de Castro – a quem, quero registrar, aprendi a respeitar pela firmeza de caráter e coerência. Acredito que ele estava sinceramente convencido de que a *joint venture* prejudicaria a concorrência potencial, e por isso o ato deveria ser desfeito.

Tanto para mim quanto para o Gesner, o problema de concorrência potencial não se colocava nesse caso, fosse porque a participação das marcas que estavam entrando no mercado brasileiro era pequena, fosse porque existiam "n" outras empresas estrangeiras que poderiam entrar livremente no mercado brasileiro e até mesmo porque, internacionalmente, esse tipo de *joint venture* era muito comum à época. Ou seja, uma empresa cervejeira que tivesse uma marca forte e quisesse entrar num outro país normalmente entrava por meio de uma *joint venture*, devido ao problema da distribuição. Então, aqui no Brasil não estava se fazendo nada diferente. Argumentei ainda que a *joint venture* era pró-competitiva, porque aumentaria a competição de *portfolio* de marcas. Mas a desconstituição foi aprovada por cinco votos contra dois, o meu e o do Gesner. Na sessão seguinte houve a votação do caso Anheuser-Bush/Antarctica. Aí o clima no Conselho começou a mudar. Como se sabe, é comum em órgãos colegiados formarem-se blocos que partilham o mesmo entendimento, que têm visões próximas e assim votam com certa unidade. Naqueles dois casos, pareceu-me haver um entendimento desse tipo entre os relatores. Eu nunca partilhei desse entendimento, e quando votei – e o Gesner concordou – favoravelmente à aprovação sem restrições no caso Brahma-Miller, criou-se uma situação peculiar, o Gesner e eu de um lado e os outros cinco conselheiros de outro.

No caso da Anheuser-Busch-Antarctica, fiz um pedido de vista, e durante o período em que o julgamento esteve interrompido, nós fizemos reuniões com o BNDES, porque a relatora Lucia Helena Salgado havia construído projeções sobre o aumento da demanda e da capacidade produtiva na indústria de cerveja que o BNDES mostrou que não eram as mais adequadas; também discutimos a jurisprudência internacional sobre concorrência potencial, e acredito que construí um voto bastante contundente e contrário à visão da relatora, ao qual a imprensa deu bastante destaque. Entretanto, novamente, o Conselho seguiu a decisão da relatora no caso por cinco votos a dois, contrários à *joint venture*. A minha dissensão, muito contundente, que fiz em voto-vista, e o comentário do Gesner ao votar, dizendo que havia indícios de xenofobia nas decisões do Conselho, criaram um clima muito pesado no período posterior a esses dois julgamentos. Quando houve a reapreciação do caso Brahma-Miller, o Renault já havia deixado o Conselho e a Lucia Helena recebeu o caso, para reapreciá-lo, reviu a sua posição, e foi imposto um pequeno pedido de contrapartida, que a Brahma ajudasse a distribuir a produção de pequenas cervejarias, o que acabou sendo aceito pelos demais conselheiros, que entenderam, eu acredito, que a aplicação da doutrina da concorrência potencial era descabida no caso.

Em relação ao caso Anheuser-Busch-Antarctica o desfecho foi outro; as partes não concordaram com as condições – absurdas no meu entendimento – impostas (a Anheuser-Busch ficaria obrigada a comprar uma participação acionária significativa da Antarctica, algo estranho à natureza de condição compensatória, e mais estranha ainda se o problema fosse de concorrência potencial) e vieram a desistir do negócio.

Creio que foi esse desfecho que possibilitou, dois anos mais tarde, a compra da Antártica pela Brahma, gerando o famoso caso AmBev, quando eu já não era mais conselheiro. Enfatizo que as condições impostas ao ato Anheuser-Busch-Antarctica, que promoveriam a concorrência, no entender daqueles que impuseram as condições draconianas supracitadas, levaram pouco depois à maior concentração no mercado de cerveja, com a constituição da AmBev.

Aqui cabe fazer um parêntese, uma observação mais geral sobre a evolução da análise de casos de defesa da concorrência em concentrações horizontais, embora também seja válida para a análise de condutas. A partir do final dos anos 1970, houve uma crescente sofisticação na análise econômica utilizada na avaliação de casos de defesa da concorrência. Inicialmente, como se sabe, impulsionada pela chamada "Escola de Chicago", é inegável que esse movimento trouxe maior precisão à avaliação dos efeitos concorrenciais de condutas e de fusões. Todavia, tal análise veio permeada também de uma visão ideológica que, a meu ver, subestimava o efeito danoso de uma série de atos, em particular de integrações verticais, onde a existência de eficiências transacionais era considerada justificativa para qualquer concentração. Houve uma reação a tal interpretação e, hoje, pode-se dizer que a sofisticação da análise econômica persiste, mas a desconsideração de efeitos anticoncorrenciais de atos verticais, ou de abusos de empresas com posição dominante, foi contestada. É forte uma visão que podemos chamar de neo ou pós-Chicago.

Entre os avanços mais recentes da análise econômica está a chamada "nova organização industrial empírica", que a partir de dados mais específicos (como os de preços e vendas de cada empresa) pode chegar a uma melhor estimação de grau de rivalidade entre elas. É importante enfatizar esse ponto, porque há o entendimento de alguns – equivocado do meu ponto de vista – de que essas análises teriam superado a relação entre concentração e grau de concorrência. Tal conclusão é mal colocada, pois a nova análise tem permitido muitas vezes uma estimação mais precisa da relação, e, também, é útil para mostrar que não há uma relação unívoca entre concentração e rivalidade, mas jamais para negá-la. Ao contrário, permite visualizar melhor os efeitos anticoncorrenciais de certas fusões, como aquela – negada pela Justiça nos EUA – entre Staples e Office Depot, onde um estudo econométrico dos efeitos da fusão mostrou claramente os prováveis efeitos dessa concentração sobre os preços no mercado relevante de material para escritório.

Voltando à minha atuação no CADE, votei outros casos interessantes, mesmo sem os relatar. O caso Copesul[4] gerou também uma grande polêmica; aliás, você Pedro trabalhou também nesse caso como advogado. O relator era o conselheiro Antonio Fonseca. A Copesul, hoje Braskem, tinha o seu controle dividido entre a divisão petroquímica da Odebrecht, OPP, e o Grupo Ipiranga. A Copesul produzia eteno e propeno, matérias-primas para a fabricação de polietilenos e polipropilenos, respectivamente. A Copesul, garantia o fornecimento para as plantas produtoras de polietilenos e polipropilenos. O eteno é um produto cujo transporte por longas distâncias é inviável economicamente, daí que as plantas produtoras de eteno e as produtoras de polietilenos devem estar localizadas no mesmo *site*. Nesse caso, estava projetada uma expansão da capacidade produtiva da Copesul e a simultânea expansão das plantas de polietilenos da Ipiranga e da OPP. De outro lado, havia uma empresa chamada Triunfo, que tinha acionistas que também queriam expandir a sua planta de polietilenos e precisavam de abastecimento adicional de eteno, portanto necessitavam conseguir fornecimento de maior volume de eteno da Copesul, mas as negociações não tinham sido bem-sucedidas. Era necessário que a expansão de capacidade produtiva fosse coordenada e simultânea, o que foi colocado pela Copesul, pela OPP e pela Ipiranga à Triunfo. As condições apresentadas à Triunfo para que ela pudesse receber eteno adicional eram razoáveis: uma projeção de demanda por polietilenos e a existência de algum acordo de fornecimento de tecnologia para a nova planta. Note-se que a expansão deveria ser balanceada, pois se a Triunfo tivesse chegado a bom termo com as outras empresas, a expansão da Copesul já haveria de considerar a sua demanda. De outro lado, se não houvesse acordo, o abastecimento da Triunfo ocorreria em detrimento do abastecimento das demais plantas, que teriam sua rentabilidade afetada.

---

[4] Ato de Concentração 0054/1995 – Requerentes: Poliolefinas S.A., Petroquímica Triunfo S.A., OPP Petroquímica S.A. e COPESUL – Companhia Petroquímica do Sul.

A Triunfo, a meu ver, tomou uma posição equivocada em termos negociais; sua diretoria invocava um suposto acordo existente, no âmbito do CDI, ao tempo em que todas as empresas ainda contavam com forte participação estatal, que lhe garantiria o suprimento adicional de eteno. A Triunfo continuava repetindo esse argumento mesmo depois de as empresas terem sido privatizadas, o CDI ter sido extinto e o acordo não mais subsistir, certamente não mais em termos concorrenciais. A ordem jurídica havia mudado, os acionistas eram outros e a própria Copesul, e isso estava documentado no processo, claramente tinha se colocado à disposição para negociar com a Triunfo a sua entrada no projeto de expansão. Fiquei convencido de que a Triunfo não tinha razão na sua demanda. O mercado e também as autoridades de defesa da concorrência sabem, porque é uma característica da indústria petroquímica, que primeira e segunda geração petroquímica devem se expandir ao mesmo tempo, pois elas são interdependentes, e que para que os projetos sejam viáveis não pode sobrar nem faltar eteno. Naquele caso, entretanto, o conselheiro Antonio Fonseca queria obrigar a Copesul, com a expansão já em andamento, a mudar o projeto ou reduzir o fornecimento para as outras plantas, para contemplar a demanda da Triunfo, nos termos postulados por ela. O conselheiro Renault seguiu a posição do conselheiro Fonseca. De outro lado, o conselheiro Xausa tinha uma posição totalmente contrária à demanda da Triunfo. A Conselheira Lucia Helena e o Presidente Gesner entenderam colocar como condição para a aprovação da operação que a Copesul vendesse o excedente da produção a terceiros que não a OPP e a Ipiranga. Esse "excedente" surge após o chamado "desgargalamento", pois a capacidade de uma planta de eteno, quando entra em operação, normalmente após um período de dois anos se mostra maior do que a projetada pela engenharia.

Na votação desse caso foram votos vencidos, de um lado, os conselheiros Fonseca e Renault, que queriam obrigar a Copesul a seguir os termos da Triunfo, e de outro eu próprio, porque entendi que a Triunfo ficou de fora da expansão por ter ela própria cometido erros negociais. Evidentemente, a Copesul não era obrigada a zelar pelos interesses da Triunfo. Ela poderia até ter sido obrigada, se fosse o caso, a negociar com a Triunfo no processo de expansão, mas jamais a defender os interesses da própria Triunfo, que não soube cuidar deles com a devida acuidade. O voto vencedor, que obrigava à venda do "excedente" se mostrou inexequível, pois ninguém investiria em uma planta dependendo do fornecimento de um hipotético "excedente" de eteno.

Outro caso interessante foi o R.J.Tower[5] e A.O. Smith. Logo que cheguei ao CADE havia uma tendência a interpretar o art. 54 da Lei 8.884/1994 como se ele contivesse uma contrapartida obrigatória à aprovação de Atos de Concentração, a geração de eficiências. Pareceu-me não ser a interpretação correta desse artigo da lei, e isso ficou explícito nesse voto: que, em não havendo dano concorrencial, não se pode exigir a contrapartida de eficiência. Nesse caso, não havia qualquer possibilidade de a operação, uma pequena produção de autopeças, trazer o mais remoto dano à concorrência.

Relembro também o caso Matec-Powertech;[6] a Matec era uma empresa do grupo Ericsson que fabricava centrais telefônicas e fazia sua manutenção, e a Powertech, uma pequena empresa de manutenção de centrais telefônicas. A Matec se negou a vender peças de reposição a essa pequena empresa que atuava no mercado de Brasília. Havia sido imposta pela SDE uma medida preventiva obrigando a Matec a vender peças à Powertech enquanto o caso continuasse em instrução. Era um caso muito parecido com o caso Kodak americano, que é bastante controverso, mas existiam evidências empíricas muito fortes de que o preço da manutenção tinha caído significativamente com a entrada da Powertech no mercado de serviços de manutenção de centrais telefônicas em Brasília, concorrendo com a Matec. Então, me pareceu que existia a fumaça do bom direito e também o perigo de demora, porque se não existisse a medida preventiva a Powertech sairia do mercado. Meu voto mantinha a medida preventiva, baseado em questões que o caso Kodak já havia levantado e estavam presentes no mercado de manutenção de centrais telefônicas. Seguia também a posição que a SDE já havia – de maneira correta no meu entender – colocado ao impor a medida preventiva. Houve uma grande discussão no plenário sobre o caso. Esse plenário já havia mudado para a sua segunda composição: saíram o conselheiro Paulo Dirceu, que havia assumido a embaixada brasileira em Cingapura, o conselheiro Xausa, cujo mandato expirara e infe-

---

[5] Ato de Concentração 0147/1997 – Requerentes: Tower Automotive do Brasil Ltda., R.J. Tower Corporation e A.O. Smith do Brasil Indústria e Comércio Ltda.

[6] Processo Administrativo 08012.000172/98-42 – Representantes: Power-Tech Teleinformática Ltda; Representada: Matel Tecnologia de Informática S/A – MATEC.

lizmente faleceu antes de assumir o seu segundo mandato, Renault de Castro e Antônio Fonseca, que não pleitearam a recondução. Os novos conselheiros eram Mércio Felski, ex-presidente do Banco de Santa Catarina, Ruy Santa Cruz, que eu já conhecia como técnico da SEAE, e Marcelo Calliari, que foi assessor jurídico no CADE antes de ser indicado conselheiro.

Durante certo tempo, porque a vaga do Xausa demorou a ser preenchida, o Conselho contava com seis votos, sendo que ao Presidente pertencia o voto de desempate. Os conselheiros Marcelo Calliari e Lucia Helena Salgado e o presidente Gesner de Oliveira eram mais próximos; de outro lado, Felsky, Ruy Santacruz e eu muitas vezes votamos de forma semelhante, às vezes até como reação à situação existente.

Houve a discussão da medida cautelar nesse novo contexto e fui voto vencido. Ocorreu depois justamente o que eu imaginava: a Powertech foi absorvida pela Matec e a concorrência na manutenção terminou.

No final do meu mandato, houve ainda o caso Brosol,[7] uma empresa brasileira que produzia bombas de água e que havia sido comprada por uma empresa multinacional chamada Echlin. Essas bombas de água eram um produto obsoleto, uma autopeça que só era utilizada naquela época, em 1999, pelas Kombis da Volkswagen, eu creio. Essas duas empresas eram as únicas produtoras desse item. A Echlin se dispôs, após a compra da Brosol, a manter a produção por um certo período, para que os proprietários de automóveis mais antigos tivessem a reposição garantida desse item. Todas as outras fabricantes haviam fechado suas linhas de produção de bombas de água; a Echlin se tornaria então, monopolista, mas, frise-se, de um produto que estava desaparecendo. Acreditar em poder de mercado numa situação dessas pareceu ser algo sem fundamento. Apenas velhos modelos usavam um item para o qual existia um vasto mercado de reposição, até mesmo oriundo de desmanche de automóveis descartados.

Votei propondo a aprovação com um período adicional de produção de dois anos. Os conselheiros Ruy Santacruz e Mércio Felski sugeriram um compromisso de desempenho obrigando a Echlin a produzir aquele item por mais cinco anos, para garantir o abastecimento dos

---

[7] Ato de Concentração 0154/1997 – Representantes: Indústria e Comércio Brosol Ltda. e Echlin do Brasil Indústria e Comércio Ltda.

consumidores, extensão que me pareceu razoável. Inicialmente votaram a favor dessa decisão Mércio Felski, Ruy Santacruz, Marcelo Calliari e eu, mas houve um pedido de vistas, não me lembro se foi do Gesner de Oliveira ou da Lucia Helena Salgado.

Antes que o julgamento continuasse, deixei o Conselho para assumir a Secretaria de Desenvolvimento Tecnológico do Ministério de Ciência e Tecnologia e a relatoria foi assumida pelo conselheiro João Bosco Leopoldino da Fonseca, professor de Direito na UFMG. Nesse caso ele concordou com minha posição e fez uma grande gentileza de acolher e reafirmar meu voto, já que havia uma discussão sobre se o meu voto, diante do pedido de vista, seguiria valendo após minha saída. Todavia, o conselheiro João Bosco Leopoldino, ao acolher esse voto, sofreu um ataque muito incisivo da conselheira Lucia Helena Salgado, e o conselheiro Marcelo Calliari mudou o seu voto talvez convencido pela retórica contundente da conselheira Lucia Helena Salgado. O fato é que o julgamento foi interrompido, e esse caso ficou anos no limbo sem decisão, e, portanto, sem a pretendida proteção aos consumidores de bombas de água.

Fazendo uma avaliação geral, penso que essa dialética do Conselho, que procurei relatar com o maior realismo possível, gerou um produto muito positivo naquele contexto. A defesa da concorrência não era importante no Brasil antes da lei de 1994. O primeiro presidente do CADE, ao fim da vigência da lei anterior e início da Lei 8.884/1994, Ruy Coutinho e seus pares, conduziram muito bem o processo de transição entre as duas normas. Quer dizer, daquela cultura de controle de preços para a cultura da defesa da concorrência. Quando cheguei ao CADE, essa nova fase estava em processo de sedimentação. E, lembre-se, havia receio de que o Plano Real não desse certo; então junto à concepção de defesa da concorrência subsistia uma ideia de controle de preços em vários segmentos do governo.

O inciso do art. 20 da Lei 8.884/1994 que trata do aumento abusivo de preços é reflexo dessa cultura. Essa regra, em boa hora tornada letra morta pela jurisprudência do CADE e, lembre-se, criticada por apenas alguns dos doutrinadores, muitos outros a apoiando, teria acalmado e convencido o presidente Itamar Franco de que a Lei de Defesa da Concorrência era benéfica à sociedade.

Então, essa dialética no CADE era positiva; eu acho que a minha posição era, talvez, a mais liberal no sentido de entender o jogo do mercado como algo fundamental a ser protegido; o conselheiro Renault defendia as pequenas empresas, enfim havia diferentes posições, e os embates que relatei foram extremamente positivos. Inclusive porque eram públicos; essa é uma das grandes virtudes do CADE em relação a muitas agências reguladoras, especialmente em relação à Anatel, onde quase tudo é decidido a portas fechadas, guardado do público.

Ou seja, o CADE debate em público, decide em público. Então, independentemente de fulano ou beltrano acreditar que deva decidir dessa ou daquela maneira, ele está expondo a sua posição clara e publicamente. Os administrados sabem, a imprensa sabe, a sociedade sabe, as decisões são comentadas, elas são publicadas e hoje colocadas na internet, por onde, aliás, se pode ouvir as sessões em tempo real.

Mesmo as resoluções que o CADE expede são amplamente debatidas com a sociedade, ao contrário do que se vê, por exemplo, na Anatel, onde sequer o prazo de consulta ao público, de eventuais resoluções, está de acordo com o significado da matéria a ser disciplinada, e tudo é decidido sigilosamente; até cópia de processos administrativos são negadas e peças de processos envolvendo concessionárias de serviços públicos são tidas como confidenciais!

A transparência do CADE faz que se reduzam as pressões sobre ele. Lembro-me de ter ouvido de um conselheiro que ele recebera telefonema à época do ministro da Indústria e Comércio pedindo para votar a favor de uma empresa próxima a esse ministro, mas pressão direta nunca sentimos. Nesse contexto, é muito importante a garantia de assegurar que a decisão do CADE seja independente – dela só caber recurso ao Judiciário e não a outro órgão do governo –, e a existência do mandato, embora o seu prazo de dois anos, mesmo renovável, seja uma regra claramente nefasta, pois pode influir negativamente na conduta do próprio conselheiro que deseje ter seu mandato renovado, pois, como se sabe, ativa a cobiça pelo cargo por parte de partidos políticos. Esses dois fatores seriam praticamente anulados se o mandato fosse por um prazo maior, vedada a recondução.

Aqui cabe um paralelo entre o CADE e a Anatel. Os dois órgãos legalmente são dotados de independência decisória e hierárquica, não se submetem a nenhum ministro de Estado. O CADE cumpre a lei estritamente e vem afirmando a sua independência concretamente, o que traz grande segurança jurídica aos consumidores e às empresas. Com isso, a defesa da concorrência aumenta sua legitimidade em face da sociedade, e dela recebe, em troca, apoio, que a fortalece.

Já a Anatel não; os jornais noticiam a interferência aberta e sistemática do ministro das Comunicações, da Casa Civil etc. Acho natural que parlamentares tentem influenciar as decisões da Anatel, do CADE, isso é próprio do regime democrático. Mas submeter uma agência reguladora, ou órgão de defesa da concorrência, à vontade do governo, isso não é democracia.

Inegavelmente, a Anatel não tem aumentado a legitimidade das agências reguladoras ao conformar-se com a ingerência do governo em sua ação, que a lei diz que deve ser independente da ação do governo. E, note-se: boa parte do corpo técnico da Anatel gostaria que ela agisse de forma independente do governo.

Qual a importância da defesa da concorrência para a sociedade brasileira?

Arthur Barrionuevo: Está acontecendo no Brasil o que ocorreu em alguns países europeus, alguns com tradição bastante estatizante, como a França, por exemplo, onde a defesa da concorrência foi sendo aceita pelos partidos políticos e pelas ideologias mais diversas. Na França, seja no âmbito dos partidos de centro-direita, como os gaullistas, seja no dos de centro-esquerda, como o partido socialista, não se discute mais a necessidade da defesa da concorrência. Os europeus entenderam isso claramente, até como instrumento de política de Estado para promover o desenvolvimento econômico e a competitividade das empresas europeias. No Brasil isso está acontecendo aos poucos. Penso que devemos, nesse sentido, entre os políticos de esquerda, ressaltar dois nomes que foram importantes nesse processo: o ex-ministro da Justiça Márcio Thomaz Bastos, e o ex-ministro da Fazenda Antonio Palocci, que mantiveram o CADE como uma instância realmente independente e atenderam, sempre, sem concessões, a critérios técnicos na nomeação de conselheiros, o que não acontece em outras áreas de governo.

Na afirmação da defesa da concorrência dois casos marcaram muito a história do CADE: um negativamente e outro positivamente.

O primeiro é o caso AmBev. Na minha opinião, aquele caso não poderia ter sido aprovado, no mínimo não deveria ter sido aprovado da maneira que foi, com restrições cosméticas. Isso levou a uma situação posterior de enfraquecimento do CADE, na qual, por um longo período, o plenário do CADE só discutia questões burocráticas, um período até triste, onde a grande discussão doutrinária era se os atos de concentração tinham sido apresentados tempestivamente ou não, uma distorção da Resolução n. 15. Posteriormente, o caso Nestlé-Garoto mostrou que o CADE decidiu o caso em termos substantivos, depois de uma discussão técnica muito bem fundamentada e, quer se concorde ou não com a decisão, sem dúvida foi uma decisão que levou em consideração aspectos essenciais daquele caso. E foi um caso muito debatido nos autos, no Conselho e, por isso, contribuiu muito para aumentar a legitimidade do CADE.

É importante também que os casos de infração sejam igualmente debatidos. É preciso reconhecer que houve um avanço recente, na gestão do ministro Márcio Thomaz Bastos e do Daniel Goldberg à frente da Secretaria de Direito Econômico, na repressão às condutas infrativas. Esse avanço precisa der consolidado, assim como ocorreu na SEAE na gestão do Cláudio Considera e do Paulo Correia, quando ela foi reestruturada.

Consolidados esses avanços, teremos consolidada a defesa da concorrência no Brasil.

RUY AFONSO DE SANTACRUZ LIMA[1]

Ruy Santacruz, qual é a sua formação?

Ruy Santacruz: Fiz três anos de Engenharia Agronômica na Universidade Federal Rural do Rio de Janeiro, em 1974, onde aprendi a "fazer conta", algo que alguns economistas temem – e é por isso que não tenho medo de conta. Foram dois anos e meio de Engenharia básica e depois começou a Agronomia. Mas não completei o curso, porque achava que tinha que lidar com algo ligado a Ciências Sociais, e por isso fiz Economia, na Universidade Federal Fluminense, próxima de onde eu morava. Já não era a melhor faculdade de economia do Grande Rio. Tinha excelentes professores – Carlos Lessa, Castro, Eduardo Augusto Guimarães –, mas foi perdendo esses professores em parte por causa da ditadura militar, e a UFRJ acabou virando a melhor escola de economia do Rio de Janeiro, com viés de Ciências Sociais, ao passo que a PUC ensinava, e ensina, uma economia mais matematizada, mais modelada, com mais econometria e menos viés de Ciências Sociais.

Eu me formei em Economia no ano de 1981 e trabalhava concomitantemente em auditoria contábil, na antiga Arthur Young, uma das maiores empresas do mundo na área de auditoria contábil. Foi um grande aprendizado, porque comecei a entender de contabilidade, administração e gerenciamento de empresas.

Uma vez graduado, deixei o emprego para fazer o mestrado na UFRJ. Fui conversar com a professora Maria da Conceição Tavares, que era coordenadora do mestrado, e ela me aconselhou fortemente a desistir de uma bolsa de estudos que obtive em um concurso de monografias patrocinado pela Enciclopédia Britânica para um mestrado na London School of Economics e cursar o mestrado do IE/UFRJ. Hoje aumentou a minha certeza de que foi um bom conselho, porque eu vejo alunos saindo da graduação e indo direto para mestrados no exterior e eles voltam "tapados", essa é a verdade. Voltam com modelagens fixas na cabeça, imaginando com elas resolver todos os problemas, quando na ver-

---

[1] Mandato: 02.06.1998 a 02.06.2000.

dade é preciso entender o dia a dia, as pessoas, a política, a história, os indivíduos. Os economistas ortodoxos juram que a economia é atemporal, ageográfica, "atudo": isso é uma maluquice, e quem faz mestrado fora, ainda muito novo, sem poder crítico, vem com isso na cabeça.

O meu mestrado na UFRJ foi em Economia Industrial; logo depois de terminá-lo, fiz concurso para a Cia. Vale do Rio Doce, passei e me mandaram fazer uma pós-graduação na COPPEAD em Administração de Empresas, para formação de executivos. Quando voltei para a Vale do Rio Doce, o Dilson Funaro assumiu o Ministério da Fazenda do Sarney, e o Belluzzo e o João Manuel Cardoso de Mello eram assessores econômicos dele, e ligados ao pessoal da UFRJ, à Conceição Tavares. Por essa razão fui convidado para ir trabalhar no Ministério da Fazenda, e deixei a Vale do Rio Doce, depois de dois anos lá. Isso em 1986. Fiquei dois anos em Brasília, na assessoria econômica do Funaro. Quando ele deixou o Ministério em 1988, voltei para o Rio de Janeiro, para a atual SEAE, que tinha sido estruturada com base nos funcionários do CIP. Após uma limpeza razoável feita pelo Aloísio Teixeira, atual reitor da UFRJ, na época assessor do Funaro, lá ficou um corpo técnico muito competente. Era um grupo que entendia bem de indústria, todos eram focados nisso. Permaneci na SEAE um tempo, e nesse período fiz doutorado na UFRJ. Minha tese foi sobre a defesa da concorrência no Brasil. Tive dois orientadores, sem dúvida os melhores possíveis: Eduardo Augusto Guimarães, que quando foi nomeado Secretário do Tesouro Nacional ficou com pouco tempo, e depois Fabio Erber. No meu trabalho analisei a função preventiva do CADE entre 1991 e 1998.

A SEAE começou a trabalhar com defesa da concorrência a partir da Lei 8.158/1991, mas o maior volume de análise de atos de concentração e condutas anticompetitivas veio com a Lei 8.884/1994. Desde essa época já havia um represamento nos pareceres emitidos pela SEAE. Por um lado porque nós estávamos aprendendo; por outro lado, porque muitos advogados intencionalmente retardavam a análise e, consequentemente, a entrega dos documentos exigidos, porque naquele tempo ainda não havia sido padronizada a notificação de atos de concentração e a exigência de oferecer resposta aos questionamentos da SEAE no prazo fixado pela Secretaria.

Os pareceres eram muito rudimentares. O entendimento do que seria um mercado eficiente era tênue. Ainda imaginávamos um mercado competitivo como a "melhor estrutura". É claro que isso não é verdade. Um mercado é competitivo quando nele existe pressão competitiva, que faz os preços caírem e novos e melhores produtos serem lançados. Além disso, o preço anda normalmente junto com a inovação: onde há inovação, há redução de preço.

Como se deu a sua ida para o CADE?

Ruy Santacruz: No começo de 1998, defendi minha tese de doutoramento, e o Bolívar Moura Rocha, titular da SEAE, leu, achou interessante e levou meu nome ao ministro da Fazenda para eu ser conselheiro do CADE. E fui indicado. A minha sabatina não existiu, foi uma mera formalidade. Fomos sabatinados Marcelo Calliari, Mércio Felski e eu. Não abri a boca. Mércio e Marcelo também não. Gesner de Oliveira, presidente do CADE, fez uma apresentação sobre o CADE, o senador Eduardo Suplicy fez uns dois ou três comentários e acabou a sabatina. Os membros da Comissão de Assuntos Econômicos do Senado não sabiam o que era defesa da concorrência e mais da metade não sabia o que era o CADE.

Como você encontrou o CADE?

Ruy Santacruz: No plenário do CADE já estavam Arthur Barrionuevo, Lucia Helena Salgado e Gesner de Oliveira, presidente. Com a nossa chegada, ficamos seis, formação que permaneceu inalterada por muito tempo, pois o sétimo conselheiro demorou a ser nomeado. Encontrei o CADE com condições físicas precárias; hoje está muito melhor estruturado. Mas o que o CADE ainda precisa é de um corpo técnico estável e competente, que ele não tem. E não tem por quê? Porque a Lei 8.884/1994, que já prevê a sua criação, não foi cumprida. Não adianta colocar uma garotada lá com título de gestor. Eles ficam dois anos e depois que aprendem a trabalhar vão embora, não faz sentido isso. É preciso pagar um salário decente, para que haja interesse em ficar no CADE. Não estou falando de gestores, porque eles têm uma rotatividade muito grande dentro da máquina pública.

O Conselho funcionava muito bem. Embora cada um tivesse o seu entendimento sobre as matérias votadas e votasse individualmente, havia um espírito de grupo muito importante, patrocinado pelo Gesner de

Oliveira. O Gesner é um grande administrador, ele é um dos responsáveis pela divulgação da defesa da concorrência no Brasil. Marqueteiro extraordinário, mostrava a todos a importância do CADE, o que era, como funcionava. Tive com ele várias discussões sobre a posição do CADE, sobre o posicionamento que ele, como órgão, deveria ter, mas não posso deixar de reconhecer a sua importância para a defesa da concorrência no Brasil.

Logo que cheguei ao CADE, desenhou-se a seguinte formação: o Arthur Barrionuevo, o Mércio Felski e eu éramos independentes; o Gesner de Oliveira, a Lucia Helena Salgado e o Marcelo Calliari votavam quase sempre juntos. Esse era o quadro delineado logo depois da minha chegada. Mércio tinha muito bom senso e uma grande capacidade de atuar politicamente: sabia movimentar o voto dele no plenário. Em boa parte dos casos mais importantes, o plenário acabava se dividindo muito claramente: eu, Mércio e Arthur de um lado, Gesner, Lucia e Marcelo de outro, empatados em três a três. Gesner exercia o voto de qualidade e desempatava. Isso não era uma regra, nós não formávamos um bloco sempre. Lembro-me de vários casos nos quais eu, Arthur e Mércio votamos diferente. Mas Gesner, Lucia e Marcelo votavam sempre juntos.

Em 1998, um fato importante foi a edição da Resolução 15 do CADE. O propósito era – e foi alcançado – simplificar a notificação de atos de concentração. Verificamos que muitos atos de concentração eram notificados em razão do entendimento de que os índices de jurisdição fixados na Lei 8.884/1994 decorriam do entendimento, então em vigor, de que o faturamento referido na lei – R$ 400 milhões – referia-se ao faturamento global de pelo menos um dos requerentes do ato. Isso levava a um número muito grande de notificações. A Resolução 1 do CADE, então em vigor, exigia muitas informações, e nós resolvemos enxugá-la.

Para discutir o assunto, nós, conselheiros, nos reunimos duas, três vezes por semana durante quase um mês, comparamos os formulários usados nos Estados Unidos, na Europa, até chegarmos à forma da Resolução 15. Mas surgiu uma dissidência: eu, Mércio e Arthur não queríamos aprovar um artigo sugerido pelo Gesner, que, na prática, poderia permitir ao CADE decidir processos sem ouvir a SEAE e a SDE, em nome da celeridade. Além de ilegal, achávamos que essa regra iria afrontar aqueles órgãos. Nesse momento Gesner patrocinava a discussão de formação de um "super" CADE que reuniria toda a instrução, sem SDE nem SEAE. Embora eu apoiasse a ideia de uma concentração da instrução em um novo CADE, não apoiava a ideia daquele CADE por Resolução decidir sem ouvir a SEAE e a SDE, como determina a lei. Nós, o Arthur, Mércio e eu, defendíamos algo como é hoje o rito sumário. Esse impasse foi resolvido no voto, que foi 3x3, ou seja, perdemos com o voto de qualidade do presidente. É claro que o CADE não passou a julgar sem os pareceres da SEAE e da SDE, mas criou-se uma situação desagradável, que manteve azeda uma relação que já não era doce com as Secretarias. A SDE e a SEAE passaram a agir de forma ainda mais independente do CADE, como se isso fosse possível. Faziam investigação sem dialogar com o CADE. Eu acho que o Gesner sabia desse contencioso, que fora assim criado, mas que era bom para ele manter a pressão sobre as Secretarias, pois o plano dele era um novo CADE integrado, um plano legítimo, aliás, porque, de fato, os processos para apuração de infração, de conduta anticoncorrencial, às vezes demoravam quatro, cinco, seis anos sendo instruídos na SDE, e chegavam ao CADE muito mal instruídos. E quando isso ocorria, o nosso dilema era sermos forçados a arquivar um caso onde poderia haver, ou mesmo já tinha sido cometida, uma infração à livre concorrência, por falta de provas produzidas nos autos, por desatendimento ao devido processo legal, já para não falarmos da ausência de uma análise econômica mínima.

Nesse contexto, sem dúvida, seria muito bom um CADE integrado sob o comando do Gesner, mas era preciso negociar a alteração da Lei e não fazer por Resolução do próprio CADE.

Quais foram os principais casos que você julgou?

Ruy Santacruz: Um deles, relevante, foi o ato de concentração envolvendo a Petrobras e a OPP,[2] braço petroquímico da Odebrecht, em torno da petroquímica de Paulínia. O interesse da OPP era a garantia da nafta, a sua matéria-prima, no projeto de Paulínia. A associação dela com a Petrobras, que lhe daria acesso garantido à nafta, levantou o argumento de que a Petrobras estaria sendo privatizada, e era óbvio para

---
[2] Ato de Concentração 0189/1997 – Requerentes: Petróleo Brasileiro S/A – Petrobras e OPP Petroquímica S/A – OPP.

mim que isso não era verdade. Eu chamei as partes e disse: vocês leem o contrato assim, eu também leio assim, mas melhorem essa redação, senão eu não vou aprovar; não quero dúvida sobre a interpretação do contrato, dúvida que já estava na mídia, inclusive. Você, Pedro, que era um dos advogados, deve se recordar disso. Então, as partes – a Petrobras e a OPP – retificaram o contrato, para não deixar dúvida quanto ao controle da Petrobras, o barulho na mídia sumiu, e o caso foi aprovado pelo plenário do CADE.

Em 1997, o Arthur Barrionuevo renunciou antes de terminar o seu mandato e foi substituído pelo João Bosco Leopoldino. Ficamos de novo com seis conselheiros. O CADE só ficou com a sua formação completa com a indicação da Hebe Romano, em 1997.

Outro caso importante foi o cartel de aços planos,[3] de que fui relator. Usiminas, Cosipa e CSN eram as empresas representadas e a investigação nasceu de uma denúncia feita pela SEAE, cujo titular, Bolívar Moura Rocha, fora procurado pelas três empresas para comunicar que elas aumentariam o preço de seus produtos em 8%. Depois de ouvir as empresas, Bolívar falou o seguinte: vocês não podem vir aqui, três diretores comerciais, e dizer que vão aumentar o preço ao mesmo tempo, isso não é possível. Depois, quando o aumento de preço foi realizado, foi feita a denúncia pela própria SEAE, foi iniciada uma investigação de cartel e eu fui o relator. A SEAE e a SDE deram parecer favorável à condenação. O CADE empregou a doutrina do *paralelismo plus*, mostrando que havia um paralelismo de conduta na ação infrativa das representadas, mas também uma prova adicional de que elas fizeram o acordo. A SDE apontava os preços semelhantes, os aumentos de preços na mesma época, os aumentos de preços semelhantes. Mas isso tudo é óbvio, é um setor com produtos homogêneos, tem que ser assim, quem tiver o preço um pouquinho mais alto vai perder mercado para o outro, todo mundo tem que ter preço igual para participar do mercado. Então, a conclusão da SDE não era suficiente para fundamentar a condenação que ela sugeria. Além do paralelismo de conduta, paralelismo de preço, você tem que ter o *plus*, e este pode ser a prova direta, uma reunião, um telefonema, uma prova factual, ou pode ser a prova indireta. Dessa vez

---

[3] Processo Administrativo 08000.015337/1997-48 – Representante: SDE *ex officio*; Representadas: Usinas Siderúrgicas de Minas Gerais – USIMINAS, Cia. Siderúrgica Paulista – COSIPA e Cia Siderúrgica Nacional – CSN.

usamos a prova indireta, que é a prova econômica, que não é aceita em toda jurisprudência, e também a prova direta. Nós tínhamos nesse caso a prova indireta, econômica: nada mais explicaria aquela conduta a não ser um cartel. Tínhamos também a prova factual, que era a reunião dos três com o secretário. O secretário mandou fax às empresas informando que elas poderiam ser processadas caso confirmassem o aumento de preços e comunicou ao CADE. Elas negaram ter participado da reunião, mas oficiei cada um dos representantes das empresas que participaram da reunião, individualmente, como pessoas físicas, e eles acabaram admitindo ter ocorrido a reunião. A decisão do CADE foi aplicar a multa mínima, porque entendeu que aquela conduta era resquício do CIP, do controle de preços. Veja, as empresas foram ao titular da SEAE para comunicar um aumento coordenado de preço que, segundo elas, era necessário, elas não estavam praticando preços abusivos. A multa mínima foi para mostrar à sociedade: isso é cartel. Um ponto importante ali foi que pela primeira vez alguém foi multado com base no art. 27 da Lei 8.884/1994, por enganosidade. Como houve negativa por parte dos representantes das empresas de haverem participado da reunião, que mais tarde ficou comprovada, eles foram multados por tentar enganar a autoridade de defesa da concorrência. Então, desde a primeira vez que eles se pronunciaram dizendo que não tinham participado da reunião, até o momento em que eles admitiram que tinham participado, apliquei 150 UFIR por dia (o máximo permitido pela lei) de multa, totalizando, creio, mais de R$ 7 milhões. Foi um caso interessante.

O caso AmBev[4] foi um dos grandes casos do CADE, mais pela repercussão na mídia, criada pelas próprias requerentes. A primeira vez que eu tomei conhecimento do caso AmBev foi numa quinta-feira à noite, ao chegar ao Rio de Janeiro vindo de Brasília. Vi pela televisão a notícia da compra da Antarctica pela Brahma. Lembro que telefonei ao meu colega de Conselho João Bosco Leopoldino e disse: "João, nós temos que tomar uma providência rápida, porque esse caso vai ser muito complicado, já começa com muita pressão na mídia". Ele disse que ia pensar e logo depois me ligou e disse que o CADE poderia impor uma medida cautelar para suspender os efeitos do ato até a decisão. Na se-

---

[4] Ato de Concentração 08012.005846/1999 – Requerentes: Companhia Antarctica Paulista Indústria Brasileira de Bebidas e Conexos, Companhia Cervejaria Brahma, Cervejarias Kaiser Brasil Ltda, Braco S/A e outros.

gunda-feira seguinte, ao chegar ao CADE, soube que a Hebe Romano havia sido sorteada relatora, e o João explicou a ela as linhas gerais da medida preventiva. Aventou-se a possibilidade de a medida preventiva ser revogada pelo Judiciário, mas o CADE seguiu em frente, impôs a medida e as requerentes não foram ao Judiciário. Assim, o CADE inaugurou a medida preventiva para garantir os efeitos de sua decisão; isto é, impedir que as requerentes consumam a compra (o que a lei permite), consolidando a compra antes de o CADE poder decidir. Consumada, materialmente, a compra, fica difícil o CADE desconstituir o negócio. A medida cautelar praticamente transforma notificação *a posteriori* do negócio em notificação *ex ante*.

A SEAE e a SDE conduziram muito rápido a instrução do caso por causa da pressão da mídia, do Congresso e do governo. Dessa vez, a SEAE e a SDE trabalharam conjuntamente, houve uma integração bastante boa. E vieram os pareceres desses dois órgãos, ambos contrários.

No plenário do CADE já se haviam delineado, desde a notificação do ato de concentração, as tendências de voto. E aí surgiu um problema: seriam apenas cinco conselheiros a julgar. Lucia Helena se deu por impedida, porque o ex-marido dela Edgard Pereira era, no início do caso, consultor econômico da cervejaria Kaiser, que impugnou o ato de concentração; e o João Bosco, que veio a saber que o escritório de advocacia do filho dele, em Belo Horizonte, cuidava de interesses, creio, da Skol, controlada pela Brahma, ele não precisaria, mas se deu por impedido. Aptos a julgar, portanto, estavam Mércio Felski, Marcelo Calliari, Gesner Oliveira, Hebe Romano, a relatora, e eu.

Os perfis se definiram rapidamente: eu era claramente contra a aprovação do ato; Mércio entendia que não se podia barrar uma operação dessas, porque, dizia, se a Antarctica quebrasse, a Budweiser iria comprá-la, uma multinacional. Ele aceitou a ideia, então propagada pelas requerentes, de que se estava criando uma multinacional verde-amarela, que o negócio não poderia ser barrado, que era bom para os interesses nacionais, isso dois dias depois de a operação ter sido anunciada. Nas nossas conversas informais, no almoço, eu dizia que o CADE não fazia política industrial, não podia opinar sobre quem iria comprar quem. O CADE apenas examinava se, em razão do negócio, iria haver uma possibilidade de exercício de poder de mercado, e se ficasse claro que haveria, como tudo indicava que sim, pronto, acabou, o CADE não poderia aprovar o ato. A meu ver, a concentração a resultar do ato era enorme; nenhuma autoridade de defesa da concorrência no mundo permitiria essa operação. Mas Mércio manteve seu entendimento. João Bosco também, embora não votasse. A Hebe era uma incógnita, pois havia acabado de chegar no CADE. As pessoas levam um certo tempo para entender o que é defesa da concorrência. A Hebe não tivera esse tempo. Assim, ela tentava achar soluções à maneira do caso Colgate-Kolynos, ou seja, suspender uma marca, ou algo parecido. Mas o problema não era suspender a marca, o problema ali não era a marca. No caso Colgate-Kolynos fazia até sentido se falar em marca, embora esse caso seja também um exemplo óbvio de um ato que deveria ter sido desconstituído, ao lado dos casos AmBev e Nestlé-Garoto.

Voltando ao caso AmBev, Gesner foi claramente favorável à aprovação do caso desde a sua notificação. Havia uma questão política; o governo fazia pressão muito grande, havia ligações de ministros, do líder do partido do governo, e tudo batendo no presidente do CADE, a figura mais conhecida. Já Marcelo Calliari historicamente seguia a posição de Gesner.

Uma primeira ideia em discussão no CADE era vender marcas – providência que acabou se reduzindo à determinação de vender a marca Bavária – associada à garantia de distribuição e outras condições menos efetivas, como se pode ler na decisão. Eu considerei que a solução do CADE ia ser pífia, até porque a Bavária era uma marca em construção. E vi também que eu seria derrotado por 4x1. A Bavária era uma marca em ascensão, estava com, creio, 9% do mercado no início do caso, e quando o caso foi julgado ela já havia perdido muito mercado, mais da metade. A decisão do CADE, então, foi vender marca, uma fábrica em cada região e obrigar a AmBev a distribuir o produto da empresa que comprasse esse pacote.

No meu voto eu explico as razões pelas quais votei contra a aprovação do ato, todas técnicas. Penso que o CADE, aprovando o caso AmBev, perdeu a grande oportunidade de mostrar o que é, o que deve ser, a defesa da concorrência no Brasil. Perdeu a oportunidade de sinalizar ao setor empresarial o que é o CADE, o risco de se fazer aquisições sem uma precisa avaliação dos ricos concorrenciais. A meu ver, a Nestlé só se animou a comprar a Garoto por conta dessa sinalização do CADE no caso AmBev. Eu me recordo de ler em uma revista americana especializada em defesa da concorrência o seguinte: se a AmBev pode ser criada, que operação seria rejeitada pelo CADE, pelo órgão de defesa da concorrência brasileiro? A meu ver, a imagem do CADE saiu prejudicada com essa decisão. Ficou a ideia de que o CADE poderia sempre encontrar uma maneira de aprovar um ato de concentração de grande porte, associado a uma grande cobertura na mídia, à pressão política. O CADE sempre iria encontrar um jeito de resolver o problema sem causar grandes transtornos.

Interessante notar que, embora eu esteja convencido de que tecnicamente a criação da AmBev devesse ser rejeitada, a análise posterior do mercado de cerveja não aponta para uma situação de exercício de poder de mercado. Esse exemplo confirma a dificuldade da análise antitruste preventiva.

Qual a importância da defesa da concorrência para a sociedade brasileira?

Ruy Santacruz: Vejo muito mal a defesa da concorrência no Brasil e a expectativa é a pior possível. Enquanto o governo não entender ser indispensável dotar o CADE de um corpo técnico especializado, não poderá haver defesa da concorrência como se deve e o país precisa. Vamos continuar dependendo de um conselheiro que seja do ramo, que conheça concorrência e que se disponha a defendê-la com os poucos recursos disponíveis. Sem dúvida, a habilitação dos conselheiros é boa hoje, mas a verdade é que não basta ser doutor em Direito Econômico, em Economia Industrial, seja o que for: quando ele chega ao CADE, ele vai lidar com o problema concreto, e imediatamente. Ele não terá tempo para se movimentar em uma curva de aprendizado, então é preciso o suporte de um corpo técnico permanente, bem remunerado e estável. Eu cito o caso do Roberto Teixeira Alves. Quando eu cheguei ao CADE, depois de trabalhar sete anos elaborando pareceres na SEAE, encontrei Roberto, que também trabalhou na SEAE. Havia falta de pessoal, mas nós dois, porque já trabalhávamos na área, conseguimos tocar para frente nosso gabinete. Mas essa era uma situação excepcional: dois economistas com experiência em defesa da concorrência. Encontrei no gabinete mais de 30 processos administrativos parados. Desovei dez por semana. Era tudo besteira. Estávamos em 1998, em pleno Plano Real, e havia vários processos de preço abusivo de frango. Quando vi, pensei que envolvesse grandes frigoríficos, mas não: o representado era o dono da vendinha da esquina, em Belo Horizonte. Ninguém sabia o que fazer com aquilo. O óbvio era definir o mercado relevante do produto, ver os concorrentes e concluir que nenhuma investigação deveria ter sido sequer aberta. O problema é o funcionário sem treinamento que chega à SEAE ou à SDE e faz um ofício quilométrico com pedidos de informação (pois não sabe o que pedir) e instaura um processo administrativo para averiguar conduta sem saber qual é o foco do processo administrativo – o titular da SDE sabe, mas o secretário não pega tudo, o chefe da DPDE sabe, mas também ele não pode fazer tudo, e então depende do jovem advogado inexperiente.

Portanto, sem um quadro de pessoal estável e bem estruturado não há defesa da concorrência. Na época em que estava no CADE, tentamos fazer convênios, acelerar, agilizar a investigação, mas não funcionou.

Já em relação à defesa da concorrência nos mercados regulados, sobretudo no caso da Anatel, que é a maior "cliente" do CADE, a questão é que as relações não são institucionais – e isso é um problema grave. Os contatos são todos pessoais e, claro, isso não pode funcionar. Quando eu era conselheiro, nunca funcionou. Nós no CADE tentamos estabelecer um relacionamento institucional mas não conseguimos. A meu ver, a Anatel nunca conseguiu formar um corpo técnico consistente, competente na área de concorrência. Aliás, nunca quis ter esse corpo técnico, porque a Anatel entende que um órgão regulador é um órgão de engenheiros, que devem se preocupar com a parte técnica, de engenharia, da regulação.

Mas respondendo ao núcleo da sua pergunta, qual a importância da defesa da concorrência para o Brasil, na minha tese de doutorado faço uma análise da ação preventiva da defesa da concorrência no Brasil, entre 1991 a 1998, e concluo que não há respaldo teórico que justifique o controle preventivo da concentração de poder econômico. Não encontrei nenhuma teoria ou evidência empírica que sustente a intervenção do poder público no controle de fusões e aquisições. Todos os modelos econômicos, toda pesquisa empírica não é capaz de relacionar, por exemplo, concentração com aumento de preço. Também não há a relação entre concentração e redução do nível de inovação (lançamento de novos e melhores produtos). Essa relação nunca foi provada nem teoricamente nem empiricamente. De fato, a teoria econômica não justifica a intervenção do Estado para exercer o controle preventivo da concentração de poder de mercado. O segundo ponto é que não se sabe com certeza o resultado da intervenção no momento em que ela é feita. O controle da concentração é feito na hipótese de que haverá uma redução do nível de inovações e aumento de preço. Essa é a ideia geral; o problema é que isso não está provado, como apontei na minha tese; não há nenhum modelo teórico, nenhuma pesquisa empírica. Então, esse tipo de controle é feito quase que por tradição. Veja o caso AmBev. Tecnicamente deveria ser rejeitada, mas na prática a concentração parece não ter redundado em elevação nos preços, ou seja, em perda de bem-estar.

O controle de atos de concentração, dessa forma, é um "tiro no escuro". Porém, como conselheiro do CADE, esqueci a tese e tentei aplicar a lei segundo a jurisprudência. Determinei intervenção em alguns mercados, mas não posso afirmar que sei o que aconteceria neles se não tivesse feito isso. O certo é que existe uma lei que é aceita no mundo inteiro. É bom, é conveniente, que nós repliquemos essa regra para o Brasil participar do mundo, reduzir a incerteza nas decisões empresariais, atrair investimentos. Se o empresário sabe que a regra no Brasil é a mesma do resto do mundo, o investimento fica mais fácil.

Já do ponto de vista das condutas infrativas, cartel, preço predatório, etc., aí, sim, faz todo sentido a intervenção do Estado, porque o cartel prejudica o consumidor, reduz o ritmo do lançamento de novos e melhores produtos, aumenta o preço dos produtos e serviços arbitraria e compulsoriamente. A conduta infrativa é real. A empresa é investigada, a conduta provada, a perda de bem-estar demonstrada e a multa aplicada. No fim, a autoridade está atrás de aumento de preços. Por exemplo: se há um mercado onde há muita inovação, muito dinâmico, como o de *software*, dificilmente haverá aumento de preços, porque a competição é muito forte.

Em resumo, só teremos uma cultura da defesa da concorrência consolidada no país quando tivermos um CADE com corpo técnico estável e competente. E só será competente se for estável. Sendo assim, é preciso criar a carreira com salários atraentes e que mantenham as pessoas no CADE por prazo longo. Com isso, os conselheiros podem ser substituídos sem perda de qualidade e de tempo na análise.

MARCELO PROCÓPIO CALLIARI[1]

Marcelo Calliari, qual é a sua formação?

Marcelo Calliari: Fiz Direito na USP e Economia na PUC, ambas em São Paulo, entre 1985 e 1989. No último ano das faculdades, fiz concurso para redator de economia internacional do jornal *Folha de S. Paulo*. Formado, fui para Nova York, em 1990, como correspondente da *Folha* e me apaixonei pelo jornalismo. Passei o ano de 1990 lá, e fiquei mais cinco anos na *Folha*, então já fazendo editorial, e em 1995, fui para Harvard fazer o mestrado em Direito. Mais tarde, acabei também fazendo o doutorado em Direito na USP. Mas depois do mestrado, quando voltei ao Brasil, fui trabalhar no escritório Chade Advogados Associados. Nessa época (1996), a Lei de Defesa da Concorrência era relativamente nova no Brasil e eu participei pelo escritório de um seminário sobre de defesa da concorrência no Rio de Janeiro no final do ano, promovido pelo IBRAC, em conjunto com o Banco Mundial e com o CADE.

Como é que você foi parar no CADE?

Marcelo Calliari: Eu assisti ao seminário fascinado. Com essa matéria eu tinha tido contato nos Estados Unidos, mas vendo o dia a dia do que estava acontecendo na defesa da concorrência no Brasil, eu me encantei. E aconteceu que retomei contato com o Gesner de Oliveira, um dos economistas que fazia editoriais para a *Folha de S. Paulo*, na época em que lá trabalhei, mas que naquele momento era presidente do CADE, havia cerca de dois anos; ele me convidou para ser assessor, e cheguei ao CADE em janeiro de 1998. Fiquei alguns meses assessorando vários conselheiros em casos específicos. Pouco depois, com o fim do mandato de alguns conselheiros, o Gesner perguntou-me se gostaria de me candidatar ao Conselho.

---

[1] Mandato: 02.06.1998 a 02.06.2000.

Como você encontrou o CADE?

Marcelo Calliari: Era um período literalmente emocionante; as pessoas tinham uma excitação de trabalhar no CADE, a gente sentia que fazia parte de um momento especial, de construção institucional, em que as coisas iam acontecendo e mudando a olhos vistos. Eu acho que tive sorte e me sinto orgulhoso de ter participado desse processo. A gente ia buscar as melhores práticas, seja no Judiciário brasileiro, seja em autoridades de concorrência de fora; havia essa preocupação de ver o que se podia fazer de melhor. A partir daí surgiu uma série de marcos institucionais importantes, num movimento de simplificação, de racionalização e de mudar a relação com o administrado, de tentar torná-lo mais próximo sempre com muita preocupação em termos de transparência. O regimento do CADE foi aprovado pouco antes de eu virar conselheiro (eu participei da elaboração dele como assessor), e depois vieram a Resolução 15, simplificando a notificação de atos de concentração, e a Resolução 20, a primeira orientação do CADE sobre análise de conduta no Brasil.

Por outro lado, eu conhecia o CADE como assessor e sabia de sua estrutura absolutamente precária. No início do meu mandato, o CADE funcionava em meio corredor do Anexo II do Ministério da Justiça, com fios correndo de um lado para outro; as salas eram mínimas e havia um assessor por conselheiro, cada qual com 50 casos para tocar, sem auxílio de secretária. O CADE não tinha memória; há votos meus que não se conseguem achar até hoje. Havia uma sala lotada do chão até o teto com pilhas e pilhas de papel: eram os autos dos processos do CADE. Quando o programa de estagiários começou, foi possível começar a catalogar os processos, mas surgia uma preocupação: não havia armários com chave onde se pudessem trancar os autos confidenciais; com algum esforço, conseguimos obter armários de outros órgãos.

Quando cheguei ao CADE, o Gesner de Oliveira havia sido reconduzido como presidente, a conselheira Lucia Helena Salgado era a mais antiga, depois havia o Arthur Barrionuevo, e os novos Mércio Felsky, Ruy Santacruz e eu. No Conselho anterior havia sido criado o seminário interno, que era fundamental, e essa prática foi mantida. Nele, discutíamos os pontos mais importantes dos casos, trocávamos ideias, experiências, informações, ainda que cada um fosse depois votar como quisesse. Considero imprescindível essa discussão prévia de casos importantes, como acontece em qualquer órgão colegiado sério no mundo.

Um ponto importante foi uma mudança – que acabou nos anos seguintes se tornando atabalhoada, infelizmente, e muito custosa para a sociedade – relativa à interpretação de que o momento da notificação do ato de concentração deveria ser contado a partir da assinatura do primeiro documento a vincular as partes. Essa foi a interpretação que o CADE passou a dar à expressão da lei do momento na *realização* do ato. É importante lembrar que o CADE até então admitia a notificação depois do fechamento da operação; acontecia uma operação e seis meses depois era fechada e, como na época a análise do ato de concentração demorava muito tempo, o CADE rotineiramente julgava casos um ano e meio depois do fechamento do negócio entre as partes. Isso enfraquecia a atuação antitruste; as empresas não se preocupavam com a ação do CADE, porque ela tardaria. Mesmo sem unanimidade no CADE sobre o tema e com diversos conselheiros tendo opiniões divergentes, foi-se operando uma mudança para considerar a assinatura do primeiro documento vinculativo como o momento para notificação. E começou um maior rigor na punição da ausência de notificação, que colocou o Brasil no mapa. Mas a ideia de documento vinculativo nesse momento era o contrato; jamais pensávamos em documento pré-contratual, em memorando de entendimento, em carta de intenções. Isso veio depois, no plenário seguinte do CADE, gerando uma insegurança jurídica muito grande, pois documentos que não eram de fato vinculativos podiam ser interpretados como iniciando o prazo de notificação, pois eram considerados capazes de alterar as relações de concorrência.

Uma iniciativa nesse sentido foi a edição da Resolução 15, que foi um avanço gigantesco no processo de análise de atos de concentração. O formulário para notificação de ato de concentração da Resolução 15 foi inspirado no modelo que o grupo de concorrência da OCDE fez depois de muita discussão entre todos os principais países atuantes na defesa da concorrência. Era um formulário mais moderno e incomparavelmente mais simples do que o formulário da Resolução 5, anterior. O texto foi levado a consulta pública, e houve muita discussão, com a participação de advogados, economistas, empresas, etc. E foi-se firmando essa regra: todas as normas internas do CADE, basicamente resoluções, eram levadas a consulta pública. A Resolução 15 incorporou o que havia de mais moderno nessa discussão; mais que isso, ela começou a definir conceitos como grupo e controle de empresas, algo que não havia no Brasil no âmbito da defesa da concorrência.

Havia começado há pouco a presença do CADE em organismos internacionais, como Mercosul, ALCA, OMC, e OCDE, da qual o Brasil não era membro, mas constava como observador. Formou-se a consciência de que era necessário promover uma interação entre o CADE e esses órgãos, nos quais se discute a defesa da concorrência. Aliás, uma das atividades no CADE da qual me orgulho até hoje foi haver redigido a minuta do texto que virou a posição do Brasil na OMC, depois de ser aprovado pelos Ministérios das Relações Exteriores, Fazenda, e Justiça, sobre a adoção de normas internacionais tratando de concorrência. O Brasil tomou uma posição favorável, dentro de certos limites – contrária, por exemplo, à criação de um órgão revisor de decisões de órgãos nacionais.

Outra alteração mais simples, mas a meu ver muito positiva, foi a de acabar com a tradição de as sessões começarem com muito atraso. Era parte do que chamávamos de respeito institucional. O Gesner passou a iniciar as sessões às duas horas da tarde em ponto, declarando, quando o caso, que a sessão não fora aberta por falta de quórum, ausentes os conselheiros tais e tais, e isso constava na ata. Rapidamente, todos os conselheiros passaram a estar presentes na hora do início da sessão. Outra medida importante nessa linha foi o registro da tramitação de cada feito posto em julgamento pelos outros órgãos. Era comum os casos demorarem meses e meses, às vezes anos, para irem a julgamento no CADE; e, para o público, o CADE era o responsável; a notícia no jornal era/é: "CADE julga caso iniciado há tantos anos...", porque era o último a decidir. O Gesner começou a registrar os tempos de tramitação, entre a SEAE, a SDE e o CADE. E passou a projetar em um telão durante a sessão esses registros. Esse caso foi apresentado em tal data, ficou oito meses na SEAE, ficou seis meses na SDE, ficou quatro meses no CADE. Já havia um atrito entre os três órgãos, e essa medida aumentou esse mal-estar. A SEAE e a SDE não gostaram de ser expostas. Mas era/é, a meu ver, uma questão de transparência dentro do setor público e benéfica aos próprios órgãos ao final: eles podiam identificar as deficiências de estrutura que os faziam demorar na análise dos atos. E olhe que os conselheiros também acabavam colocados sob pressão com isso, com suas demoras expostas, mas isso era saudável.

Quais foram os principais casos que você julgou?

Marcelo Calliari: Um caso interessante foi uma acusação contra a empresa metropolitana de transportes coletivos da região de Belo Horizonte, a BHTrans,[2] feita pelas associações de usuários, de aumento coordenado de tarifas com as demais empresas do setor. Na verdade, havia uma determinação da BHTrans, empresa municipal de transportes coletivos, nesse sentido. Havia um precedente no CADE, o caso Rodonal,[3] entendendo que a regulação excepcionaria a Lei de Defesa da Concorrência, e esse seria um desses casos, seguindo a *state action doctrine* norte-americana, que criava uma redoma protegendo a conduta se o setor fosse regulado. A competência residual da autoridade antitruste existiria apenas quando a regulação fosse falha ou mal-aplicada pelo regulador. Meu entendimento foi de que não se aplicava essa doutrina ao Direito brasileiro; não havia apoio na lei brasileira. Ao contrário, a Lei de Defesa da Concorrência não excepciona nenhum mercado. Quer dizer, o fato de o setor ser regulado não o imuniza da ação de defesa da concorrência. Há uma interpenetração das legislações: o fato de existir regulação não excetua o setor da Lei Antitruste, e uma conduta num setor regulado também pode ser anticoncorrencial. Foi uma mudança de visão a respeito da relação entre concorrência e regulação. Mas algo que me dá um pouco de tristeza, e mostra a falta de memória do CADE, é que esse caso se perdeu nos anais do CADE, e tempos depois o Conselho voltou a discutir a questão, retornando ao Rodonal como se esse caso não tivesse sido superado há muito tempo.

Outro caso envolveu o governo de Minas Gerais, que fabricava placas de automóvel;[4] não era nenhuma empresa, era a própria Secretaria

---

[2] Processo Administrativo 08000.002605/1997-52 – Representantes: Associação Mineira dos Usuários de Transportes de Passageiros e Carga – AMTU P & C; Representadas: BHTRANS – Empresa de Transportes e Trânsito da Região Metropolitana de Belo Horizonte e outras.

[3] Representação 07/93, movida por CEBRACAN contra RODONAL Voto vogal do conselheiro Antônio Fonseca.

[4] Processo Administrativo 08000.026652/1995-75 – Partes: Ana Célia Abatte, Associação Mineira de Fabricantes de Placas – AMFAP Departamento de Trânsito – DETRAN (Secretaria Municipal de Transportes – MG).

Estadual de Transportes que fabricava placas de carro. Quando houve a mudança das placas de duas para três letras, houve uma demanda que o estado não podia suprir. Ele começou a licenciar empresas privadas para fabricar placas, e o preço despencou: estas cobravam muito menos do que o estado. Depois que acabou a transição, o governo começou a cassar essas licenças. Algumas empresas entraram na justiça para conseguir liminares para continuar funcionando, e outras recorreram ao CADE. O que o governo de Minas Gerais fez, quando começaram a surgir essas liminares, foi baixar o preço das placas até o piso, para quebrar as empresas e depois dominar novamente o mercado e voltar a subir o preço – a prática mais anticompetitiva possível. Havia a preocupação se nós tínhamos competência para julgar um governo estadual – não uma empresa pública, mas o próprio governo. Nesse caso, a própria lei reconhecia que o CADE tem competência para requisitar de órgãos ou autoridades municipais e estaduais que ajam em conformidade com a lei. Foi o que o CADE fez, chamando a atenção para o caráter anticompetitivo das ações do estado e dos efeitos negativos para a população.

Um caso que considero um marco no CADE foi o caso CSN-Usiminas-Cosipa,[5] o primeiro grande caso de cartel que o CADE julgou. Na época não havia previsão de leniência, nem de busca e apreensão, nem de escuta telefônica. Os instrumentos de investigação eram muito mais limitados; nesse caso, o CADE aplicou a doutrina do paralelismo *plus*, sugerida pelo relator, o conselheiro Ruy Santacruz, em um voto muito elaborado e seguido pelo plenário. Nesse sentido, tinha ocorrido uma reunião entre as empresas previamente ao aumento coordenado de preços, aumento este que, para o CADE, não poderia ser justificado por nenhuma explicação racional outra que não um acordo entre as empresas. Houve um fato interessante envolvendo esse caso. O presidente do CADE, Gesner de Oliveira, chamou alguns conselheiros para uma reunião com o ministro da Fazenda Pedro Malan no gabinete dele. Falamos sobre o funcionamento e importância do CADE, e a conversa moveu-se para aquele caso, que envolvia três grandes siderúrgicas. A reunião ocorrida entre as empresas, antes do aumento de preços, havia sido na SEAE. Em nenhum momento o ministro sugeriu qual de-

---

[5] Averiguação Preliminar 08012.005924/2000-30 – Representados: Usinas Siderúrgicas de Minas Gerais S.A. – USIMINAS, Cia Siderúrgica Paulista – COSIPA, Cia Siderúrgica Nacional – CSN.

veria ser a decisão do CADE, apenas fez uma observação de que aquele tipo de reunião, dos empresários com o Ministério da Fazenda, era, até pouco tempo antes, comum, e que a lei era relativamente recente. Os conselheiros presentes ponderaram que o período de aprendizado da lei já havia acabado. Como disse, foi uma colocação muito elegante, muito cuidadosa, a feita pelo ministro. Ao final o CADE multou o cartel.

Outro caso interessante foi a consulta apresentada pelo PNBE – Pensamento Nacional das Bases Empresariais, associação de empresários que se imaginavam progressistas, com propostas para melhorar o Brasil, na época uma organização mais ativa e mais conhecida do que é hoje. Apresentaram uma consulta ao CADE sobre a guerra fiscal entre os estados. Foi um dos votos mais elaborados que fiz, uma análise do que é guerra fiscal, ou seja, os incentivos fiscais concedidos pelos estados para beneficiar empresas que se estabelecerem no seu território. A análise dos efeitos de variação tributária no Brasil, que são monumentais, sobre o desempenho das empresas levou à conclusão de que a guerra fiscal evidentemente tem efeitos sobre a concorrência em termos de desequilibrar o mercado onde as empresas estão. Quer dizer, as condições de mercado são completamente distorcidas, a concorrência deixa de estimular a melhor alocação de recursos, de premiar o incentivo, a inovação e a busca de eficiência, enquanto se dá uma vantagem incomparável e insuperável a uma empresa que não se vê desafiada a concorrer desde o início em igualdade de condições com as demais empresas presentes no mesmo mercado, que não foram assim beneficiadas. O voto foi enviado ainda ao Congresso e ao Supremo Tribunal Federal, que estava julgando muitos casos sobre guerra fiscal no Brasil.

O caso de maior repercussão que julguei, não como relator, e que foi um dos casos mais difíceis e muito complexos que vi, foi o caso AmBev.[6] Soube da operação no aeroporto, vindo de Brasília para São Paulo, e fiquei surpreso com a ideia de que essas duas empresas, Brahma e Antarctica, fossem se juntar. No início, falava-se em fusão, mas logo ficou patente que a Brahma estava comprando a Antarctica. O primeiro fato curioso no caso: foi a primeira vez, que eu saiba, que a sessão de distribuição de processos do CADE teve cobertura da imprensa, curio-

---

[6] Ato de Concentração 08012.005846/1999 – Requerentes: Companhia Antarctica Paulista Indústria Brasileira de Bebidas e Conexos, Companhia Cervejaria Brahma, Cervejarias Kaiser Brasil Ltda, Braco S/A e outros.

sa em saber quem seria o relator; como se sabe, a sorteada foi a conselheira Hebe Romano. O segundo momento marcante foi a imposição da medida cautelar. A preocupação do Conselho era com a demora em o caso ser julgado, e como isso poderia afetar a efetividade da decisão do CADE. A medida cautelar foi então criada, com recurso ao Código de Processo Civil, e havia dúvida se iria haver recurso ao Judiciário; mas, como se sabe, as empresas não recorreram ao Judiciário, e a instrução começou. E andou mais rápido do que o habitual; havia atenção de todo lado, e uma oposição muito ativa da cervejaria Kaiser – aliás, esse tipo de oposição sempre enriquece a instrução, por isso é bem-vinda. A impugnação da Kaiser trouxe uma série de informações importantíssimas para o CADE e gerou uma série de questões pela primeira vez discutidas. Por exemplo, o direito de acesso aos atos de terceiro que impugna atos de concentração.

O parecer da SEAE propunha a venda de uma das principais marcas da empresa, a Skol, medida que, na prática, era mandar desconstituir o ato. O da SDE ia numa linha parecida. Quando o caso chegou ao CADE, a preocupação era decidi-lo no prazo legal; evidentemente havia uma discussão muito elaborada já feita pelas secretarias.

Mas uma preocupação que eu sempre tive – e eu me referi a isso em alguns votos meus – era a compatibilização do princípio constitucional da defesa da concorrência com o fundamento constitucional da ordem econômica, que é a proteção da livre-iniciativa; para mim esse era um dever, uma obrigação do CADE, de buscar ao máximo essa compatibilização. Eu só posso limitar a liberdade de iniciativa àquele mínimo necessário para proteger a liberdade de concorrência, não mais que isso. Qualquer coisa que eu faça a mais eu estarei extrapolando, limitando um fundamento da ordem econômica sem ter justificativa para isso.

O caso AmBev foi um dos casos mais sofisticados que o CADE jamais tratou, acho que até hoje, pela riqueza de dados em termos de estudos econométricos e de pareceres de qualidade que foram apresentados. Evidentemente, os estudos econométricos sempre dão margem a discussão, e isso aconteceu nesse caso: a amostragem, a metodologia, os resultados, muitos foram descartados, mas eu usei em meu voto estudos apresentados inclusive pela Kaiser.

Confesso que passei parte da análise desse caso em dúvida. Fizemos várias reuniões entre os conselheiros, e havia uma preocupação sobre se seria possível encontrar uma solução parcial, isto é, que não fosse uma desconstituição total do ato de concentração.

Participei de inúmeras reuniões com os representantes da empresa, com os técnicos da SDE, analisei os autos e para mim era óbvio que o ato gerava um prejuízo à concorrência – disso para mim não havia dúvida, e acho que para ninguém também. Embora houvesse eficiências, para mim elas não eram suficientes nos termos do art. 54 para resolver os problemas concorrenciais. Quer dizer, não eram eficiências capazes de compensar o prejuízo causado. Nesse ponto, eu concordava com o conselheiro Ruy Santacruz, o único a votar pela desconstituição do ato. A decisão mais fácil seria votar nesse sentido, a meu ver. Porém, eu comecei a considerar mais detidamente decisões nesse sentido, e um caso que me marcou muito foi a fusão da Exxon com a Mobil nos Estados Unidos, na qual foi celebrado um dos compromissos de desempenho mais elaborados jamais feitos, algo de centenas de páginas, com cláusulas que alcançavam desde o mercado de postos de gasolina até o mercado de refinarias e oleodutos, passando por marcas de óleo, propriedade intelectual – uma decisão complicadíssima, elaboradíssima, com um custo para a autoridade muito grande. Eu me lembro que na época da AmBev eu discuti esse caso com técnicos de defesa da concorrência nos Estados Unidos, e eles usaram essa expressão também: era muito mais fácil dizer não do que ter esse trabalho todo de definir dezenas de mercados relevantes, cada mercado com dimensões geográficas diferentes, um trabalho monumental para a autoridade. Mas porque a operação tinha uma série de outros benefícios em termos de ganho de eficiência, e outros mercados nos quais não havia problema, havia também uma outra lógica que não era anticompetitiva. A minha ideia então era que eu não podia fugir disso, tinha que enfrentar esse trabalho. A preocupação era o § 9.º do art. 54, que diz que, se a operação puder causar dano à concorrência, o CADE deve tomar as providências necessárias para corrigir situações já realizadas. Nesse sentido, entendo ser dever do aplicador da lei buscar, se possível, uma solução que corrija os problemas concorrenciais, sem impedir todo o ato. Se não agir assim, estará violando esse comando legal e violando um fundamento da ordem econômica constitucional, a livre-iniciativa. Ou seja, se eu puder proteger a concorrência com uma decisão menos intervencionista, e isso é fundamental, eu tenho a obrigação de fazê-lo – essa era a minha visão, essa era a minha preocupação. Então, não bastava concluir que as eficiências compensatórias não seriam suficientes, isso eu concluí; mas entendi dever dar um passo adicional como autoridade, qual seja buscar se havia uma saída que preservasse os ganhos de eficiência e a liberdade de iniciativa, algo tão valorizado que foi colocado como fundamento da ordem econômica na Constituição. Esse era o grande dilema nesse caso, daí a exploração de uma saída. Não sabia inicialmente se era possível ou não, e houve toda essa discussão sobre qual seria o pacote necessário. No final, a questão da distribuição ficou mal-explicada na divulgação da decisão final; só se falava na alienação da marca Bavária, mas ninguém falava sobre o ponto principal da decisão, o acesso às redes de distribuição. O desafio era fazer isso funcionar, porque a rede lidava com terceiros, quer dizer, era – em boa parte – uma rede de distribuição independente, não era a distribuição feita pela própria AmBev, que seria obrigada a transportar e distribuir uma cerveja concorrente. Mas a ideia de você ter uma cerveja concorrente em cada caminhão da AmBev era algo que trazia uma opção efetiva em alguns locais.

O porte da Bavária não era o fato mais importante diante da perspectiva de ter a distribuição disponível para as empresas concorrentes nos diferentes pontos de venda. Em resumo, para mim a questão era saber se era possível estipular um conjunto de normas no compromisso de desempenho que a AmBev assinaria e que fizesse funcionar a distribuição programada.

O CADE já tinha dito inúmeras vezes que não havia problema em uma empresa ser grande, ter uma participação expressiva no mercado, e sim se o consumidor seria prejudicado. E é uma questão que permanece até hoje: será que o consumidor brasileiro foi prejudicado com a aprovação do ato de concentração? E eu não sei, e não sei se alguém sabe, porque ignoro se há dados para avaliar esses efeitos. O único que eu conheço é um estudo da professora Elizabeth Farina, que foi parecerista pela AmBev no ato de concentração e depois presidente do CADE, publicado no livro *A revolução do antitruste no Brasil*,[7] sobre os primeiros anos depois da decisão do caso da AmBev. O estudo mostrou que houve uma queda no preço real da cerveja, depois de aprovado o ato. O pro-

---

[7] *A revolução do antitruste no Brasil: a teoria econômica aplicada a casos concretos.* Org. César Mattos. São Paulo: Singular, 2003.

fessor Mario Luiz Possas, no mesmo livro, apresentou estudo demonstrando ainda a importância das eficiências geradas e se manifestando a favor da operação.

Voltando à decisão, como disse, minha preocupação era criar um sistema de distribuição como uma das cláusulas compensatórias; e eu fui voto vencido ao propor incluir outras duas marcas além da Bavária, marcas pequenas, sim, mas marcas como a Bohemia e a Polar, que na minha visão contribuiriam para criar um *portfolio* capaz de melhorar as condições de concorrência, capaz de facilitar ainda mais a entrada do novo *player* programado. Com relação à opção das fábricas, também fui voto vencido; eu queria dar opção ao comprador sobre as fábricas a serem vendidas.

Na minha última sessão, o voto da conselheira Lucia Helena, no caso Kellogg's-Superbom,[8] extremamente bem feito – para mim, um voto modelar –, acabou me incomodando muito: ela decidiu pela desconstituição do ato de concentração, seguida por mim e pelo conselheiro Ruy Santacruz, mas houve um pedido de vista e requerimento de diligência adicional. Sobreveio uma mudança de Conselho, e abriu-se a discussão sobre se a diligência requerida deveria se considerada fato novo, assim invalidando os votos já dados quando o caso foi levado a julgamento. O novo Conselho deliberou que aquela diligência seria um fato novo, e os votos anteriores foram todos anulados. Houve uma nova votação, e o ato de concentração foi aprovado. De todo modo, considero que o voto da relatora original estava muito bem fundamentado – não sei nem se ele consta dos registros do CADE, porque foi supostamente invalidado. Era um voto modelo, sobre como analisar um caso de alta concentração horizontal, cobrindo todos os elementos, todas as possibilidades, e infelizmente não sei se esse voto é acessível, pois seria muito ilustrativo examinar esse caso.

Qual a importância da defesa da concorrência para a sociedade brasileira?

Marcelo Calliari: É um dos instrumentos absolutamente indispensáveis para a construção de uma economia moderna. Na reforma do

---

[8] Ato de Concentração 0174/1997 – Requerentes: Produtos Alimentícios Superbom Indústria e Comércio Ltda., Nutrifoods Indústria e Comércio de Alimentos Ltda. e Kellogg Brasil & Cia.

Estado, que vem sendo feita com dificuldade no Brasil, a defesa da concorrência tem um papel fundamental, juntamente com a regulação de mercados por meio de agências independentes e a abertura da economia. A defesa da concorrência se espalhou pelo mundo, nos países que estavam passando por processos de abertura semelhantes ao do Brasil, exatamente porque é parte indispensável desse processo. Mais concretamente, a verdade é que no Brasil, como em outros países, a transferência de renda decorrente da falta de concorrência, que tira do bolso dos consumidores para os de alguns agentes econômicos, deve ter sido, e continua sendo, gigantesca. A atuação antitruste firme é o melhor meio de inverter essa inversão perversa e partilhar com a população os benefícios de uma economia aberta e moderna.

JOÃO BOSCO LEOPOLDINO DA FONSECA[1]

João Bosco Leopoldino: Qual é a sua formação?

João Bosco Leopoldino: Formei-me em Filosofia e Letras, em 1959, pela, hoje, Universidade Federal de São João Del Rei. Em 1963, ingressei na Faculdade de Direito da UFMG. Ali fiz o Doutorado, defendendo tese em 1989. Em 1992, fiz o concurso para Professor Titular de Direito Econômico na mesma Faculdade.

Como se deu a sua ida para o CADE?

João Bosco Leopoldino: Fui convidado pelo então Presidente, Professor Gesner de Oliveira. O cargo de Conselheiro estava vago fazia quase um ano, devido à morte do Conselheiro Leônidas Xausa. Aceitei o convite como um desafio, pois seria uma ocasião de colocar em prática e testar o conhecimento teórico. Eu já havia publicado pela Forense o livro "Lei de Proteção da Concorrência – Comentários à Legislação Antitruste".

Como você encontrou o CADE?

João Bosco Leopoldino: Ali cheguei, em março de 1999, quando a Lei 8.884/94 estava já para completar um quinquênio. Já existia um trabalho realizado e do qual me aproveitei, e com que aprendi muito. O confronto de ideias com Economistas foi sumamente proveitoso.

O Conselho já havia realizado a transferência dos moldes de aplicação da lei anterior para a Lei 8.884/94. O volume de trabalho e sua importância para o cenário nacional tinham evoluído de forma muito sensível. O CADE vinha já ocupando uma posição de destaque nas decisões de mercado.

Do ponto de vista de estrutura física, pode-se dizer que a situação era muito precária. As instalações eram muito acanhadas, o que di-

---

[1] Mandato: 23.03.1999 a 22.03.2001.

ficultava em muito o trabalho de todos, Conselheiros, Procuradores e Servidores. A biblioteca era praticamente inexistente. Ainda no período de meu mandato, o CADE se transferiu para as atuais instalações com evidente ganho sob todos os aspectos.

Quais os principais casos que você julgou?

João Bosco Leopoldino: Houve alguns casos a que me dediquei com mais profundidade do que outros. Posso citar alguns:

1. Ato de Concentração 87/96 – Banco Francês e Brasileiro S/A e Américas Finance Company Limited (Grupo Itaú), que, na época, causou certa perplexidade relativamente à competência do CADE para decidir questões de concorrência bancária.

2. Um segundo caso, que gerou muita polêmica no meio médico, foi o Processo Administrativo: 08000.012252/94-38 – Representante: Comitê de Integração de Entidades Fechadas de Assistência à Saúde – CIEFAS. – Representados: Conselho Regional de Medicina do Rio de Janeiro – CRM-RJ, Sindicato dos Médicos do Rio de Janeiro e Sociedade Médica do Rio de Janeiro.

Tratava-se da chamada "tabela de honorários médicos". Depois dessa decisão, fui designado pelo Presidente João Grandino Rodas para representá-lo num seminário realizado por médicos em São Paulo. Ali pude sentir a preocupação, e até mesmo a revolta, dos médicos com as decisões que o CADE já havia proferido. Pus-me a estudar mais profundamente a questão e hoje tenho opinião inversa à que manifestei no voto. Essa opinião está retratada, com apresentação reformulada, em artigo publicado pela Revista do IBRAC, comemorativa dos 15 anos.

3. Um terceiro caso é o constante do Processo Administrativo 08012-009118/98-26 – Representante: SDE *ex officio* e Representados: Estaleiro Ilha S/A e Marítima Petróleo e Engenharia Ltda. – O conteúdo do processo é um exemplo de *bid-rigging*, contemplado no art. 21, VIII, da Lei 8.884/94.

4. Um quarto caso foi o Brasil-Álcool,[2] resultado da mudança da política intervencionista do Estado para a liberdade de mercado. A cria-

---

[2] Ato de Concentração 08012.004117/99-67. Requerente: Bolsa Brasileira de Álcool Ltda. – BBA.

ção da Brasil-Álcool S.A. e da Bolsa Brasileira do Álcool Ltda. foi resultado de um "acordo" realizado entre as produtoras de álcool, para impedir o desaparecimento daquele mercado produtor, adotando uma técnica de manutenção e defesa dos preços de venda.

Os pareceres da SEAE e da SDE sugeriram a caracterização daquele ato como um *"cartel de crise"*, tendo em vista que o setor alcooleiro estava atravessando séria dificuldade, até mesmo porque, com a chamada *"mesa do álcool"* coordenada pelo Ministério das Minas e Energia, não tinham tido até então necessidade de criação de um departamento comercial.

A evolução do processo e o fato de tanto a Brasil-Álcool quanto a Bolsa Brasileira do Álcool não terem chegado a efetivar-se operacionalmente, levaram as próprias empresas a se convencerem da inviabilidade de seu projeto. A decisão do CADE, pela desconstituição, veio no mesmo sentido.

5. O quinto caso a que me dediquei mais acentuadamente foi o do Processo Administrativo 53500-000359/99; Representante: Anatel *ex officio* e TVA Sistema de Televisão S/A; Representada: TV Globo e TV Globo São Paulo Ltda. Esse processo provocou a discussão sobre tema de grande importância, o das infraestruturas essenciais (*Essential facilities*).

Esse processo foi instaurado com a denúncia de exercício abusivo de posição dominante no mercado, através da recusa em contratar e conduta discriminatória. Ante os fatos apontados pela representante, a Anatel instaurou, após averiguação preliminar, processo administrativo, decidindo pelo seu arquivamento e remetendo-o ao CADE.

Foi um caso interessante, em que se pôde abordar a questão de recusa de venda e de *vedação de acesso a "essential facilities"*.

Posso afirmar que em todos esses casos procurei contribuir com todos os recursos à minha disposição para uma fundamentação adequada dos votos que proferi, tendo sempre em mente que o julgador deve analisar bem as situações concretas e aplicar os princípios de Direito com a maior isenção possível.

Qual a importância da defesa da concorrência para a sociedade brasileira?

Esta é uma questão que envolve um conjunto de considerações de todo o ordenamento jurídico. A pergunta me traz à mente dois episódios que não poderia omitir. É a primeira vez que relato esses episódios em forma escrita (já me referi a eles diversas vezes em palestras).

Na sabatina perante a CAE – Comissão de Assuntos Econômicos do Senado Federal, o Senador Pedro Simon, antes de arguir-me, fez a seguinte observação: *"o Senhor vai trabalhar num dos órgãos mais importantes da República..."*

Posteriormente, encontrando-me com o Ministro Oscar Dias Corrêa, bateu-me no ombro e me frisou: *"Meu caro João Bosco, você vai trabalhar no órgão mais importante da República..."*

Diante dessa segunda provocação, lembrei-lhe a idêntica observação do Senador Pedro Simon, e ele deu-me a explicação do porquê de sua afirmação enfática.

Ora, a explicação está no artigo 1.º da Constituição da República Federativa do Brasil, que coloca como *fundamentos* do Estado Democrático de Direito a soberania, a cidadania, a dignidade da pessoa humana, os valores sociais do trabalho e *da livre iniciativa,* e o pluralismo político.

Para que se possa construir uma sociedade livre, justa e solidária, o Constituinte adotou um regime de economia de mercado, traçando-lhe os delineamentos nos arts. 170 e seguintes da Constituição Federal.

A consolidação desse regime exige que se garantam certos princípios, como a proteção da concorrência, do consumidor, do pleno emprego. Se existe uma concorrência leal *(fair trade)*, livre de preconceitos, livre de desonestidade, livre da injustiça, haverá certamente uma sociedade em que os valores humanos serão eficazmente respeitados.

Daí a importância de uma eficiente defesa da concorrência. Ela coloca a preocupação da atuação dos órgãos de defesa da concorrência num patamar impregnado de humanismo. A defesa da concorrência se sobreleva do mero relacionamento dos integrantes do mercado para uma esfera de garantia dos direitos humanos.

Não posso deixar de mencionar a independência com que vem se comportando o CADE em suas decisões. Embora haja uma vinculação administrativa com o Ministério da Justiça, devido à sua constituição de autarquia, as decisões têm sido sempre independentes de toda e qualquer ingerência externa.

Deve ressaltar-se também a transparência com que as decisões são proferidas. Desde a instrução processual, as audiências públicas são um elemento importante para garantir a transcendência do interesse público, na defesa do direito da coletividade, que é a titular dos interesses protegidos pela lei e pela atuação do CADE. Os julgamentos são sempre públicos, com exposição dos fundamentos que informam a decisão de cada processo. Os advogados e as partes têm sempre acesso aos Conselheiros para exposição de suas razões por meio de memoriais. Nos julgamentos faculta-se sempre a intervenção dos advogados como forma de defesa e de esclarecimento dos pontos de vista.

Como conclusão, posso afirmar que o CADE vem aprimorando sua atuação como Tribunal da Concorrência, na defesa do interesse público e na garantia do princípio constitucional da liberdade de iniciativa e de defesa da concorrência.

HEBE TEIXEIRA ROMANO PEREIRA DA SILVA[1]

Hebe Romano, qual é a sua formação?

Hebe Romano: Eu me formei em Direito pelo CEUB, de Brasília, em 1983. Fiz pós-graduação na Fundação Getulio Vargas em Direito Econômico e das Empresas e em Metodologia do Ensino Jurídico, no UNICEUB. Fui assistente jurídica do Ministério da Justiça e em 1992 fui trabalhar com Antônio Gomes, quando ele foi nomeado titular da Secretaria Nacional de Direito Econômico (mais tarde SDE); tratava-se de uma estrutura pequena, três ou quatro assessores, e eu dividia a sala com a Marta Roriz. Trabalhava na assessoria jurídica de análise de atos de concentração e, após a mudança de denominação para Secretaria de Direito Econômico, fui ser chefe de gabinete do secretário de Direito Econômico na gestão do Rodrigo Janot, permanecendo nessa função até ser convidada para ser chefe de gabinete do secretário executivo ministro José de Jesus Filho, na gestão do ministro da Justiça Iris Rezende, continuando na função, com o ministro Paulo Affonso Martins de Oliveira, na gestão do ministro da Justiça Renan Calheiros.

Como se deu a sua ida para o CADE?

Hebe Romano: A convite do então ministro da Justiça, Renan Calheiros, com o apoio do ministro Paulo Affonso Martins de Oliveira, seu secretário executivo, em 1999. A minha sabatina foi interessante, pois obtive um índice de aprovação excelente, com uma única abstenção, sendo aprovada tanto pela situação quanto pela oposição – naquela época o PT era oposição e apoiou minhas ideias, com relação à vinculação de proteção de empregos, quando da análise de atos de concentração. Tenho uma postura social e sinto dificuldades de dissociá-la da eficiência econômica.

---

[1] Mandato: 01.07.1999 a 30.06.2001.

Como você encontrou o CADE?

Hebe Romano: O CADE, tal qual a SDE, não tinha estrutura, nem física nem de recursos humanos suficientes. Trabalhava-se de uma forma improvisada; não havia ninguém com formação em direito econômico, apesar de alguns servidores terem formação acadêmica em economia; aprendia-se no dia a dia, todos com boa-vontade, querendo aprender com o processo na mão, com os prazos correndo e as empresas interessadas cobrando uma solução. Não havia um curso de formação profissional. Os assessores eram todos improvisados. Nós, conselheiros, improvisávamos os assessores. Escolhíamos aqueles que possuíam alguma convivência com a matéria ou que já haviam assessorado os conselheiros que haviam passado pelo Conselho. Trabalhávamos, praticamente, na metade de um corredor do térreo, no anexo do Ministério da Justiça, com salas minúsculas, sem espaço físico para acomodar nem sequer os processos.

O Gesner Oliveira era presidente, e os conselheiros eram: Marcelo Calliari, Mércio Felski, João Bosco Leopoldino, Lucia Helena Salgado, Ruy Santacruz e eu. Findo o seu mandato, a conselheira Lucia Helena demorou a ser substituída, e ficamos com seis no plenário por um bom tempo. Era um ambiente bastante saudável, pois, naquela época, os conselheiros eram muito unidos e solidários, porque o Gesner também fazia todo esforço para manter o Conselho coeso e unido; ele criou uma modalidade de discussão de processos – o plenarinho –, uma reunião anterior à do Conselho, para que pudéssemos amadurecer as decisões, sem nos surpreender com situações que comprometessem as decisões do Conselho. Discutíamos os principais pontos de diferentes processos, na área econômica e na área jurídica; tínhamos total liberdade de falar de nossas dúvidas, de nossos pensamentos a respeito das matérias envolvidas, com um esforço de estudo aprofundado das teses que seriam debatidas. Era uma troca de ideias e informações gerais. Evidentemente, não se declarava voto, debatíamos os principais pontos a serem enfrentados, sem ainda termos uma opinião formada. Isso ajudava muito, porque chegávamos à sessão de julgamento com uma boa noção e amadurecimento dos principais pontos dos casos mais importantes, e assim já tínhamos tido tempo de ir formando juízo de convicção. Lembre-se que havia sessão em que julgávamos 70 a 80 processos. As pautas eram enormes.

Quais foram os principais casos que você julgou?

Hebe Romano: Dos 400 processos que passaram por mim, na qualidade de conselheira, destaco alguns mais importantes, e vou elencá-los por setor. Assim, tem-se:

Setor da Aviação Civil

Por provocação do senador Eduardo Suplicy, veio ao CADE uma consulta sobre a competência do órgão para atuar nas questões concorrenciais relativas à Aviação Civil,[2] envolvendo a competência concorrente entre o órgão regulador e o CADE, a natureza dos serviços prestados pelo setor, as barreiras à entrada de concorrentes, a redução de fatores sobre o custo Brasil, a flexibilidade tarifária e a liberação de mecanismos governamentais para facilitar a competitividade.

Votei no sentido de que o CADE tem, sim, competência concorrente com qualquer outro setor regulador, no que concerne à proteção de mercado e da concorrência, sendo acompanhada por unanimidade pelos demais conselheiros.

Setor Cimenteiro

Foi um Ato de Concentração envolvendo as empresas Silcar, do Grupo Votorantim e Sirama, do Grupo Itambé.[3] Trata-se de um setor com características próprias, no que concerne: à matéria-prima, o calcário, que depende da exploração de jazidas pelo DNPM; ao produto, o cimento, que tem propriedades aglutinantes ou ligantes e que misturado à água, em contato com o ar endurece com facilidade; e, finalmente, ao processo produtivo, pois em relação aos produtos substitutos para o cimento, no Brasil o setor é caracterizado pela integração vertical, e os custos são altíssimos, significando uma importante barreira à entrada de novos concorrentes.

Setor de Transportes

Processo de julgamento de conduta, em que o Sindicato de Condutores Autônomos de Veículos Rodoviários de Brasília –

---

[2] Consulta 45/99 – Consulente: Senador Eduardo Matarazzo Suplicy.
[3] Ato de Concentração 0114/1997 – Requerentes: SIRAMA Participações e Administração e Transportes e SILCAR Empreendimentos Comércio e Participações Ltda.

SINDICAVIR[4] estaria impondo conduta anticompetitiva aos demais colegas, proibindo-os de conceder descontos nos valores das corridas, marcados pelos taxímetros. O CADE, acompanhando meu voto, decidiu por proibir tal conduta, permitindo que os taxistas praticassem os descontos de acordo com a liberdade de seus lucros.

Setor de Combustíveis

Processo de apuração de conduta de cartel praticada por revendedores de combustíveis (postos de gasolina), que, de forma coordenada, se reuniram para impor aumentos injustificados de combustíveis aos consumidores. O CADE, acompanhando meu voto, decidiu por unanimidade reprimir os abusos, determinando que a conduta cessasse e aplicando multas a todo o setor.

Setor de Publicidade

Veio ao CADE uma consulta sobre autorregulamentação do setor de publicidade,[5] na qual todas as empresas, tanto as tomadoras de serviços quantos as prestadoras, se reuniram para apresentar um acordo de autorregulamentação do setor.

O acordo foi analisado item por item e foi recomendado ao setor que não utilizasse a autorregulamentação como instrumento de falsear a livre concorrência e a livre-iniciativa, com atenção especial às regras que norteiam os objetivos éticos do setor.

Setor de Telecomunicações

Reivindicação da empresa DirecTV[6] (TV por satélite), para obter o sinal aberto da TV Globo, fornecido para SKY (TV por satélite), de sua propriedade, alegando que a falta do sinal poderia implicar a eliminação da DirecTV do mercado. Votei, acompanhada pelo demais conselheiros,

---

[4] Processo Administrativo 08012.005769/1998-92 – Representantes: SDE *ex officio*; Representada: Sindicato dos Condutores Autônomos de Veículos Rodoviários de Brasílai – SINDICAVIR/DF.

[5] Consulta 060/2000 – Consulente: Conselho Executivo de Normas Padrão – CENP.

[6] Processo Administrativo 53500.000359/99 – Representante: Agência Nacional de Telecomunicações – Anatel e*x officio* – (TVA Sistema de Televisão S/A – DirecTV) Representadas: TV Globo Ltda. e TV Globo São Paulo Ltda.

pelo arquivamento dos autos, tendo em vista entender que não se tratava de conduta e sim de um processo da empresa em que a concessão do sinal fazia parte dos atos de livre-iniciativa. Foi um processo bastante rumoroso, tendo em vista a participação da Rede Globo nas empresas de televisão por assinatura.

Setor de Planos de Saúde

Processo de apuração de condutas, no que dizia respeito à exigência de exclusividade e unimilitância por parte das empresas da UNIMED,[7] que se apresentava como Confederação das UNIMED(s) perante a Superintendência de Seguros Privados e a Agência Nacional de Saúde, exigindo que os médicos a elas vinculados fossem proibidos de prestar outros tipos de serviços ao consumidor não associado da empresa.

Em alguns Municípios pequenos, onde só havia a UNIMED, os consumidores que não eram a ela filiados ficavam sem assistência médica, tendo em vista a exigência de unimilitância de seus médicos.

O CADE, acompanhando meu voto, decidiu no sentido de determinar a imediata cessação da prática, remessa dos autos ao Ministério Público e instauração de processos administrativos junto à SDE, para apuração de outras práticas anticoncorrenciais advindas dessa exigência.

Setor Siderúrgico

Proferi voto de vista no processo de análise de privatização da Vale do Rio Doce.[8] Com a privatização, a Vale adquiriu condições para aumentar sua participação no mercado, criando eficiência na cadeia produtiva (mina, ferrovia, porto), em que pese a verticalização; recomendei que a Vale se abstivesse de prejudicar o mercado interno e criasse condições de beneficiar os demais usuários do setor, no que concerne à aquisição da matéria-prima e à utilização das malhas ferroviárias em condições razoáveis para o escoamento da produção de outros concorrentes.

---

[7] Processo Administrativo 08012.003210/1998-46 – Representante: CIEFAS – Comitê de Integração de Entidades Fechadas de Assistência à Saúde; Representada: UNIMED de Cruz Alta.

[8] Ato de Concentração 0155/1997 – Requerentes: Valepar S/A e Companhia Vale do Rio Doce.

Setor de Bebidas

O caso de maior notoriedade que relatei no CADE foi o caso AmBev,[9] tendo em vista a grande concentração de mercado que o ato apresentava no setor de bebidas, especificamente de cervejas, Antarctica Brahma e Skol. No dia 6 de julho de 1999, tomei posse no CADE, e no dia 7 esse processo foi distribuído em sorteio público para mim. Foi um sorteio com muita gente da imprensa assistindo à sessão de distribuição. Cheguei alguns minutos após o início da sessão, sem saber que aquele processo iria ser sorteado naquele dia, pois havia tomado posse um dia antes. Foi um caso rumoroso que muito contribuiu para a minha aprendizagem. Um ponto importante desse processo foi a imposição de medida cautelar ao ato de concentração. Primeiro, porque que foi a primeira vez na história do CADE que se aplicou medida da espécie. Segundo, porque todos sabem que a medida cautelar é uma antecipação de tutela, e isso provocou, tanto para as requerentes quanto para a concorrência, muito espanto e muito agitação no mercado, inclusive de ações, junto à Bolsa de Valores.

Minha intenção era só impor algumas regras que não haviam ficado bem claras quando da apresentação do ato. No entanto, tendo em vista os outros efeitos, a aplicação da cautelar foi positiva, porque as empresas, uma vez impedidas de praticar alguns atos irreversíveis à operação, se apressaram em oferecer todos os subsídios para o voto.

A Secretaria de Direito Econômico do Ministério da Justiça, a Secretaria de Acompanhamento Econômico do Ministério da Fazenda e a Procuradoria do CADE entendiam que a grande concentração do mercado de cerveja era anticompetitiva e poderia inibir a livre concorrência, impedindo novas fábricas do produto de ingressar no mercado.

Naquele momento, as teorias poderiam parecer consistentes. No entanto, com o decorrer do tempo, ficou provado que o mercado reagiu e enfrentou a AmBev, de modo que hoje temos, visivelmente, uma proliferação de cervejarias no mercado brasileiro, de modo a dificultar, inclusive, a enumeração delas (ou seja, a AmBev não inibiu a chegada de novas empresas ao mercado interno).

---

[9] Ato de Concentração 08012.005846/1999-12 – Requerentes: Companhia Antarctica Paulista Indústria Brasileira de Bebidas e Conexos, Companhia Cervejaria Brahma, Cervejarias Kaiser Brasil Ltda, Braco S/A e outros.

O caso foi julgado em março de 2000, votei pela sua aprovação, com algumas restrições, inclusive no sentido de que a nova empresa só pudesse efetuar as demissões, objeto da eficiência econômica, após a requalificação dos empregados, com vistas à reinserção no mercado de trabalho. O caso foi aprovado por maioria, apenas com o voto contrário do conselheiro Ruy Santacruz.

Qual a importância da defesa da concorrência para a sociedade brasileira?

Hebe Romano: Em relação à concentração de empresas, o meu entendimento é de que as grandes empresas são necessárias ao desenvolvimento do país. Não sou contra a concentração de empresas. Acho que o país precisa de grandes empresas para fazer face ao mercado mundial. Está aí a Vale do Rio Doce para demonstrar a eficiência de ser grande para enfrentar o mercado globalizado. O que é preciso é que o CADE, dentro de seu papel de protetor da concorrência, busque mecanismos para proteger o mercado interno. Não será combatendo as grandes concentrações que isso irá ocorrer. Os mecanismos se inserem no combate aos cartéis e às condutas anticoncorrenciais. Penso que o CADE precisa voltar os olhos para as condutas, mais do que para os atos de concentração. Nesse sentido, verifica-se que nas análises de atos de concentração o CADE necessita, em vez de fazer conjecturas de probabilidades, aprofundar a imposição de restrições que impeçam as empresas concentradas de prejudicar as concorrentes.

Não será determinando o desfazimento das operações que o CADE irá auxiliar o mercado interno. Esta é uma atitude muito simplista e cômoda, para um estudioso de defesa da concorrência. O mais correto será combater com veemência as condutas praticadas pelas empresas, independentemente de sua participação de mercado.

Evidentemente que os atos de concentração interessam mais à mídia, mas o CADE deveria atentar mais para as condutas. Essa opinião prende-se ao fato notório de que o CADE não dá a atenção devida às condutas. Basta ver as pautas de julgamento, onde se constata que até hoje as condutas não são tão bem trabalhadas pelo CADE. A atenção maior se volta aos atos de concentração. Eu nunca votei contra um ato de concentração de grande porte por entender que são necessários ao desenvolvimento do País. No meu entender, o abuso do poder econômico deve ser, como disse acima, o foco da defesa da concorrência. Com a repressão aos abusos, a concorrência é protegida, o que não ocorre atualmente, a meu ver.

Outro exemplo é a Vale do Rio Doce: qual é o prejuízo que a Vale está trazendo ao País? Muito pelo contrário, a Vale está cada vez mais melhorando a imagem do País lá fora. Não há uma ação deliberada, as grandes empresas não saem devastando os seus mercados. Por isso sou contra o rigorismo no controle de concentração. Sou a favor da repressão às condutas infrativas. Estas, como disse, devem ser o objetivo da defesa da concorrência, devem ser reprimidas pelo CADE com o máximo rigor. A ênfase deve estar na repressão e não na prevenção dos atos abusivos.

Penso que a prevenção à concentração do poder econômico deve ser avaliada no sentido de verificar, concretamente, se os atos vão, realmente, prejudicar a imagem e a economia do País, antes de serem submetidos ao CADE. Aliás, sempre defendi a apresentação prévia de atos de concentração. A forma como a Lei Brasileira atual prevê a análise, fragiliza muito os atos do CADE. Tanto é assim, que, na medida cautelar que dei no caso AmBev, que passou a ser medida do CADE, em razão de ter sido aprovada pelo Conselho, procurei impedir que as empresas praticassem atos irreversíveis que pudessem prejudicar os concorrentes e o mercado de maneira geral. Não sou contra o poder econômico, sou contra o abuso do poder econômico e é para isso que o CADE existe.

JOÃO GRANDINO RODAS[1-2]

João Grandino Rodas: Qual a sua formação?

João Grandino Rodas: Tenho quatro graduações: em Piano e Matérias Complementares, pela Faculdade de Música Sagrado Coração de Jesus (1964); em Educação pela Faculdade de Filosofia, Ciências e Letras da Universidade de São Paulo (1969); em Direito pela Faculdade de Direito da Universidade de São Paulo (1969); e em Letras pela Faculdade de Filosofia Nossa Senhora Medianeira dos Padres Jesuítas (1970). E três mestrados: em Ciências Político-Econômicas pela Faculdade de Direito da Universidade de Coimbra (1970); em Direto, pela *Harvard Law School* (1978) e em Diplomacia, pela *The Fletcher School of Law and Diplomacy* (1985). Possuo, ainda, os seguintes títulos acadêmicos: Doutor em Direito pela Universidade de São Paulo (1973); Livre-Docente em Direito Internacional pela Faculdade de Direito da Universidade de São Paulo (1976); Professor Titular de Direito Internacional da Faculdade de Direito da UNESP (1990) e Professor Titular de Direito Internacional Privado da Faculdade de Direito da Universidade de São Paulo (1993).

Ao tempo em que fui aluno da Faculdade de Direito da USP, os aspectos do direito ligados à economia eram estudados em duas disciplinas: Economia Política e Ciências das Finanças. O Professor José Pinto Antunes, catedrático da primeira, possuía pendor para ensinar o que seria hoje o direito concorrencial, tanto que o título invariável para a dissertação, do exame, à época semestral, era *trustes e cartéis*. Dediquei-me à tal matéria a ponto de ganhar o "Prêmio Gastão Vidigal-1965", atribuído ao melhor aluno de economia da FDUSP.

Frequentei o curso de pós-graduação em ciências político-econômicas na Faculdade de Direito da Universidade de Coimbra (1969-70), no que tange à Economia, fui aluno do Professor José Joaquim Teixeira Ribeiro, grande professor de direito econômico ligado à teoria econô-

---

[1] 1.º Mandato: 05.07.2000 a 04.07.2002; 2.º Mandato: 05.07.2002 a 16.07.2004
[2] Depoimento enviado por escrito pelo Prof. João Grandino Rodas.

mica marxista e absolutamente atento às mutações por que passava esse ramo jurídico no limiar da década de 70 do passado século. Entretanto, o ponto alto de minha formação em direito concorrencial ocorreu em 1978-79, quando fui discípulo do Professor Phillip Areeda, o grande luminar do direito antitruste da Harvard Law School, durante o curso tendente ao mestrado em direito.

Como se deu sua ida para o CADE?

João Grandino Rodas: No que se refere ao primeiro mandato – 2000-2002 -, havia voltado a São Paulo, após seis anos em Brasília, chefiando a Consultoria Jurídica do Ministério das Relações, quando recebi a notícia de que havia sido indicado pelo Presidente da República para a presidência do CADE, por meio de comunicação telefônica do então ministro da Justiça José Gregori. Quanto ao segundo mandato – 2002-2004 – fui comunicado pelo então ministro da Justiça Miguel Reale Junior. A imprensa especializada recebeu bem ambas as indicações, tendo as sabatinas transcorrido normalmente, com amplo diálogo com os Senadores. Poucos dias após as sabatinas houve a aprovação pelo pleno do Senado.

Como você encontrou o CADE?

João Grandino Rodas: Após o término da anterior presidência de quatro anos, o CADE tornara-se conhecido até mesmo do vulgo brasileiro. Havia sido deslocado de uma pequena ala do anexo do Ministério da Justiça, para um prédio de três andares, SCN Quadra 2 Projeção C. Entretanto, como a mudança havia sido dificultada por ordem judicial e se havia processado apressadamente, em razão de contra ordem da mesma natureza, o prédio estava vazio, sem infraestrutura mobiliária, telefone e lógica. Entre outros desafios, houve o de dotar o prédio de secretarias, de gabinetes e de auditório, compatíveis com as necessidades dos conselheiros, servidores, advogados, economistas e do público em geral.

Relativamente à substância, por ter o CADE, no período 2000-2004, sido composto meio a meio por bacharéis em direito e por economistas, houve um avanço na percepção de que a sustentabilidade de suas decisões depende do grau de obediência a princípios e formas jurídicas. A partir de 2002-2003, incrementou-se a preocupação no exame e no julgamento de casos de conduta, criou-se o Acordo de Preservação de Reversibilidade de Operação-APRO, tendo aumentado o número de decisões do CADE revistas judicialmente.

De 2002 a 2004, o CADE permaneceu na mídia diária, sendo os casos em julgamento sido seguidos pelo grande público.

Quais os principais casos que julgou?

- *Atos de concentração*: Casos Kellog's/Superbom (2201), Petrobrás/Repsol (2002), Bompreço/G. Barbosa (2003) e Caso Nestlé/Garoto (2004).
- *Casos de Conduta*: casos Eisa/Marítima (2001), Labnew/Merck (2001), TVA/TV Globo (2001), Cartel de Combustíveis de Florianópolis (2002), Cartel de Combustíveis de Goiânia (2002) e Power Tech/Matel (2003).
- *Casos com considerações extraterritoriais*: Casos Pacific Cycle/Schwinn (2002), Assa Abloy/Besam (2002) e Carlyle/Qynetiq (2003).

Qual a importância da defesa da concorrência para a sociedade brasileira?

João Grandino Rodas: É indubitável a importância da correta defesa da concorrência, tanto para a sociedade brasileira, quanto para a mundial. Dentre os vários desafios, para tanto, lembre-se: 1. Há vários desafios para a defesa antitruste. Em última análise, a economia não se detém em respeito às fronteiras dos Estados e, por conseqüência, a defesa antitruste deve ultrapassá-las, para ser eficaz. Contudo, a legislação dos Estados, por ser, em princípio territorial, limita-se às respectivas fronteiras. Esse descompasso, em que pese a colaboração internacional, traz prejuízos; 2. a defesa concorrencial, princípio constitucional, deve harmonizar-se com a livre concorrência, também inscrita como princípio constitucional; 3. Inexistindo a concorrência no vácuo, deve haver preocupação pela manutenção do ambiente concorrencial e, por conseqüência, com a preservação das empresas; 4. Embora a jurisprudência proveniente de outros países seja importante, não deve ser aplicada cegamente no Brasil, em que as circunstâncias são diferentes.

É salutar a independência decisória do CADE, no que concerne à esfera administrativa. O recurso ao Judiciário, previsto constitucionalmente, longe de ser uma aberração, é positivo. Do intercurso das esferas administrativa e judicial surgirão os princípios norteadores de verdadeiro e perene direito concorrencial brasileiro.

Durante os quatro anos de mandato – dois anos e meio no governo Fernando Henrique e um ano e meio no Governo Lula – muito embora tenham sido inúmeros os contatos com os ministros da Justiça e outras autoridades do Governo Federal, nunca houve pressão relativamente a julgamentos e decisões do CADE.

AFONSO ARINOS DE MELO FRANCO NETO[1]

Afonso Arinos, qual é a sua formação?

Afonso Arinos: Sou engenheiro civil formado na PUC, do Rio de Janeiro, em 1984. Depois vim para a Fundação Getulio Vargas e fiz o mestrado em Economia, que completei em 1988, apresentando uma dissertação sobre a estimação e simulação de um modelo computacional macroeconômico para o Brasil. O curso de mestrado fora organizado pelo Mário Henrique Simonsen, que nele lecionava. O Simonsen não era economista, era engenheiro, mas conhecia muito Matemática e era autodidata em Economia, mas lia uma literatura que não se ensinava aqui no Brasil; estava muito à frente do que aqui se ensinava. Ele foi um dos primeiros a trazer para a Economia quantitativa uma tipologia formal, rigorosa, que ele pusera no programa de mestrado. Havia professores que davam aula no mestrado e que haviam sido formados nos Estados Unidos: o Sérgio Werlang, que hoje é vice-presidente do banco Itaú; e o próprio Carlos Ivan Simonsen Leal, sobrinho do Simonsen e atual presidente da Fundação Getulio Vargas, que tinham acabado de voltar de Princeton. Outros professores haviam estudado em Chicago ou em Berkeley, e feito economia também com esse perfil quantitativo-analítico. E, a seguir, fiz doutorado em Economia na Universidade de Chicago, onde fiquei de 1988 a 1993.

Em Chicago, tive aulas com professores conhecidos, entre eles: Gary Becker, que em 1992 ganhou o Prêmio Nobel de Economia; Robert Lucas, também Prêmio Nobel de Economia em 1995, na área de macroeconomia; e trabalhei com José Scheinkman. Em 1993, voltei direto aqui para a Fundação, onde dei vários cursos: de Comércio Internacional, de Crescimento Econômico, de Microeconomia, todos na pós-graduação. Em 2002, a Fundação abriu a primeira turma de graduação em economia. Eu fui uma das pessoas que fez o projeto acadêmico desse curso, e hoje eu coordeno a parte acadêmica desse curso de

---

[1] Mandato: 05.07.2000 a 04.07.2002.

graduação em Economia. Além disso, dou aula, faço pesquisa e trabalho em outras atividades interdisciplinares aqui na Fundação.

Como se deu a sua ida para o CADE?

Afonso Arinos: Fui sondado primeiro por amigos economistas sobre o meu interesse na época em trabalhar nessa área de concorrência no governo. O ministro da Fazenda era o Pedro Malan, e ele sabia da importância do CADE, e àquela época já era uma convenção entre os ministros da Justiça e da Fazenda de dividirem as indicações. A SEAE é uma Secretaria ligada à atividade do CADE, e sempre houve a convicção no Ministério da Fazenda de que as indicações deveriam ser técnicas. Um dos que me sondou foi o Paulo Correia, que trabalhava como secretário adjunto do Cláudio Considera. Entre outros conhecidos que possivelmente contribuíram para minha ida ao CADE, havia o Armínio Fraga, presidente do Banco Central, em 2000. Quem formalizou o convite foi o ministro da Justiça José Gregori.

Fui sabatinado juntamente com meus novos colegas de Conselho: João Grandino Rodas, indicado para presidente; Thompson Andrade, também economista; e Celso Campilongo.

Como você encontrou o CADE?

Afonso Arinos: O CADE tinha funcionários responsáveis, embora em número muito reduzido, e, sob uma perspectiva moderna, com uma organização, a meu ver, inadequada. Nos gabinetes, os funcionários funcionavam em torno do Conselheiro, mas de forma independente entre si. Havia muito poucos canais formais de colaboração entre eles. E não havia os recursos materiais necessários; havia pouco material de consulta, não havia coleções de dados, nem meios adequados para procurar informações sobre os mercados. Cada conselheiro trabalhava por conta própria. No que podia, eu me socorria do nosso meio acadêmico: alunos podem nos ajudar a fazer levantamentos de dados ou uma pesquisa; enfim, eu trazia algum trabalho para a vida acadêmica que eu continuava vivendo. Mas, claro, isso não é o ideal, e sim que o CADE seja dotado dos meios materiais e humanos para trabalhar com facilidade.

Quais foram os principais casos que você julgou?

Afonso Arinos: O caso Finasa[2] foi interessante, porque nele se discutiu a competência do CADE para decidir sobre atos de concentração no mercado financeiro, o que acabou gerando um debate importante tanto do ponto de vista técnico como do ponto de vista institucional também. Entendi que o CADE tinha competência. Do ponto de vista legal, aprendi com os meus colegas advogados no Conselho que a Lei de Defesa da Concorrência não excepciona nenhum mercado do controle do CADE, ou seja, não abre exceção para o setor financeiro. O que havia de interessante eram as características específicas do setor financeiro, principalmente econômicas, que contribuíam com elementos adicionais que deveriam ser também levados em consideração para qualificar a decisão do CADE. O setor financeiro tem a peculiaridade de gerar externalidades. Quando um banco tem problemas de liquidez financeira, por exemplo, pode gerar um processo de contaminação em cadeia, porque os bancos compram papéis de outros bancos; na hora em que um banco entra em crise, seus papéis se desvalorizam, mas como eles estão em carteiras de outros bancos, esses outros bancos também ficam combalidos financeiramente. Já os correntistas têm uma informação parcial sobre a saúde financeira dos bancos, e se os correntistas vêm a saber desse problema, a situação dos bancos pode piorar muito rapidamente, caso os correntistas corram a retirar seus depósitos, desencadeando uma corrida bancária. Então, sinais pequenos sobre problemas financeiros de bancos podem gerar grandes problemas de mau funcionamento do sistema por causa dessas assimetrias de informação e desses processos de contaminação que existem entre as empresas do sistema financeiro, em particular os bancos. E isso justifica um procedimento muito cuidadoso para tratar com essas empresas, à vista de a possibilidade de uma intervenção abrupta poder dar ao mercado sinais que acabam disparando processos prejudiciais para o setor inteiro. Em meu voto formulei essa questão e, do ponto de vista operacional, sugeri uma colaboração do Banco Central e do CADE numa divisão de competências: toda vez que houvesse risco de contaminação no setor financeiro, o Banco Central trataria da questão

---

[2] Ato de Concentração 08012.0067622000-09 – Requerentes: Banco Finasa de Investimento S/A, Brasmetal Indústria S/A e Zurich Participações e Representações.

por ter mais *expertise* em lidar com essas questões, já que a ele cabe regular o mercado financeiro do ponto de vista prudencial.

Outro caso em que gostei de trabalhar, e que inclusive relatei e fui vencido, foi o caso de uma licitação da Petrobras entre dois estaleiros;[3] nessa licitação havia indícios de conluio entre esses dois participantes da licitação. Achei o caso interessante, porque aparentemente foi o primeiro caso de conduta anticoncorrencial em licitações e nele pude explorar alguns aspectos da teoria dos leilões, que tenta prever dentro de cada possível formulação ou problema quais seriam as escolhas feitas pelos participantes do leilão, quais seriam as características daquelas escolhas feitas pelos participantes e de que forma um possível comportamento colusivo entre eles poderia alterar essas características e o resultado do leilão. Na época pude examinar os indícios de colusão e os enquadrar na previsão teórica que os modelos de comportamento de leilão permitem fazer. Com base nesse estudo e em outros fatos, votei pela condenação das partes. Entendi que teria havido colusão entre elas. O modelo teórico que apliquei ao caso concreto me deu elementos para afirmar a minha convicção de que uma infração ocorreu e que por isso deveria ser punida.

É arriscado dizer que se pode configurar o fato infrativo a partir de uma teoria; aliás, essa é uma controvérsia entre economistas e advogados. Ocorre que a prova, do ponto de vista da teoria econômica, nunca permite ao julgador ter certeza absoluta sobre a ilegalidade de uma conduta. A teoria econômica pode formular uma previsão sobre o comportamento racional de agentes que estariam, teoricamente, se comportando colusivamente no mercado. A previsão é feita a partir da assunção de que as pessoas são racionais, atuam em função de seus próprios interesses e, se elas estão interagindo dentro de certas regras, haveria certas características no comportamento delas, segundo a teoria. O economista pode observar o comportamento das partes, se o comportamento estiver consistente com o que a teoria prevê, se os indícios são suficientes para caracterizar o comportamento descrito na teoria, então a teoria, se aplicada, pode prover elemento de convicção. Mas a verdade é a seguinte: a teoria pode estar errada, isto é, os economistas estão sempre sujei-

---

[3] Processo Administrativo 08012.009118/98-26 – Representante: SDE *ex officio*; Representado: Estaleiro Ilha S/A – Eisa e Marítima Petróleo e Engenharia Ltda.

tos a algum tipo de erro, qual seja o modelo estar errado, ter, em sua elaboração, uma assunção equivocada, que o torne inadequado. Claro que esse risco é uma limitação, mas, sabendo-se que os modelos, ainda que imperfeitos, podem ser extremamente úteis, o dever do economista é usá-los com cuidado, como um instrumento de caracterização de certos comportamentos a partir de elementos observáveis, ou seja, de caracterização da intenção do comportamento ou da consequência. Trata-se de um instrumento a mais na determinação do fato infrativo.

Nesse caso, a parte que ganhasse a licitação compensaria à parte perdedora. A aplicação do modelo teórico permitiu afirmar que não haveria sentido, se eles de fato estivessem concorrendo, de eles se conduzirem da forma pela qual se conduziram. É verdade que só a intuição já permite chegar a essa constatação; mas o modelo demonstra que o comportamento racional seria incompatível com tal conduta. Ou seja, o modelo demonstra e garante que a intuição é firmada em bases sólidas. Os modelos estudam o comportamento dos agentes, e, assim, se tal comportamento é previsto pelo modelo, o modelo subsidia a investigação do fato. O modelo é elaborado sobre algumas hipóteses de comportamento econômico racional, que qualquer pessoa admitiria como normais, plausíveis. O modelo é capaz de, formalmente, prever quais seriam as características observáveis de um comportamento competitivo, assim como as características observáveis em um comportamento não competitivo. Ele orienta a busca dessas características nos fatos, ajudando a descrever uma conduta infrativa.

É verdade que o modelo é sempre uma simplificação da realidade, e é principalmente nessa vertente que ele pode ser criticado, pois muitas vezes não incorpora todos os fatos, todos os elementos que poderiam influenciar o comportamento dos agentes, dos participantes. Por isso, é muito importante, ao usar o modelo, conhecer suas limitações. Nada mais perigoso do que usar um modelo sem conhecer as limitações dele, sem controlar muito bem o alcance das hipóteses e as possibilidades que poderiam ocorrer caso você incorporasse outras hipóteses alternativas. Os diferentes conjuntos de hipóteses geram consequências diferentes em modelos diferentes, e aí haverá os partidários de um modelo e os partidários do outro modelo, que se dividem entre aqueles que acham que as hipóteses que sustentam um tipo de modelagem é melhor do que as hipóteses que sustentam o outro tipo, e às vezes a controvérsia é difícil de resolver.

E essa complexidade é agravada quando eles precisam de soluções numéricas; por exemplo, se se está investigando comportamento de preços, os preços precisam ser estimados, e para isso é necessário fazer estimativas que só podem ser obtidas, ou obtidas de maneira confiável, com técnicas complexas de coleta e de análise de dados. Usamos a estatística para encontrar parâmetros que não conhecemos, valores de parâmetros para usar nos modelos; a estatística usada em Economia se chama econometria. A econometria é usada na área de concorrência para buscar parâmetros para os modelos empregados na análise de situações.

Por exemplo, no caso AmBev, foram utilizados modelos econométricos para a definição de mercados e dos impactos sobre poder de mercado que essa alteração poderia criar. Infelizmente, o CADE é muito pouco aparelhado para fazer esses estudos. Por isso, é importante haver oposição nos casos de concentração, porque o opositor vai apresentar estudos para contrapor àqueles apresentados pelas partes do ato, o que permite ao CADE decidir com melhor informação.

Qual a importância da defesa da concorrência para a sociedade brasileira?

Afonso Arinos: A defesa da concorrência é essencial para a sociedade brasileira, porque a concorrência tem o poder de fazer que a economia aloque eficientemente a sua riqueza. Isso quer dizer que, havendo concorrência, existe a possibilidade de que as pessoas tenham acesso aos bens a um custo menor, mas também, e principalmente, há um impacto positivo na dinâmica da economia. A concorrência, as condições de concorrência hoje e as condições de concorrência previsíveis para o futuro determinam as decisões de grandes investimentos, de ingresso de empresas em mercados que não existem ou são muito pouco explorados. Sendo previsível a concorrência em um dado mercado, haverá investimentos. Traduzindo com um exemplo: qual é a empresa que hoje investiria em refino de petróleo no Brasil? Nenhuma, porque nele não há concorrência, existe o monopólio de fato da Petrobras, e o monopolista pode tomar decisões que criam cenários de incerteza muito grande, que acabam por desinteressar potenciais concorrentes.

Se houver concorrência, aí o cenário é muito mais previsível para as empresas que conhecem as regras do jogo, que valem para todos. As empresas em geral conhecem as possibilidades tecnológicas acessíveis a elas, e assim podem prever com clareza o padrão de competição que enfrentarão nos mercados que decidirem disputar. Ou seja, poderão planejar o ingresso e a atuação nos mercados em que decidirem entrar. Há investimento onde há concorrência e onde o abuso do poder econômico é prevenido e reprimido. Essa é a expectativa que os economistas têm.

Aí reside a importância da prevenção e da repressão ao abuso do poder econômico: manter competitivo o mercado e manter a previsibilidade de competição no futuro, fator que atrai o investimento. E, vindo o investimento competitivo, vem mais oferta, melhor preço, mais qualidade e mais crescimento econômico.

São inúmeros os modelos teóricos e empíricos que buscam formular precisamente o papel da concorrência nos processos de crescimento econômico, processos de enriquecimento da sociedade a longo prazo. Há vias por meio das quais a concorrência ilimitada desfavorece o crescimento econômico. Ao investir, o investidor espera um retorno daquele investimento. Se ele não puder se apropriar privadamente do retorno, não investirá. Há padrões de competição diferentes em mercados diferentes, o que, em certos casos, pode justificar a criação de mecanismos de proteção do investimento por meio de limitação da concorrência temporariamente, como se dá especialmente no setor farmacêutico, por exemplo, cujos investimentos têm prazos longos de maturação e grandes riscos também. Um laboratório pode investir durante muito tempo uma soma muito grande de dinheiro, e ao final frustrar a expectativa criada em torno dele. Haveria pouco interesse nesse tipo de investimento se a ele não fosse dada a garantia de uma patente, que dá ao investidor a certeza de que durante um certo prazo ele poderá se apropriar privadamente do resultado daquele investimento. Sem a patente, o projeto correrá o risco adicional de engenharia reversa ou cópia por um competidor, atual ou potencial. A patente dá ao investidor um monopólio temporário, que a princípio é contrário à livre concorrência, mas pode ser, nesses casos, estimulador do investimento.

Ou seja, em alguns casos, limitar a concorrência pode ser benéfico ao desenvolvimento. É evidente, contudo, que essa ressalva não nega os méritos maiores da livre concorrência, o seu valor essencial para o desenvolvimento do País.

Eu fiquei muito bem impressionado com a transparência com que o CADE opera, a publicidade que ele dá às suas atividades ordinárias. Ele funciona muito bem dentro de regras democráticas, modernas, e eu vejo essa exposição como extremamente positiva. Mandato fixo aos seus conselheiros, sessões do Conselho abertas ao público, agora transmitidas em tempo real pela internet, agenda dos conselheiros na Internet, consultas públicas, esse padrão de conduta é um exemplo de atuação no interesse público.

A transparência do CADE também informa muito ao mercado. O destaque aos dados de mercado com os quais ele lida, as decisões sempre públicas e o debate desde o processo de elaboração de pareceres técnicos popularizam o valor da concorrência, o que é muito importante; as pessoas começam a formular precisamente o conceito de concorrência e entender melhor os seus benefícios, o que é muito novo no Brasil. Já outros órgãos reguladores são mais fechados.

Concluindo, a concorrência e a sua defesa, feita de forma transparente, aberta ao público, como o CADE vem fazendo, é extremamente positiva à sociedade brasileira, ao desenvolvimento do País.

CELSO FERNANDES CAMPILONGO[1]

Celso Campilongo, qual é a sua formação?

Celso Campilongo: Sou formado em Direito pela Faculdade de Direito do Largo de São Francisco, turma de 1980. Cursei também a Faculdade de Filosofia, numa época em que, na USP, era possível fazer dois cursos simultaneamente. Cursei 80% mas não completei a Faculdade de Filosofia. Logo depois, entrei na pós-graduação, na Faculdade de Direito. No curso de Direito, entre 1976 a 1980, não ouvi uma palavra sobre direito da concorrência. Claro que, indiretamente, havia alguma coisa relacionada ao Direito Econômico, de uma maneira geral, mas numa perspectiva muito forte de dirigismo constitucional, de forte intervenção do Estado no domínio econômico. Na pós-graduação – fiz Sociologia do Direito – também não se falava em direito da concorrência. O professor Eros Grau discutia a natureza da normatividade jurídica, de intervenção no domínio econômico, norma de direção econômica, matéria ligada à tese dele, sobre Regra e Planejamento Econômico. O Geraldo Vidigal levava a discussão para o campo de finanças públicas, e o Fábio Nusdeu adotava o meio-termo; o Fábio, na verdade, falava a respeito de microeconomia de mercado.

Como se deu a sua ida para o CADE?

Celso Campilongo: Foi quase uma coincidência. O Ministro da Justiça era o José Carlos Dias, muito amigo do professor José Eduardo Faria; o ministro indagou ao professor sobre alunos e professores que ele poderia indicar para compor o seu gabinete no Ministério.

O professor Faria sugeriu vários nomes. De fato, boa parte do gabinete do Ministério era composta de ex-alunos da faculdade, entre eles o Paulo de Tarso Ribeiro, contemporâneo meu na pós-graduação. O Paulo, na época, era Secretário de Fazenda do Estado do Pará. Tinha sido excelente aluno na Faculdade de Direito, e o Faria acabou indican-

---

[1] Mandato: 05.07.2000 a 04.07.2002.

do-o ao ministro José Carlos Dias. Pouco antes de o José Carlos Dias deixar o Ministério, estava por terminar o mandato de presidente do CADE Gesner de Oliveira. Ao final do mandato do Gesner, houve o julgamento do caso AmBev, um caso muito controvertido, muito polêmico, e o José Carlos Dias convidou, então, o Paulo de Tarso para presidir o CADE. Segundo o ministro, o Ministério da Justiça poderia indicar dois nomes, e o Ministério da Fazenda outros dois. Pediu ao Paulo uma sugestão para o segundo nome. O Paulo, na mesma hora, indicou meu nome para conselheiro.

O Paulo seria presidente e eu conselheiro. Essas indicações foram levadas ao Presidente da República e, enquanto aguardávamos o encaminhamento de nossos nomes ao Senado, o José Carlos Dias desentendeu-se com o Presidente – aliás, vários ministros da Justiça acabaram se desentendendo com o Fernando Henrique. Assim que o José Gregori, o novo ministro, tomou posse, o Paulo me avisou que ele provavelmente deixaria a Secretaria de Direito Econômico, embora o novo ministro ainda não houvesse conversado com ele. Recebi telefonema do gabinete do José Gregori me convidando para ir a Brasília conversar; ele chamou o Paulo e disse que na SDE não iria mexer, que o Paulo estava indo bem e deveria continuar e me disse que não haveria problema se eu aceitasse ir para o CADE. Destacou que eu era amigo do Paulo, que isso facilitaria a relação entre a SDE e o CADE. Aceitei o convite, e o ministro comentou que o caso AmBev era muito controvertido e conturbado. Sua ideia era renovar o pessoal do CADE. Ele não fez crítica direta, mas disse que não reconduziria os conselheiros que votaram o caso AmBev. Esse foi o recado que, evidentemente, não levei aos meus colegas no CADE: Mércio Felski, Hebe Romano e João Bosco Leopoldino da Fonseca, sendo que alguns deles poderiam ter seus mandatos renovados.

Como você encontrou o CADE?

Celso Campilongo: Encontrei o CADE literalmente de cabeça para baixo, revirado, porque ele havia acabado de ser transferido para o prédio novo; mas encontrei um CADE muito mobilizado: o Gesner, presidente anterior, administrava o pessoal de forma a oferecer incentivos, estímulos e motivação. O novo presidente foi o João Grandino Rodas, de quem fui aluno, desembargador federal aposentado, grande professor de Direito Internacional, que é, de fato, o que ele mais gosta de fazer.

Embora o pessoal fosse motivado, as carências eram totais. Os gabinetes completamente desprovidos de assessoria. O CADE não tinha biblioteca, não tinha visibilidade na Internet à altura da sua função, o quadro de pessoal previsto na Lei 8.884/1994 não saíra do papel – e, diga-se, não saiu até hoje. Quando fui convidado, indaguei ao Ministro se teria ajuda de custo para ir a São Paulo, onde morava e lecionava, e ele me assegurou que sim; ao tomar posse, soube que essa ajuda inexistia. Ao final do mandato, eu praticamente havia pagado para trabalhar no CADE.

O Rodas tinha uma mentalidade completamente diferente da do Gesner, não só por ser um juiz, um jurista, mas, por várias outras razões, tinha um perfil intelectual e pessoal muito diferente do Gesner. O Gesner, digamos, era quase que um ativista da defesa da concorrência: ele assumiu o CADE pouco depois da entrada em vigor da Lei 8.884/1994 e, por conta desse ativismo a favor da concorrência, deu grande visibilidade ao CADE. Trata-se de um grande mérito dele. É certo que ficou um pouco abalado ao final da sua gestão, mas o próprio abalo já era retrato da enorme visibilidade que o CADE ganhara durante a sua gestão.

Quais foram os principais casos que você julgou?

Celso Campilongo: Como advogado, eu já estava familiarizado com o processo de votação, que passou por diferentes momentos. Trabalhei com duas composições de plenário distintas no CADE e, nessas duas composições, o relacionamento entre os conselheiros, do ponto de vista conceitual, foi muito bom durante os dois anos que fiquei lá. Mas o CADE, no momento em que eu cheguei, tinha resquícios de um período turbulento: dizia-se que informações vazavam para a imprensa antes dos julgamentos. Alguns conselheiros me contavam histórias de que teria havido uma pequena quebra de confiança entre eles na composição anterior. Havia reserva dos conselheiros, o que, todavia, não afetava nossa boa convivência. De fato, não havia diálogo muito intenso em relação aos problemas técnicos dos casos com os conselheiros remanescentes da antiga composição; ao contrário, havia um entrosamento muito grande, da minha parte, com os novos conselheiros, à exceção do presidente, que não participava diretamente das conversas; ele, na qualidade de presidente, embora votasse, não relatava casos e, assim, preferiu não debatê-los. Manteve-se equidistante.

Logo surgiu afinidade de minha parte com o Afonso Arinos e com o Thompson Andrade. Em primeiro lugar porque eles me complementavam: eu não sou economista, e eles são economistas muito técnicos, muito qualificados e, assim, tive a sorte de ter neles essa boa "assessoria" econômica; por outro lado, quando eles tinham dúvidas jurídicas vinham conversar comigo. Depois chegaram novos conselheiros, Ronaldo Porto Macedo e Roberto Pfeiffer, que eu conhecia de longa data, e o Miguel Barrionuevo, que eu não conhecia. O Pfeiffer e o Ronaldo não só tinham muito interesse na matéria como eram muito competentes; formamos, nós cinco, um grupo unido. Debatíamos muito a respeito dos casos. Praticamente almoçávamos juntos todos os dias. Formou-se uma relação de confiança muito grande. Não que nós não confiássemos no Miguel Barrionuevo, mas o Miguel nós não conhecíamos. Em contrapartida, todos os demais se conheciam. Vinham todos da academia.

Em relação à SDE, o diálogo não era tão fácil entre o secretário de Direito Econômico e o presidente do CADE. O diálogo entre CADE e SDE é sempre potencialmente conflituoso. Não por conta do papel do secretário à época: a SDE tinha a mesma deficiência de estrutura que eu pude constatar no CADE, que se reproduzia pelo sistema como um todo. De forma geral, a instrução dos processos enviados ao CADE pela SDE era muito frágil. Dou apenas um exemplo: fui relator de uma averiguação preliminar originária de uma representação feita pelos próprios procuradores do CADE, o caso do Clube dos 13.[2] A questão envolvia a transmissão de jogos de futebol da série A do campeonato brasileiro. A SDE definiu como mercado relevante o mercado de programas de televisão... Esse exemplo mostra o quanto era frágil a instrução. Entre mercado relevante de programa de televisão e mercado relevante de jogos

---

[2] Averiguação Preliminar 08012.006504/97-11 – Representantes: Chandre de Araujo e outros; Representadas: Associação dos Clubes de Futebol (Clube dos Treze), Associação Brasileira dos Clubes de Futebol (Clube dos Onze), TV Globo Ltda., e outros Globosat Programadora Ltda., ambas pertencentes ao grupo Globo Comunicações e Participações Ltda., Rádio e Televisão Bandeirantes S.A., TVA Sistema de Televisão S.A. e Confederação Brasileira de Futebol (CBF).

de futebol do campeonato brasileiro da série A há uma diferença completa. Claro, definindo-se o mercado relevante como o de programas de televisão, só se poderia concluir pelo arquivamento do processo. Porém o CADE, por unanimidade, determinou a instauração do processo administrativo.

Os processos mais complexos exigiam uma complementação da instrução, e isso para não mencionar os processos oriundos da Anatel, à época com instruções absolutamente inaceitáveis. Eu me recordo que recebi dois processos da Anatel com números e autuações distintas. Em um deles estavam todas as peças que a representante juntara ao processo. No outro volume, com outra numeração, como se fosse outro processo, as respostas da representada. Inacreditável. O que vinha da Anatel era inacreditável e chegava com grande atraso, como vinha com grande atraso também da SDE e da SEAE. O trabalho não fluía como deveria em razão da carência de pessoal.

Nós recebíamos poucos processos administrativos por formação de cartel. Nos dois anos que estive no CADE não relatei sequer um caso de cartel. Para que se tenha uma ideia, quando cheguei ao CADE havia apenas uma condenação de cartel. A lei é de 1994. Cheguei em 2000. Havia apenas um caso de condenação de cartel, o caso da CSN, a primeira condenação de cartel no âmbito dessa lei. Durante o meu mandato, apreciamos mais alguns casos de cartel, mas não foram muitos, principalmente cartéis de postos de gasolina. O CADE ainda não havia aplicado nenhuma multa acima do mínimo legal, que era de 1%. Então, em relação a condenações, a processos administrativos, a atuação do CADE era muito tímida em 2000, apesar de todos os avanços das duas gestões anteriores: do Gesner de Oliveira e do Ruy Coutinho.

Sem dúvida, o grande ato de concentração do meu período foi o caso Nestlé-Garoto.[3] O relator sorteado foi o Thompson Andrade. Eu cheguei a examinar o caso Nestlé-Garoto por conta do primeiro APRO celebrado. A primeira medida cautelar aplicada pelo CADE em um ato de concentração foi no caso AmBev, mas há uma diferença fundamental entre medida cautelar e APRO. A medida cautelar é unilateral: o CADE decide e impõe a medida cautelar; no caso do APRO, há acor-

---

[3] Ato de Concentração 08012.001697/2002-89 – Requerentes: Nestlé Brasil Ltda e Chocolates Garoto S/A.

do entre os requerentes e o CADE. Por essa razão, os requerentes não o contestam em juízo.

Havia um precedente no CADE de medida cautelar que eu achava perfeitamente cabível ao caso Nestlé, mas havia dúvida se uma cautelar seria mantida em juízo, se não seria arguida a falta de poder geral de cautela dos conselheiros do CADE. Mas, apesar dessa discussão jurídica, o relator era um economista. Ele havia redigido uma medida cautelar e chamou os advogados que compunham o conselho para uma reunião. Passamos uma tarde no gabinete do Thompson Andrade. A medida cautelar estava redigida. Depois de muita discussão e sugestões, mudava-se uma condição aqui, outra ali, incluía-se uma palavra, tirava-se outra. Ao final da tarde, o Roberto Pfeiffer fez a sugestão depois designada APRO. A ideia foi evoluindo, e nós achamos que seria melhor firmar acordo com a Nestlé e a Garoto, em vez de impor medida cautelar. O Pfeiffer destacou: é um acordo que tem por finalidade preservar, no futuro, as condições de reversibilidade da operação. Daí saiu a sigla APRO.

O caso Kellogg's[4] foi o único que relatei e perdi no plenário por 6x1. Fui vencido em outros casos, mas Kellogg's foi o único que perdi por 6x1. Todos votaram contra. O Afonso Arinos e o Thompson Andrade também foram contrários à desconstituição da operação. Meu voto foi isolado, a favor da desconstituição. Depois, quando da decisão do caso Nestlé-Garoto, um dos poucos precedentes mencionados foi justamente o meu voto vencido no caso Kellogg's.

Esse ato de concentração demorou dois anos e meio, três anos, para ser julgado: demorou muito na SDE e no CADE; o CADE mudou de composição, não havia quórum para julgar, enfim, foi um caso muito conturbado.

Outro APRO foi assinado, na mesma época, no caso Novo Nordisk-Biobrás:[5] os advogados e os executivos da empresa, quando ouviram nossa proposta, teceram os maiores elogios àquela solução, disseram que a proposta atendia ao interesse público e não inviabilizaria o negócio.

---

[4] Ato de Concentração 174/97 – Requerentes: Kellogg do Brasil & Cia. e Produtos Alimentícios Superbom Indústria e Comércio Ltda.

[5] Ato de Concentração 08012.007861/2001-81 – Requerentes: Novo Nordisk Holding do Brasil Ltda. e Biopart Ltda.

Eles ficaram satisfeitos com a solução, receberam bem a proposta do APRO e, no dia seguinte, pediram para fazer uma alteração secundária; mas o CADE negou-se a aceitá-la, e eles concordaram. O APRO estava acordado, mas ainda não assinado – se o APRO, aprovado pelo plenário do CADE, não fosse assinado, seria imposta a medida cautelar. Por essa razão não se sabia o que aconteceria na sessão do CADE: poderia vir uma medida cautelar. E penso que não teria sido imposta por unanimidade. O presidente Rodas não se envolvia, não acompanhava as discussões, as conversas entre os conselheiros sobre o APRO: ele, corretamente, assumia uma posição de magistrado e, depois, decidia o que ia fazer. Da reunião em que se discutiu o APRO entre os conselheiros, ele não participou, mas concordou com a solução. Eu não sei se ele ou os demais conselheiros teriam votado favoravelmente à medida cautelar, mas os cinco conselheiros que participaram da reunião em que se formatou o primeiro APRO imporiam a medida cautelar, mesmo tendo receio de que ela pudesse ser derrubada em juízo – nisso havia consenso. O APRO, na verdade, foi redigido como uma medida cautelar; todos os lugares onde estava escrito liminar ou medida cautelar nós riscamos e, por sugestão do Pfeiffer, escrevemos APRO.

Nos dois anos em que estive no CADE, tive total liberdade de atuação: nunca recebi um telefonema de ministro, de deputado, de senador, de secretário pedindo alguma coisa. Não é que não tenhamos sentido pressão. No caso Sky-DirecTV,[6] em que fui o condutor do acórdão, mas não o relator – o relator era o João Bosco Leopoldino –, pedi vista e o meu voto acabou sendo vencedor. Era um caso que atraía bastante a atenção da imprensa. Eu soube que alguns deputados enviaram fax ao CADE pedindo para apressar a votação, para prestar atenção na votação, mas eu nada recebi. Que a sociedade se mobilize em um ato de concentração importante, que venha manifestação de quem quer que seja, de um deputado ou de qualquer administrado, enfim, não me parece estranho. Pressão para votar o caso nessa ou naquela direção eu jamais recebi, tanto em ato de concentração quanto em processo administrativo.

---

[6] Processo Administrativo 53500.000359/99 – Representante: Agência Nacional de Telecomunicações – Anatel *ex-offício* – (TVA Sistema de Televisão S/A – DirecTV) Representadas: TV Globo Ltda. e TV Globo São Paulo Ltda.

Eu convivi com diversos ministros da justiça: José Gregori, Aluísio Nunes Ferreira e Miguel Reale Júnior. Só tive contato com o Presidente da República depois, quando fui Secretário Executivo do Ministério da Justiça, depois de deixar o CADE, em julho de 2002, quando o ministro da Justiça era o Paulo de Tarso, nos últimos seis meses do governo.

Na minha passagem pelo CADE, não havia diálogo muito tranquilo entre CADE, SDE e SEAE. Havia diferentes concepções a respeito de mudanças na Lei 8.884/1994, divergências doutrinárias. Apesar dessas rusgas, alguns conselheiros tinham muito diálogo com o Paulo de Tarso e com o Cláudio Considera: era o meu caso e também o caso do Afonso, do Thompson, do Pfeiffer, do Ronaldo, e um pouco menos com o Rodas. Periodicamente nos reuníamos com o Paulo de Tarso, com o Cláudio Considera, o Cleveland Prates e o Paulo Correia. Àquela época já tramitava um anteprojeto de mudança da Lei 8.884/1994. Era um projeto inicialmente feito pelo ex-secretário Aurélio Wander Bastos, que depois o Paulo Correia refez e do qual foi o grande promotor, na esteira da reação à aprovação do caso AmBev.

O ponto de divergência devia-se ao fato de o projeto atribuir excessivos poderes à SDE e tolher poderes do CADE. Houve uma reunião no Ministério da Justiça entre Rodas, José Bonifácio, secretário executivo do Ministério, Paulo de Tarso (secretário de direito econômico), Paulo Correa e o Considera (secretário de acompanhamento econômico); na sequência dessa reunião, no mesmo dia, haveria outra reunião maior, para discutir o projeto, para a qual os conselheiros do CADE haviam sido convocados. Então nós, conselheiros, fomos para o auditório Rui Barbosa, do Ministério da Justiça. Nós aguardávamos no auditório o começo da reunião maior, mas os secretários da SEAE e da SDE e o presidente do CADE estavam conversando no Ministério da Justiça e não chegaram a um acordo a respeito do projeto. O presidente do CADE foi embora para o CADE. Nós – Afonso, Thompson, João Bosco, Hebe, Mércio e eu – ficamos esperando o final da reunião pequena e o início da ampla. Então, chegaram o Paulo Tarso, o José Bonifácio e o Considera, e a reunião começou; mas eles não se deram ao trabalho de nos convidar. Praticamente ignoraram os conselheiros que estavam no auditório. Percebemos que alguma coisa muito esquisita havia acontecido e voltamos ao CADE. Ficou patente o estremecimento entre o CADE e o Executivo por conta desse projeto. Ao final, essas arestas acabaram superadas, o projeto foi alterado e tudo o que tolhia a liberdade do CADE nós conseguimos retirar.

No final do governo Fernando Henrique, conseguimos "costurar" dois acordos muito importantes com o Paulo de Tarso e o Considera. Com o ministro Paulo de Tarso concluímos um projeto de alteração da Lei 8.884/1994, que o Executivo encaminhou ao Congresso e fechamos, também, o projeto sobre a aplicação da Lei de Defesa da Concorrência ao mercado bancário, de acordo com o Banco Central, que também foi encaminhado ao Congresso.

O meu entendimento era de que não havia conflito de competência entre CADE e Banco Central. Na verdade, era um entendimento precedido por votos do João Bosco e do Thompson Andrade, que também seguiam essa linha. A única diferença que existe entre os precedentes do João, do Thompson e o meu é que, nesse meio-tempo, surgiu um parecer da Advocacia Geral da União,[7] provocado pelo Banco Central, por sua vez motivado pelos Bancos, que, evidentemente, não queriam, de forma alguma, que o CADE se intrometesse nessa matéria e suscitaram esse "conflito de competência", porque a lei da AGU diz que compete ao Ministério da Advocacia Geral da União resolver os conflitos no âmbito da administração pública; e diz ainda a lei que se o parecer do Advogado Geral da União for subscrito pelo Presidente da República, ele tem força normativa e vincula a administração. Quando esse parecer foi publicado, o presidente do CADE deu entrevista aos jornais *Valor Econômico* e *Gazeta Mercantil* dizendo que, já que o Presidente da República aprovara o Parecer Normativo da Advocacia Geral da União, não havia mais o que o CADE discutir: essa matéria estava liquidada. Eu não conhecia o Parecer da AGU. Fui ler o que dizia a Lei Complementar da AGU. Li a entrevista do presidente do CADE e, na mesma hora, subi ao gabinete do Rodas e disse a ele: "Eu posso estar enganado, mas minha intuição diz que isso pode vincular a todo mundo, mas não ao CADE. E outra coisa, se isso vincular ao CADE, acabou a nossa autonomia e a defesa da concorrência no Brasil, porque vão inventar um parecer da AGU sempre às vésperas de qualquer caso complexo que formos julgar. Hoje é banco, amanhã será laranja, depois chocolate, automóvel: nós não faremos mais nada". O Rodas havia feito a declaração impressionado pelo

---

[7] Parecer GM-20 AGU 28.03.2001.

fato de que era um ato do Presidente da República. A posição do governo era clara ao aprovar o parecer da AGU: não queria que o CADE se intrometesse no mercado bancário. No meu gabinete não havia nenhum ato de concentração envolvendo bancos, mas passei a estudar o assunto e, quanto mais estudava, mais convencido ficava de que o parecer da AGU não poderia vincular o CADE, o que me levou a dizer aos colegas de plenário que iria pedir vista do primeiro caso de integração de bancos que aparecesse. O primeiro foi um caso relatado pela Hebe Romano. Pouco antes de pautar o caso, Hebe veio ao meu gabinete e disse que traria o caso ao plenário, mas, como confirmei que pediria vista, disse também que iria fundamentar mais o voto dela, porque o entendimento dela era de que o CADE não tinha competência para decidir sobre concentração de bancos, de acordo com o entendimento do governo. E assim ocorreu. Uma vez relatado o caso pela Hebe, pedi vista. Meu voto foi no sentido de que o parecer da AGU não poderia vincular o CADE, que não havia ilegalidade, incompetência, nada que limitasse o exame do ato de concentração – era o caso Finasa – pelo CADE, ou seja, o parecer da AGU e o ato normativo do Presidente da República não vinculavam ao CADE.

Para a minha surpresa e felicidade, os conselheiros advogados foram, na sequência, pedindo vista do caso. O Pfeiffer trouxe voto – em minha opinião belíssimo – que acrescentava argumentos ao meu, dizendo que o CADE tinha total competência para tratar da matéria. Ronaldo trouxe outro grande voto, complementando o que eu e o Pfeiffer dizíamos, trazendo também subsídios muito relevantes. O Thompson e o Afonso, economistas, igualmente trouxeram votos favoráveis, na mesma linha. Todos os conselheiros votaram. O resultado foi de 5x1 quando chegou a vez de o presidente votar. Ele deu um voto contrário ao entendimento da maioria do plenário, mas também substancioso, só que acompanhou a Hebe dizendo que nós não tínhamos competência. A decisão do CADE foi questionada no Judiciário, e o TRF confirmou o entendimento do plenário do CADE de que ele é competente para decidir caso de integração bancária. Ainda não há coisa julgada.

Mais tarde, na minha passagem pelo Ministério da Justiça como secretário executivo, tive a oportunidade de ver de perto as dificuldades para levar adiante o projeto de lei e os obstáculos para oferecer ao Sistema Brasileiro de Defesa da Concorrência os meios materiais e o pessoal necessário ao seu pleno funcionamento. Não havia cultura favorável a isso no governo, ainda que, surpreendentemente, em alguns setores do governo a receptividade tivesse sido muito boa. Por exemplo, no caso dos bancos, tivemos algumas reuniões com a diretoria do Banco Central. A diretoria do Banco Central era francamente contrária à postura do CADE – exceto o presidente do Banco Central Armínio Fraga. O Armínio Fraga, diante dos diretores do Banco Central, diante de nós, mas nunca em público, em mais de uma ocasião afirmou que o CADE havia tomado a decisão correta, pois entendia que o Banco Central não podia centralizar todas essas atividades, que era muito importante romper a caixa-preta do Banco Central e dar essa atribuição ao CADE. O Armínio brincava conosco dizendo: "Eu não consigo segurar a 'tigrada', a 'tigrada' é toda contrária a isso, mas eu acho que eles estão errados". "Tigrada" eram os demais diretores. Mas, a bem da verdade, enquanto ele esteve na presidência do Banco Central, ele não disse isso, porque não era a posição da diretoria; mas, assim que deixou a presidência do Banco Central, na primeira entrevista que o Armínio Fraga deu, ele disse: "Olha, eu acho que o CADE está certo nessa matéria, o CADE tem que dar a sua opinião". Ele tinha uma mentalidade mais aberta, talvez uma influência americana mais forte, tinha clarividência a respeito disso e logo percebeu que o CADE desempenha uma função relevante, tanto assim que, depois, a própria posição do governo caminhou nessa direção e um projeto de lei complementar que atribui, especificamente, competência ao CADE nessa matéria foi redigido. O projeto não foi votado até hoje. Foi uma importante iniciativa do governo Fernando Henrique. Foi encaminhado ainda na sua gestão.

Sobre a cultura da concorrência, há um ponto relevante. Como disse, no final do governo Fernando Henrique, trabalhei seis meses no Ministério da Justiça como secretário executivo. O ministro Paulo de Tarso Ribeiro me deu a missão de receber os representantes do governo Lula, que havia sido eleito, e passar as informações, organizar a transição no Ministério da Justiça. Vieram os interlocutores do futuro governo, entre eles, num primeiro momento, o Luiz Alberto dos Santos, mais tarde um sociólogo do Rio de Janeiro Luiz Eduardo Soares, numa determinada altura o próprio José Dirceu e, por último, o Márcio Thomaz Bastos, em contato direto com o Paulo de Tarso. Em todas essas ocasiões, especialmente por parte do Luiz Alberto dos Santos, que cuidava dos temas relativos ao Ministério da Justiça na transição e é uma pessoa muito preparada, muito inteligente, podia-se perceber uma postura ideológica visceralmente contrária às agências reguladoras, pois entendia que as agências eram órgãos que não tinham tanta importância. Mais tarde, já no governo, ele abrandou um pouquinho sua opinião. Porém, nos primeiros seis meses do governo Lula houve uma hostilidade sistemática em relação à autonomia e independência das agências.

Terminado o seu governo, Fernando Henrique Cardoso montou, em São Paulo, o Instituto Fernando Henrique Cardoso. O secretário executivo do Instituto era o Sérgio Fausto, filho do historiador Bóris Fausto (quando o Fernando Henrique era o presidente, Sérgio era seu secretário particular). O Sérgio pediu ao professor Ronaldo Porto Macedo Jr., meu colega na USP, que havia terminado o mandato de conselheiro do CADE, onde eu fora seu colega de plenário, que organizasse um grupo no Instituto para tratar de concorrência e regulação: uma espécie de monitoramento do que estava sendo feito no novo governo. Esse grupo era composto pelo Ronaldo Porto Macedo, Carlos Ari Sundfeld, Luis Shimura, Afonso Arinos, Paulo de Tarso, Sérgio Fausto e eu. Esses eram os que mais frequentavam as reuniões mensais para discutir concorrência e regulação no ambiente de, digamos, "fritura" das agências nos primeiros meses do governo Lula, tendo ali, como um dos componentes do grupo, o Shimura, ex-presidente da Anatel, que foi o principal "fritado". Dessas reuniões, normalmente, o Fernando Henrique não participava, mas veio a uma delas. A certa altura, o presidente Fernando Henrique disse algo que deixou a todos assustados: ele disse que o Brasil talvez não fosse um país com maturidade suficiente para esse tipo de modelo regulatório e concorrencial, que era o modelo que ele mesmo tinha implementado. Diante daquela "fritura" do Shimura e dos acontecimentos, talvez ainda não tivesse a maturidade institucional quer para o modelo regulatório quer, especialmente, para a defesa de concorrência, afirmando: "talvez nós não tenhamos ainda a maturidade econômica ou o amadurecimento do mercado para receber órgãos desse porte".

Nós, que cuidávamos dessa matéria, que tínhamos sido conselheiros do CADE – éramos três ex-conselheiros do CADE: Ronaldo, Afonso e eu –; ex-presidente de agência reguladora, o Shimura, secretário de direito econômico e ministro da Justiça, o Paulo Tarso e o Carlos Ari, que participou da elaboração da lei de telecomunicações, todos muito dedicados e empolgados com essa área e que nela havíamos servido durante o governo dele, ficamos surpresos com a afirmação. Ele se mostrou, naquela conjuntura, receoso, temeroso, em dúvida sobre o que havia sido feito. Evidentemente, não se polemizou com o ex-Presidente, afinal, éramos convidados do seu Instituto, mas aquele fato deixou-me profundamente impressionado. Afinal, o Brasil teria ou não maturidade para o modelo regulatório e concorrencial desenvolvido na gestão FHC?

Qual a importância da defesa da concorrência para a sociedade brasileira?

Celso Campilongo: A defesa da concorrência progrediu muito. Eu disse que o Gesner foi um ativista da concorrência, o Rodas, creio, conferiu um perfil mais jurisdicional à defesa da concorrência, e no período da Elizabeth Farina as decisões do CADE ganharam mais consistência técnica. Um fato puxa o outro. Uma vez afirmada a personalidade do CADE e o seu caráter jurisdicional, o caminho ficou aberto para que o aprimoramento técnico das decisões fosse feito e a Professora Farina teve competência para fazer isso. Por isso, creio que, nestes últimos dez a quinze anos, a defesa da concorrência entre nós evoluiu bastante.

Não quero entrar no mérito do caso AmBev nem do caso Nestlé-Garoto: são casos distintos, que suscitaram controvérsias distintas, mas ambos tiveram uma consequência comum, na medida em que puseram em evidência a autonomia do CADE para decidir, a sua independência hierárquica em relação ao Executivo. Esse ponto fica muito claro pela reação que não tanto o Executivo mas especialmente o Legislativo teve em relação ao caso Nestlé-Garoto. A sessão do CADE que julgou o caso Nestlé-Garoto foi assustadora: procurou-se criar um clima de constrangimento ostensivo, quase de pressão física sobre o plenário. Eu acompanhei esse julgamento e cinco minutos antes do processo ser chamado à mesa entrou no plenário do CADE um batalhão, eram uns oito, dez parlamentares, senadores e deputados federais, a bancada do Espírito Santo e mais algum reforço, e ocuparam a primeira fila de cadeiras do auditório do CADE, isso depois de inúmeras declarações dos parlamentares à imprensa, todos os dias, pressionando o CADE, sugerindo que o seu plenário aprovasse o aquisição da Garoto pela Nestlé. Como se sabe, o CADE, de forma alguma, intimidou-se com essa pressão. Houve um claro exagero: que um deputado, um senador defenda os interesses do seu Estado, parece legítimo, mas não o constrangimento que se fez, um constrangimento quase físico. Logo depois da decisão, escrevi um artigo para a *Folha de S. Paulo*, juntamente com o Afonso e com o Ronaldo, intitulado "Nestlé sem Garoto", defendendo o CADE, porque o CADE estava sendo vilipendiado; queriam expedir um Decreto Legislativo, queriam encontrar uma brecha para promover a revisão de decisão do CADE no âmbito do Legislativo. Criaram uma comissão parlamentar de inquérito contra os conselheiros do CADE, que não chegou a prosperar. Quer dizer, até excrescências dessa ordem apareceram naquele momento.

Se compararmos o que acontece no CADE com o que acontece em algumas agências reguladoras, por exemplo na Anatel, que tem mais contato com o CADE, a transparência, a atenção ao devido processo, o recebimento dos advogados, o acesso aos autos, tudo é muito diverso e precisa melhorar na Anatel. O contraste com o CADE é visível. Penso que isso se deve, em parte, ao fato de as sessões do CADE serem públicas; e o fato, também, de à frente da SDE estar sempre um advogado, Esses fatores vão formando uma cultura, inexistente na maioria das agências reguladoras, de combinação das racionalidades jurídica e econômica.

As agências reguladoras não deveriam ter vínculos com o Executivo: são órgãos técnicos, a decisão delas não pode inovar na ordem jurídica. Elas devem ser peça importante do ponto de vista técnico na formulação de políticas públicas. Muita gente que eu respeito diverge dessa opinião, entende que também o CADE implementa política pública. Na minha maneira de ver, isso não tem fundamento. Está muito claro na lei que é um órgão que tem jurisdição preventiva e repressiva e não órgão que implementa política pública. O CADE é órgão de Estado, não de governo. Conselheiro do CADE não implementa política. A única ressalva seria o dispositivo do art. 54 da Lei 8.884/1994, que diz que o CADE, em determinadas situações, mesmo quando a concentração ameaçar a concorrência, levando em consideração o interesse nacional, pode aprovar o ato de concentração, mas esse dispositivo, sabiamente, nunca foi aplicado pelo CADE e espero que nunca seja, por que é uma excrescência que está na nossa lei.

THOMPSON ALMEIDA ANDRADE[1]

Thompson Andrade, qual é a sua formação?

Thompson Andrade: Formei-me em Ciências Econômicas, na Faculdade de Ciências Econômicas da Universidade Federal de Minas Gerais, em Belo Horizonte em 1964. Fiz mestrado nos Estados Unidos, na Universidade de Vanderbilt, Nashville, Tennessee, em 1967, com uma tese sobre o mercado de carne nos Estados Unidos. E fiz doutorado na Inglaterra, no University College, da Universidade de Londres, em 1994, quando defendi uma tese teórica sobre aspectos distributivos de preços públicos. Eu me tornei professor na própria Faculdade de Ciências Econômicas da UFMG logo que terminei o mestrado, ou seja, em agosto de 1967. Um ano depois, ajudei a criar o Centro de Desenvolvimento e Planejamento Regional (Cedeplar) da Faculdade de Ciências Econômicas da UFMG, com o prof. Paulo Haddad, com o prof. José Alberto Magno de Carvalho e outros professores. Sou um dos fundadores do Cedeplar, e fui professor na UFMG de 1967 até 1975, quando recebi convite para vir para o IPEA aqui no Rio de Janeiro, onde fiquei até me aposentar pelo IPEA em 1994. Desde 1978 até o presente, sou professor na Faculdade de Ciências Econômicas da Universidade do Estado do Rio de Janeiro (UERJ). Atualmente sou professor titular e venho ministrando as disciplinas de Economia Brasileira, Tópicos de Economia Urbana e Regional e Regulação Econômica.

Como se deu a sua ida para o CADE?

Thompson Andrade: Em 2000, eu soube que já haviam sido sugeridos três nomes para as quatro vagas então existentes no CADE e disse ao Cláudio Considera, então titular da SEAE e meu antigo chefe no IPEA, que gostaria de ocupar uma daquelas vagas. Ele me respondeu ser difícil, porque o governo queria indicar uma mulher: todos os outros indicados eram homens. Eu disse a ele: "Olha, eu não tenho esse predi-

---

[1] 1.º Mandato: 05.07.2000 a 04.07.2002; 2.º Mandato: 17.07.2002 a 16.07.2004.

cado, mas sou candidato". E ele falou com o ministro Pedro Malan, que já me conhecia do IPEA. A preocupação do ministro era saber se eu estava familiarizado com a área de defesa da concorrência; eu havia estudado na Inglaterra bastante essa área e regulação econômica, porque a minha dissertação tinha muito que ver com regulação econômica, o que me levou naturalmente a estudar defesa da concorrência. Penso que um fato que também colaborou para minha indicação foi a minha dissertação haver sido premiada pela ANPEC (uma associação de pós-graduação em economia) como a melhor dissertação apresentada no ano de 1995. O Pedro Malan sugeriu o meu nome ao ministro da Justiça José Gregori, e este o levou ao Presidente da República, que fez a indicação ao Senado Federal.

A minha sabatina foi bastante ligeira, porque os quatro indicados foram sabatinados ao mesmo tempo, e também um tanto decepcionante, pois deveria ser uma oportunidade para se avaliar o candidato, para ele mostrar-se, ou não, habilitado ao cargo.

Como você encontrou o CADE?

Thompson Andrade: Fomos nomeados Celso Campilongo, Afonso Arinos de Melo Franco Neto, João Grandino Rodas, indicado para presidente, e eu. E lá encontramos os conselheiros Mércio Felski, João Bosco Leopoldino e Hebe Romano com mandatos em vigor. O CADE estava em de mudança; havia deixado os corredores do anexo do Ministério da Justiça. Havia uma melhoria material, pois nos instalamos em um prédio de três andares, mas o problema de pessoal era muito grave. Havia pouquíssimos assessores e estagiários, todos com muito pouca experiência na área. Entretanto, com o tempo, eles fizeram um trabalho muito bom, ao longo dos quatro anos em que fui conselheiro. A entrada de novos conselheiros durante esse período, Ronaldo Macedo, Fernando Marques e Roberto Pfeiffer, aumentou muito a troca de experiências, fortalecendo ainda mais a capacidade do plenário. Foi fundamental também o papel exercido pelos procuradores-gerais do CADE, particularmente a Maria Paula Dallari Bucci, com quem, muitas vezes, pude esclarecer aspectos jurídicos das questões em exame. As limitações eram inúmeras porém: quase não havia biblioteca, o acesso à jurisprudência era extremamente trabalhoso – era preciso, muitas vezes, tirar dos autos os votos para copiá-los, desde que se soubesse qual voto procurar... Os equipamentos de informática eram praticamente inexistentes na época – enfim, contávamos com a boa vontade do pessoal em nos auxiliar.

Isso contribuiu para manter uma tradição no CADE de os conselheiros se reunirem para discutir os casos mais complexos. Os sete conselheiros se reuniam com frequência e, por isso, estabeleceram um excelente relacionamento, uma convivência muito intensa; havia muita troca de informação doutrinária entre economistas e advogados, referências a casos, o que facilitou muito o nosso trabalho e o processo de votação. Claro está que não nos reuníamos para discutir os votos, mas para trocar experiências sobre temas suscitados pelos casos.

Quais foram os principais casos que você julgou?

Thompson Andrade: O caso Marítima/Estaleiro Ilha[2] foi um deles. Esse processo me permitiu usar a teoria dos jogos, estabelecendo um quadro de análise do tipo "dilema dos prisioneiros" para mostrar como o acordo de remuneração entre o Estaleiro Ilha e a Marítima induziu à escolha dos valores para os lances feitos no leilão por essas empresas para fazer o serviço de conserto de uma plataforma da Petrobras. Mostrei que a combinação feita incentivava as empresas a uma conduta anticompetitiva, caracterizando a situação descrita no inciso VIII do art. 21 da Lei 8.884/1994. Outro foi o caso da White Martins, acusada de açambarcar o mercado de produção de gás, impedindo um potencial rival de entrar no mercado. Ela havia adquirido toda a produção de CO_2 e não utilizava a compra adicional à sua demanda; essa conduta fez com que fosse retardada a entrada no mercado de um rival. O conselheiro relator Celso Campilongo votou pela imposição de multa e foi acompanhado pelo plenário. Creio que pela primeira vez o CADE se preocupou em saber se o valor da multa era igual ou superior ao ganho que a White Martins teria tido no longo período em que mantivera um rival fora do mercado. Seguindo o dispositivo da Lei 8.884/1994, que fixa os limites de multas aplicáveis pelo CADE e diz que a multa deve ser no mínimo igual ao ganho obtido por meio da conduta infrativa, para que ela não incentive as empresas a adotá-la, levantei essa questão diante do

---

[2] Processo Administrativo 08012.009118/98-26 – Representante: SDE *ex officio*; Representados: Estaleiro Ilha S/A – Eisa e Marítima Petróleo e Engenharia Ltda.

plenário, quantificando o ganho ilegal que a White Martins teria tido com a prática.

Outro caso interessante foi a aquisição da Biobras,[3] único fabricante brasileiro de insulina, pela Novo Nordisk, líder mundial desse mercado. Havia imposição de direitos antidumping pelo Decon. Votei pela aprovação do ato, mas recomendando ao Decon, conforme sugerido no parecer da Secretaria de Acompanhamento Econômico, que ele retirasse o gravame, que alcançava outro concorrente; o meu propósito era restabelecer a concorrência no mercado. O gravame havia sido imposto à Novo Nordisk também, mas a empresa o havia suspendido na Justiça. Infelizmente o Decon só retirou essa taxa de dumping dois anos depois, o que me chamou a atenção para o fato de que, muitas vezes, a ação do CADE pode ser aperfeiçoada ou prejudicada pela ação de outros órgãos públicos, o que mostra como é importante difundir a defesa da concorrência no interior do governo, inclusive. E não só a defesa da concorrência, mas também, por exemplo, a propriedade intelectual.

Outro caso interessante foi o da Vale,[4] que depois da privatização tornou-se proprietária de empresas ferroviárias; a Vale estava sendo acusada de transportar o seu minério de forma prioritária, dificultando o transporte de outras mineradoras que dependiam da ferrovia. Inicialmente, vi que era necessário saber os custos envolvidos no transporte, mas o problema básico devia-se ao fato de que a Vale contabilizara os custos da ferrovia sem segregar os custos das demais despesas do grupo, o que tornava impossível saber quais eram os custos de transporte. Como ensina a teoria da regulação e principalmente o estabelecimento de tarifas ótimas reguladas, é necessário saber os custos formadores da tarifa, ou seja, como os custos comuns a outros serviços, por exemplo, são alocados, o que é óbvio. Eu recorri à ANTT, mas ela se dizia incapaz naquele momento de resolver a questão, pois ela própria, agência reguladora, não sabia quais eram os custos do transporte ferroviário feito pela Vale. A ANTT me informou que estava tomando providências para estabelecer um sistema de contabilidade aplicável a todas as empresas de transporte no Brasil, mas esse processo tinha um anda-

---

[3] Ato de Concentração 08012.007861/2001-81 – Requerentes: Novo Nordisk Holding do Brasil Ltda. e Biopart Ltda.
[4] Ato de Concentração 08000.013801/97-52 (Ato de Concentração 155/97) – Requerentes: Companhia Vale do Rio Doce – CVRD e Valepar S/A.

mento lento. A solução encontrada foi aprovar o Ato de Concentração com diversas obrigações estabelecidas em um Termo de Compromisso de Desempenho a ser assinado pela empresa e o CADE, entre as quais a mais relevante era a criação de subsidiárias integrais, uma para a Estrada de Ferro Vitória Minas (EFVM) e outra para a Estrada de Ferro Carajás (EFC), permitindo a separação jurídica delas e das demais atividades da Vale. O que se visava era permitir ao CADE e ao órgão regulador de transportes terrestres (ANTT) a perfeita avaliação das condições concorrenciais entre as ferrovias e seus usuários.

Outro caso importante foi o Nestlé-Garoto,[5] no qual eu propus um Acordo de Preservação da Reversibilidade da Operação – APRO. Quando chegamos ao CADE não existia esse instrumento; ele foi criado porque o exame de muitos processos mais complexos pelo CADE exige maior tempo de análise, além de haver demora em obter os pareceres da SEAE e da SDE. É importante que a demora na apreciação do processo nesses casos não permita que aconteçam mudanças na empresa adquirida que torne a operação um fato consumado antes da decisão do CADE. Esse caso, aliás, levou bastante tempo sendo instruído nas Secretarias. O APRO foi aprovado, e um fato curioso ocorreu. Mais tarde, com toda aquela movimentação política que o caso gerou, alegou-se que a decisão do CADE de desconstituir o negócio – de determinar à Nestlé vender a Garoto a terceiro – iria gerar desemprego. Porém, essa fora a preocupação inicial do CADE e por isso havia uma cláusula no APRO proibindo a Nestlé de desempregar trabalhadores da Garoto enquanto a decisão final do CADE não fosse tomada. Além do mais, a empresa continuaria a funcionar, com outro proprietário que não a Nestlé, necessitando do uso de seus trabalhadores.

Quando os autos chegaram ao CADE vindos da SDE, eles foram enviados à Procuradoria do CADE, como é de praxe, para que ela verificasse os aspectos formais de legalidade, mas, como se sabe, a Procuradoria acabou por opinar sobre matéria concorrencial. Nessa época, já oficiava regularmente no CADE um procurador do Ministério Público Federal – antes não havia sido designado nenhum procurador federal –, além da Procuradoria do CADE. Então, remeti os autos ao Ministério Público

---

[5] Ato de Concentração 08012.001697/2002-89 – Requerentes: Nestlé Brasil Ltda. e Chocolates Garoto S/A.

também, o que foi útil porque a partir daí o Ministério Público acompanhou todo o andamento do processo no CADE, fazendo até algumas recomendações a respeito de como lidar com certas questões processuais. Posteriormente, o procurador do Ministério Público começou a processar o feito em paralelo, digamos, sem a perspectiva inicial de uma maior colaboração direta com o relator.

A minha análise considerou, além dos pontos ordinários de toda análise concorrencial, os inúmeros pareceres anexados aos autos, inclusive dos impugnantes do ato de concentração, aos quais a Nestlé tinha acesso. Um dado curioso: a demora da análise do ato, de que a Nestlé se queixou, deveu-se também ao cumprimento do dever legal de a ela ser dada vista pelo relator de todos os documentos anexados aos autos. Além disso, foram realizadas inúmeras audiências com as requerentes, com os impugnantes e com empresas que tinham legítimo interesse no processo. A uma determinada altura, quando eu já tinha todos os elementos para dar meu voto, marquei a data do julgamento.

Meu voto foi pela desconstituição total do ato de concentração, ou seja, a Nestlé deveria vender a Garoto a terceiro. Fiquei convencido de que essa era a decisão a ser tomada, com base na Lei 8.884/1994. De fato, foi uma decisão inédita no CADE de desconstituição total da aquisição; o caso Gerdau, em que houve decisão análoga, foi revisto depois pelo próprio CADE, uma vez mudado o plenário da primeira votação. À exceção do presidente do CADE, que votou pela aprovação do Ato de Concentração, todos os demais conselheiros seguiram o meu voto. O voto do presidente do CADE foi oral, um voto proferido no momento da votação, um voto mais ligeiro do que o voto que depois ele redigiu. O presidente do CADE arguiu que a decisão do CADE feriria o princípio constitucional da livre-iniciativa (art. 170 da Constituição Federal). Eu discordo desse argumento; a meu ver, ele não faz sentido, porque a liberdade de iniciativa, a livre-iniciativa, precisa estar compatibilizada com outros princípios constitucionais igualmente importantes, elencados no mesmo artigo da Constituição Federal, entre eles o da livre concorrência. Não é, absolutamente, novidade que a livre-iniciativa não pode ser entendida de uma forma absoluta; ela está, como disse, condicionada a outros princípios, o da livre concorrência em especial. O presidente do CADE, depois da votação, declarou à imprensa que a decisão do CADE poderia ser revista pelo Judiciário, o que não era uma novidade, afinal todos os atos, inclusive os administrativos do governo, são passíveis dessa revisão. Mas isso causou estranheza, pois nós conselheiros entendíamos que cabia ao presidente do CADE, uma vez tomada a decisão pelo plenário do órgão, ser o porta-voz daquela decisão e o seu defensor.

A decisão do CADE, seguindo o meu voto, causou uma celeuma muito grande, porque a Nestlé não esperava essa decisão e ficou inconformada. Houve também uma repercussão em Vila Velha, onde está localizada a fábrica da Garoto, porque foi dito que a decisão do CADE prejudicaria a arrecadação de impostos municipais. Claro que isso não iria ocorrer, pois haveria a substituição de um agente econômico por outro, o novo proprietário da Garoto. Quer dizer, a Garoto não ia parar de funcionar simplesmente pelo fato de um agente econômico substituir a Nestlé. Foi dito também que a decisão do CADE provocaria desemprego, o que era absolutamente falso, pois a fábrica da Garoto seria adquirida por outra empresa, ela não seria fechada. É curioso notar que quando a Nestlé adquiriu a Garoto, os trabalhadores e o sindicato de Vila Velha opuseram-se à compra, justamente porque receavam que a Nestlé demitisse empregados da Garoto. Posteriormente, houve uma inversão das suposições, para tentar imputar esse risco à decisão do CADE. Outro fato interessante deu-se em relação ao anúncio feito pela Nestlé de que ela pretendia montar uma fábrica de café solúvel no Espírito Santo. As autoridades do estado do Espírito Santo ventilaram que, com a decisão do CADE, a Nestlé iria desistir de investir nessa fábrica de café solúvel. Ou seja, a Nestlé ficara aborrecida com a decisão do CADE, e esse aborrecimento iria determinar a desistência desse investimento. Essa hipótese pareceu-me ridícula: ou havia um bom investimento a ser feito, ou não havia. Uma empresa do porte da Nestlé decide por critérios técnicos, objetivos, e não de forma subjetiva, emocional. Bom, mas esse foi um dos argumentos utilizados para criticar a decisão do CADE.

Inúmeros políticos procuraram o CADE para pedir a revisão da decisão. Houve inclusive uma audiência pública: o presidente do CADE chamou os conselheiros para ouvir os parlamentares que foram ao CADE; eles sustentavam que a decisão estava tecnicamente errada e que ela prejudicava o Espírito Santo, mas os demais conselheiros não ficaram impressionados com os argumentos dos parlamentares. Na época, comentou-se que o Presidente da República fora procurado pelo governador do Espírito Santo, que teria se queixado da decisão do CADE. Ao que sei, nunca a Presidência da República se manifestou sobre a decisão do CADE, assim como o Ministro da Justiça Márcio Thomaz Bastos, que sempre apoiou o CADE e jamais o pressionou em qualquer sentido.

Aliás, foi criada uma CPI que nunca foi instalada, e também se anunciou que seria baixado um decreto legislativo para anular a decisão do CADE, assim como essa deveria ser revista pela autoridade hierárquica superior, que era o ministro da Justiça, tal como ocorreu no caso Gerdau. Como disse, a CPI não foi instalada, o decreto legislativo não foi editado e o recurso hierárquico não foi protocolado. Obviamente, toda essa movimentação extraordinária incomodava ao Conselho. Afinal, nós havíamos aplicado uma lei de defesa da concorrência votada pelo Congresso, tendo votado conforme as nossas convicções pessoais.

Depois surgiu outra questão, relativa a um recurso feito ao próprio CADE pela Nestlé, no qual ela se dizia disposta a apresentar uma forma alternativa à alienação da Garoto. Minha posição era baseada na lei: não havendo fato novo, não caberia recurso. E não havia um fato novo. A Nestlé conseguiu convencer alguns conselheiros de que havia um fato novo, e o fato novo era a apresentação de uma nova proposta pela própria Nestlé! Segundo a Nestlé, algumas das marcas da Garoto e da própria Nestlé e alguns equipamentos seriam cedidos a uma empresa a ser constituída, essa nova empresa seria vendida a terceiros e assim seria mais uma concorrente no mercado.

Os advogados da Nestlé achavam que essa proposta poderia ser aprovada pelo CADE, reformando a decisão anterior. Essa proposta foi levada a votação e votei contra a sua análise, porque não havia o pressuposto legal para a revisão da decisão em vigor, que é a existência de um fato novo. Fato novo criado pela própria interessada para mim não é fato novo, no sentido em que a lei o define. A maioria dos conselheiros entendeu que a constituição da empresa pela própria Nestlé era um fato novo, ou seja, o fato criado pela própria interessada em reverter a decisão do CADE seria um fato um novo, e a proposta da Nestlé foi examinada; eu, que era o relator, segui sendo o relator porque foi entendido que se tratava de um prosseguimento do processo anterior.

Entendi que a proposta não resolvia a situação anticoncorrencial criada pelo ato de concentração: a empresa a ser constituída não poderia ser, efetivamente, rival da Nestlé e da Lacta; pelas suas características, ela seria uma empresa à margem do mercado, ou seja, incapaz de ser rival daquelas duas outras. Ela não tinha potencial de vir a oferecer concorrência à Nestlé e à Lacta. Por isso, a melhor solução, para preservar a concorrência, seguia sendo a decisão em vigor, e então atacada. A Nestlé argumentava que estaria abrindo mão de 10% do mercado em favor da nova empresa; segundo o meu entendimento, isso não ocorria, porque a Garoto não era da Nestlé, o CADE havia decidido que ela não poderia ser. A Nestlé vangloriava-se de algo que não era seu, ou seja, ela considerava o mercado da Garoto como sendo dela, quando o CADE já dissera que não seria. Além do mais, a proposta era deficiente, pois, por exemplo, não estava definida a rede de distribuição a atender a nova empresa, fator, como se sabe, essencial naquele mercado.

Enfim, no segundo julgamento, eu não aprovei a nova proposta da Nestlé. Houve pedido de vista do conselheiro Luis Alberto Scaloppe, que resolveu fazer uma audiência no Espírito Santo na esperança, na expectativa, de que iria colher elementos para um voto mais bem qualificado. Nesse entretempo terminou o meu mandato, e deixei o CADE. Quando se deu finalmente o novo julgamento, colocou-se a questão sobre se o meu voto era válido ou não. Com base em decisão anterior do CADE, entendeu-se pela subsistência do meu voto, e o meu voto, no novo julgamento, foi vencedor por 3 a 2, estes dois últimos votos dos conselheiros Scaloppe e Fernando Marques. Logo depois, a Nestlé recorreu à Justiça, que, depois desse tempo todo, ainda não decidiu definitivamente.

É importante esclarecer que, com toda a divulgação do caso na mídia, eu não recebi nenhuma pressão do ministro da Justiça ou de membros do governo – aliás, não só nesse caso como em nenhum outro. Nesses momentos podemos avaliar como é importante o CADE ser um órgão aberto, transparente, com suas decisões tomadas à vista de todos, da imprensa inclusive. Cria uma proteção, e também uma responsabilidade, muito grande para os conselheiros, pela qual eles têm de zelar. Penso que as agências reguladoras todas deveriam seguir esse modelo, e não apenas elas: o governo todo deveria ser o mais transparente possível, sobretudo em relação àqueles órgãos cujas decisões afetam a defesa da concorrência. No caso da Anatel, por exemplo, havia dificuldades em obter a sua manifestação em casos que deveríamos julgar; os pareceres demoravam muito a ser emitidos, e os casos a chegarem ao CADE. Esse processo precisa ser agilizado, não apenas no CADE, mas também nas agências reguladoras e demais órgãos públicos.

Qual a importância da defesa da concorrência para a sociedade brasileira?

Thompson Andrade: Vem se firmando a consciência da importância da defesa da concorrência, mas ainda há um caminho muito grande a ser percorrido para que a sociedade entenda, para que o povo em geral entenda e até mesmo o governo entenda que a defesa da concorrência é fundamental para a defesa dos interesses dos consumidores e também dos produtores e prestadores de serviços. A cultura da defesa da concorrência precisa ser ampla e continuamente divulgada. Ela tem inegavelmente um papel importante na economia, particularmente no caso brasileiro. Nós vivemos um longo período no qual se supunha que as empresas estatais, por serem estatais, funcionariam para promover o bem-estar da população. Viu-se que não era bem assim, e a grande intervenção do Estado na economia, também em função do processo inflacionário que nos afligiu durante muito tempo, fez que o Estado brasileiro interviesse nos preços dos produtos e serviços, para os controlar. Essa fase esgotou-se inteiramente e teve de ser substituída por um funcionamento mais livre, onde as empresas mostrem capacidade de atuar em seus respectivos mercados, sem a tutela do Estado; mas para que isso ocorra é preciso, sobretudo em mercados onde a concorrência não se desenvolveu, que a defesa da concorrência seja muito ativa, para evitar abuso do poder econômico, impedindo condutas anticompetitivas e a excessiva concentração de poder de mercado por meio de integração de empresas. Igualmente, é preciso que o Estado regule, de forma eficiente, os mercados de baixa ou nenhuma rivalidade, como são os mercados de serviços públicos. A defesa da concorrência é importante não só nos mercados onde já haja concorrência, mas também naqueles onde ela precisa alcançar níveis mínimos. Ou seja, além de preventivas e repressivas, as políticas de defesa da concorrência e de regulação têm por objetivo estimular a concorrência e aumentar o bem-estar da sociedade.

ROBERTO AUGUSTO CASTELLANOS PFEIFFER[1]

Roberto Pfeiffer, qual é a sua formação?

Roberto Pfeiffer: sou formado pela Faculdade de Direito da Universidade de São Paulo, em 1991; fiz mestrado na USP, em processo civil com um ângulo de direito constitucional, pois escrevi sobre o mandado de injunção. Atualmente estou fazendo doutorado, a minha tese será sobre a relação entre direito da concorrência e a proteção ao consumidor. Estudo em que medida, ao se defender a livre concorrência, leva-se em conta o interesse do consumidor. Logo que eu me formei, trabalhei, durante uns oito meses no escritório do professor Celso Campilongo, mas prestei concurso para procurador do estado de São Paulo e fui aprovado e nomeado em 1993. Em 1999, fui convidado para ser assessor do Ministro Octavio Gallotti, do Supremo Tribunal Federal; quando ainda estava no Supremo Tribunal Federal, fui convidado para ser Consultor Jurídico do Ministério da Justiça, no final daquele ano, com o ministro José Carlos Dias. Em agosto de 2001, fui para o CADE.

Como se deu a sua ida para o CADE?

Roberto Pfeiffer: no ministério da Justiça, eu tive uma aproximação muito grande com a Secretaria de Direito Econômico por alguns motivos. Em primeiro lugar, porque já estudava direito do consumidor e a Secretaria de Direito Econômico tem, entre os seus órgãos, o Departamento de Proteção e Defesa da Concorrência, cujo titular veio a ser o meu amigo Professor José Reinaldo Lima Lopes; e conheci o Caio Mário, no Departamento de Defesa Econômico e o titular da Secretaria, Paulo de Tarso. Nós discutíamos alterações na Lei, sempre um tema atual na SDE, e que passava necessariamente pela consultoria do ministério. Daí resultou a Medida Provisória 2055 de 2000, depois convertida

---

[1] 1.º Mandato: 24.08.2001 a 23.08.2003; 2.º Mandato: 20.10.2003 a 20.10.2005.

na Lei 10.149, de 21.12.2000. E nesse meio tempo também passou-se a discutir a reforma da lei, a eterna discussão da reforma da lei.

Em 2001, acabei sendo convidado para a vaga do conselheiro Mércio Felski, cujo mandato expirava. O ministro da Justiça era o Dr. José Gregori e ele fez a indicação.

Passei por duas sabatinas, já que, encerrado o meu primeiro mandato, fui reconduzido. Na primeira sabatina, os senadores levaram e fizeram algumas perguntas; a segunda foi rápida, apesar de o processo haver demorado cerca de dois meses até ser concluído.

Como você encontrou o CADE?

Roberto Pfeiffer: o presidente era o João Grandino Rodas, conselheiros Celso Campilongo, Afonso Arinos, Thompson Andrade, Ronaldo Porto Macedo, Miguel Tebar Barrionuevo, que chegou mais tarde. Encontrei o CADE com alguns dos seus problemas eternos. Para começar, quando entrei o quórum estava interrompido, e quando saí interrompi o quórum; esse é um problema sério, dos mandatos serem coincidentes e tão curtos, além da demora na nomeação. Do ponto de vista material, não peguei a pior fase do CADE, embora a estrutura fosse muito precária; já estávamos no prédio novo, mas a parte de pessoal era extremamente precária, havia apenas alguns cargos de confiança, isto é, com salários um pouco mais elevados do que a média, muito baixa, e os titulares deles, em sua maioria, ficavam lotados na presidência, cabendo aos conselheiros os demais ocupantes desses cargos, mas em número insuficiente e com salário ainda mais reduzido. E não se podia contratar ninguém!

Eu tinha um único assessor e alguns estagiários, os quais procurei sempre treinar bem. E só. A dificultar esse trabalho, tínhamos uma biblioteca muito incipiente e a jurisprudência ainda não estava organizada.

Eu já conhecia o Ronaldo Porto Macedo e o Celso Campilongo; com o Thompson Andrade e o Afonso Arinos todos nós nos demos muito bem, o que nos uniu muito. Foi um conselho formado depois do caso AmBev, quando se notou a preocupação do governo de mudar completamente o Conselho, em função da repercussão desse caso. Mas havia ainda o rescaldo do caso; lembro-me de que quase todos os casos posteriores diziam respeito à tempestividade da notificação do ato de concentração; o grande momento do julgamento era quando se julgava um caso tempestivo ou não, mas, ainda assim, era um Conselho preocupado com questões novas. O problema era, e ainda em certa medida é, a demora na instrução, por parte da SDE.

Nós nos reuníamos terça-feira à tarde, véspera do julgamento, e os casos eram discutidos. Nos casos mais complexos, o relator procurava já apresentar os fatos mais relevantes e, claro, discutíamos esses pontos, mas não se firmava posição. Era possível tirar-se dúvidas sobre questões de fato com o relator, o que evitava pedidos de vista nas sessões. Esse tipo de reunião é comum na Suprema Corte dos Estados Unidos e sem dúvida é muito proveitoso.

Quais foram os principais casos que você julgou?

Roberto Pfeiffer: o primeiro caso de grande relevância que julguei, logo depois de chegar ao Conselho, foi o caso Finasa.[2] Foi um momento de afirmação do CADE, em relação a sua competência para julgar atos de concentração envolvendo instituições do mercado financeiro. Como se sabe, o parecer da AGU negava competência ao CADE, essa era também a posição dos quadros do Banco Central. A meu ver, a competência do CADE é concorrente com a do Banco Central, essa aliás, é a posição do CADE. Digo concorrentes no sentido de que, a exemplo do que ocorre nas telecomunicações, os dois órgãos têm atribuições para apreciar o ato de concentração, só que sob óticas distintas. O Banco Central sob a ótica da lei de organização do sistema financeiro e da regulamentação do Conselho Monetário Nacional e o CADE sob o aspecto concorrencial; então nesse sentido há uma certa concorrência. A decisão do CADE, cujo único voto na linha do parecer da AGU foi do presidente do CADE, João Grandino Rodas, foi confirmada pelo Superior Tribunal de Justiça. Posteriormente, o CADE e o Banco Central trabalharam em um Projeto de Lei que foi ao Congresso e lá não anda. Mas a competência do CADE hoje é aceita, veja-se, por exemplo a aquisição do Unibanco pelo Itaú, que foi notificada.

---

[2] Ato de Concentração 08012.0067622000-09 – Requerentes: Banco Finasa de Investimento S/A, Brasmetal Indústria S/A e Zurich Participações e Representações.

Outro caso importante foi de cartel de combustível,[3] o primeiro caso de cartel de combustível julgado em 2002; o relator foi o Afonso Arinos. No julgamento desse caso, o CADE reiterou o dispositivo legal, de que o ato infrativo não precisa gerar resultados para ser considerado infrativo, basta haver a potencialidade infrativa. Provado o conluio entre concorrentes, há a infração.

Aliás, uma questão importante diz respeito às entidades de classe. Muitas vezes, elas lideram cartéis, isso ficou muito claro em todos esses cartéis de combustível que foram sendo julgados e outros cartéis que se seguiram. Nas decisões houve a preocupação de mostrar à SDE a importância de ela aprofundar a investigação nesses tipos de casos. Outro aspecto que tratamos foi o das provas emprestadas, que a meu ver merece mais um teste jurisprudencial, isto é, a possibilidade de você utilizar provas emprestadas dos inquéritos policiais. Há uma série de ações conjuntas com o Ministério Público e tem-se normalmente utilizado essas provas emprestadas; no caso do cartel de combustíveis em Florianópolis conseguimos toda a transcrição de conversas telefônicas que foram uma prova importante para a condenação do cartel, pelo CADE.

Outro caso interessante foi o da lista telefônica,[4] cuja edição era monopolizada por uma empresa e com a privatização das telecomunicações várias empresas passaram a poder explorar esse serviço; julgamos um caso que envolvia a distribuição de competência entre o CADE e a Anatel. Mais importante do que o mérito do caso, foi demonstrar a competência do CADE sobre essa matéria, e que o sistema brasileiro de defesa da concorrência pode julgar casos no mercado de telecomunicações independentemente da Anatel, ou seja, questões cujo cerne não seja exclusivamente de regulação. Esse caso foi parar no Judiciário, e é importante observar a judicialização das decisões do CADE, que, aliás, ocorre no mundo inteiro. O CADE impôs uma medida cautelar, a empresa recorreu, mas o Judiciário confirmou a medida imposta pelo CADE. O caso se encerrou com a celebração de um termo de cessação de conduta. Hoje há um grande movimento em torno da leniência, mas penso que o termo de cessação de conduta deveria ser mais utilizado, so-

---

[3] Processo Administrativo 08012.002299/2000-18 – Representante: Ministério Público do Estado de Santa Catarina.

[4] Ato de Concentração 08012005536/99-25 – Requerentes: Bellsouth Advertising & Publishing Corporation e Listel- Listas Telefônicas S/A.

bretudo por existir um crônico gargalo na instrução processual: os processos demoram muito a chegar da SDE ao CADE.

Outro ponto significativo diz respeito à garantia de reversibilidade do ato de concentração, como garantia de efetividade da decisão do CADE. Isso vivemos intensamente no CADE. As empresas negociam entre si um ato de concentração, aquisição de uma por outra, e, imediatamente, começam a se integrar: unificam diretorias, unificam políticas comerciais, alienam marcas, extinguem canais de distribuição ou os unificam, etc., buscando consolidar de fato a integração. E, note-se, que essa consolidação precipitada afeta terceiros, com quem as figurantes do ato se relacionavam. A obrigatoriedade de notificação prévia em lei corrigiria essa falha. O APRO surgiu para contornar esse problema e o caso Nestlé mostrou a importância dessa medida. Se o CADE não adotar estritamente essa medida em casos complexos ele não garantirá a efetividade de sua decisão.

No caso Nestlé o que ocorreu? Com a celebração do ato de concentração e em seguida à decisão do CADE de negociar o APRO, toda uma rede de interesses foi articulada, à qual não faltou a ameaça de cancelamento de uma prometida implantação de uma fábrica de café solúvel no estado, argumento utilizado com grande habilidade pela empresa para angariar a simpatia dos políticos e da sociedade local. Ou seja, a decisão do CADE levaria a empresa a desistir de implantar essa fábrica. Essa articulação colaborou muito para a mobilização do meio político capixaba para se contrapor ao CADE, primeiro para pressioná-lo a aprovar o ato e, posteriormente, para pressioná-lo a aprovar o pedido de reconsideração feito pela empresa. Não vejo nada de negativo ou nocivo que o Senado se mobilize, que o Senado venha a discutir a atuação do CADE. Pareceu-me excessivo, por exemplo, ameaçar o CADE com uma comissão parlamentar de inquérito, com a edição de decretos legislativos; sem dúvida, essas ameaças foram excessivas, porque inteiramente descabidas. O CADE é sujeito, naturalmente ao controle do Senado, ao controle judicial de seus atos, quer dizer, há meios legais de rever a atuação do CADE.

Esse fato ressalta a importância de se ter a notificação prévia de ato de concentração; até lá, porém, a imposição do APRO, ou de medida cautelar, já protege a efetividade da decisão do CADE. Aliás, ressalto um aspecto positivo do APRO; como se trata de um acordo, onde há uma tratativa feita com a empresa, que com ele concorda, esse instrumento tem um fator dissuasivo – a empresa não o contesta no Judiciário – e outro fator, que, caso ele não seja assinado e o CADE imponha uma medida cautelar para o mesmo fim, o CADE poderá demonstrar em juízo que buscou a alternativa negociada, rejeitada pela empresa. Além disso, o APRO mostra à sociedade e às empresas que a demora do CADE em decidir atos de concentração complexos – que hoje já não é tão grande, mas pode ser reduzida – decorre da falta de investimentos na SEAE, na SDE e no CADE.

Os casos relativos ao mercado de telecomunicações foram importantes, inclusive porque referem uma questão legal, que é a atribuição, na LGT, à Anatel de instruir tanto o processo sancionador, quanto o relativo ao ato de concentração, que tenham lugar no mercado de telecomunicações. Conversei com o Carlos Ari Sundfeld, que participou da elaboração do projeto da LGT, e ele me disse que o propósito era internalizar na Anatel a cultura de defesa da concorrência e por outro lado também permitir que a expertise regulatória fosse utilizada e pudesse ser apropriada. A ideia parecia boa, mas ela não deu certo. Atualmente se revelou absolutamente inadequada a atribuição de instrução pela Anatel em casos relativos à defesa da concorrência. A experiência mostra isso claramente, basta ler as decisões do CADE e conversar com quem milita lá e na Anatel. Não há sentido em restringir a competência da SDE e do CADE em casos que envolvam defesa da concorrência e esse entendimento vai se alargar, sobretudo por pressão do interesse público, porque a instrução na Anatel enfrenta vários problemas. O acesso aos autos é difícil, o processo é muito lento e eu vejo um problema seríssimo na Anatel que é o fato de as deliberações de seu conselho, um órgão colegiado, não serem públicas, de o processo decisório não ser transparente. A eternização da decisão da Anatel, por si só, inviabiliza qualquer decisão do CADE, ela acaba pautando o CADE e o ato de concentração quando chega ao CADE já está consolidado. Em alguns casos, o CADE impôs medida preventiva, lembro-me de uma envolvendo a Prodam e a Telesp, em que o Conselheiro Cleveland Prates fez um belo voto, impondo uma medida preventiva, pois a Anatel não decidia sobre igual pedido feito havia meses!

O outro caso no setor de telecomunicações, em que você, Pedro, participou, foi a denúncia que a Intelig e a Embratel fizeram contra a

Oi, contra a TELESP e contra a Brasil Telecom.[5] Esta estaria praticando ou subsídio cruzado ou preço diferenciado no provimento de ligação de longa distância ou *price squeeze*; era um caso extremamente importante porque ele estava relacionado não só com o modelo de privatização, mas também com todo o modelo de interligação. Concluí, em meu voto, que o modelo existente não era o melhor modelo do ponto de vista concorrencial, mas que não havia, ali, infração concorrencial, não ficara demonstrado nos autos haver infração. Fiz uma sugestão à Anatel, que acabou alterando o modelo de interligação de redes. Tanto que a antiga Resolução 33 de 1998 que regulava a TU-RL veio a ser revogada pela Resolução 458 de 2007.

Mas, veja, é importante ressaltar que nesse caso, extremamente complexo e importante, a instrução na Anatel demorou muito, o que retardou a sua chegada ao CADE e, quando chegou, vimos que ela era deficiente, o que nos obrigou a pedir um parecer da SEAE. Ora, qualquer que fosse a decisão a ser tomada, ela perderia muito da eficácia pelo fato de demorar tanto. E isso em um caso cujo fundo era o próprio modelo de telecomunicações!

Veja, então, a questão da expertise da Anatel. Como disse acima – e esse caso é ilustrativo, não é algo que tenha por objeto uma ciência profunda que, por exemplo, o CADE, nos aspectos relacionados à defesa da concorrência, não possa dominar. Esse conhecimento sobre telecomunicações é amplamente acessível. Então, o argumento de que a expertise detida pela Anatel só ela deteria em grau mínimo, a experiência não confirmou; como também a criação de uma cultura de concorrência na Agência não se deu; basta ver a demora com que ela remete esses casos ao CADE.

Outro ponto interessante a referir é a crescente judicialização das decisões do CADE. O CADE fez muito bem em se aproximar do Judiciário, ou seja, a procuradoria do CADE está fazendo um excelente trabalho de informação e esclarecimento do direito da concorrência junto aos juízes, pois para eles é uma matéria nova. E os resultados positivos estão começando a aparecer. O caso Vale mostra isso. Ou seja, o

---

[5] Processo Administrativo 53500.001824/2002 – Representante: Empresa Brasileira de Telecomunicações S.A. – EMBRATEL S.A. e Intelig Telecomunicações Ltda. – INTELIG Representada: Brasil Telecom Participações S.A. – Brasil Telecom.

CADE, na defesa de suas decisões perante o Judiciário, deve fazer o que os advogados das empresas fazem: defender os seus interesses, da melhor forma possível.

Qual a importância da defesa da concorrência para a sociedade brasileira?

Roberto Pfeiffer: ela é essencial porque previne o abuso do poder econômico, que distorce a economia do país e prejudica diretamente o consumidor. A repressão às condutas infrativas, todas elas, é fundamental, inclusive porque sinaliza ao consumidor, que é o mais prejudicado por esse abuso, que ele está sendo protegido. Entendo que o combate aos cartéis é importante, mas outras condutas devem ser reprimidas também. Quanto à prevenção, o controle das concentrações, para que não se formem estruturas econômicas anticompetitivas, é igualmente importante. Nesse sentido, três aspectos devem ser valorizados. Em primeiro lugar, a inovação, ou seja, se a concentração prejudicará os incentivos à inovação. A inovação tecnológica, a capacitação tecnológica que ela propicia, é uma questão vital para o Brasil. Em segundo lugar, é preciso, sempre, ao se analisar um ato de concentração, ter em conta, especificamente, a situação do consumidor, o quanto ele será afetado por esse ato. Não basta pensar em termos gerais da economia: é preciso ver a situação do consumidor. Não é suficiente o argumento, que se ouve muitas vezes, inclusive na academia: "Ah! a concorrência, ao fim e ao cabo, acaba beneficiando o consumidor!". Veja a jurisprudência do CADE: inúmeros casos de concentração foram julgados sem que neles tenha havido uma análise detida sobre a situação do consumidor, o quanto ele seria afetado pelo ato de concentração. Essa questão precisa ser analisada necessariamente nos casos onde há alta concentração de poder de mercado. Por exemplo, no caso AmBev a situação do consumidor não foi debatida, embora haja referência ao consumidor no voto da Relatora. Referência não é suficiente. Esse caso foi muito debatido, mas o CADE tangenciou a questão do consumidor, não entrou no âmago dessa questão. No caso da Nestlé-Garoto, pelo contrário, o âmago da desconstituição do ato determinada pelo CADE está na preservação do interesse do consumidor. Vejo com felicidade que a preservação dos interesses dos consumidores voltou a ser ressaltada em dois julgamentos de grande repercussão: a fusão SKY/ DIRECTV e o caso Saint Gobain.

Em síntese, entendo que o impacto ao consumidor causado por um ato de concentração de grande porte deve ser um requisito essencial da análise do caso. O terceiro ponto é a eficiência, como condição de aprovação de ato de concentração. Entendo, como deixei expresso no meu voto no caso Nestlé, que se os efeitos do ato restringem, efetivamente, a concorrência, o voto do conselheiro, nos termos da Lei, é vinculado à não aprovação, ou seja, ele é obrigado, por lei, a votar pela desconstituição do ato. Nessa hipótese, não cabe se falar em eficiência compensatória, nem em condição compensatória. A eficiência tem que ser permanente, duradoura, consistente em reduzir o preço e manter a qualidade e a oferta ao consumidor e, ainda, só poder ser alcançada pelo ato de concentração e não por outra forma. Só aí, nessa hipótese estrita, note-se, ela é admitida, e se, claro, o caso não gerar efeitos irremediavelmente negativos à concorrência. É importante observar, o que se sabe, mas sempre é divulgado com outro sentido, que toda concentração gera eficiência – para as empresas. Já ao consumidor, não é certo.

Espero ver consolidado na jurisprudência o entendimento adotado pelo CADE sobre a vinculação do voto em caso de dano irremediável à concorrência, como foi decidido no caso Nestlé-Garoto.

A transparência com que o CADE atua tem sido um dos principais fatores na defesa da concorrência no Brasil. Há vários fatores positivos nessa prática, que é, como se sabe, um dever legal de todo órgão público e não um ato espontâneo do CADE, de vontade própria. As sessões abertas, com a presença de advogados, empresários, imprensa e economistas, obrigam aos conselheiros terem uma formação mínima que os habilite a tratar das questões a eles submetidas; por isso, torna, cada vez mais, desinteressante o posto de conselheiros a pessoas não habilitadas, porque elas vão passar por situações embaraçosas, de mostrar, em público, despreparo técnico para exercer a função. O próprio Executivo percebe isso, como mostra a experiência recente do CADE, cujos indicados vem sendo, e espero que assim continue, indicados por critério técnico exclusivamente. A transparência obriga os conselheiros a fundamentarem os seus votos, expor a motivação de seus votos, sobretudo quando esse voto contraria outros votos, a jurisprudência, ou pareceres da SDE e da SEAE, por exemplo. Veja o que acontece na Anatel – ela decide a portas fechadas, como se sabe. Só conhecem suas opiniões aqueles que têm acesso aos autos. A sociedade não toma conhecimento da decisão, que afeta o seu interesse, nem sabe quem foi o responsável por esse voto. Por isso esse ponto é importante: os votos precisam ser, digamos, robustos juridicamente, para que o público entenda o seu sentido, vejam os argumentos neles expostos e porque irão, muitas vezes, sofrer o controle do Judiciário. E a transparência contribui muito nesse sentido. Ninguém quer sofrer o embaraço de ler um voto em público, como se dá no conselho do CADE, mal fundamentado, com pouco nexo, confuso.

Nessa linha, a publicação da agenda dos conselheiros é importantíssima. Os conselheiros são funcionários públicos e devem agir publicamente; os advogados, as partes, toda a sociedade veem o que os servidores públicos estão fazendo. Não há reuniões secretas. Se uma parte se reúne com os conselheiros, a outra fica sabendo.

A publicidade e a transparência levam a outra questão importante, a do mandato; já não se pode discutir mais se deve ou não haver mandato cercado das garantias a ele inerentes, em um órgão como o CADE, pois ele é o fator inibidor das pressões. Elas podem existir, mas, com o mandato, o conselheiro as enfrenta, se quiser. Assim, as pressões tendem a se tornar públicas, pelo menos na minha experiência foi o que eu vi. Aí a sociedade julga a legitimidade, digamos, dessa pressão. Já a pressão não pública, um telefonema de autoridade, uma chamada para uma reunião secreta ou sigilosa onde alguma autoridade pressione, essas, com o mandato, o conselheiro só sofre se quiser. Quando conselheiro, vi sinalizações públicas de desagrado com algumas decisões, como no caso Finasa, pois o CADE divergiu do entendimento de um parecer da AGU aprovado pelo presidente da República. A meu ver, é legítima a manifestação nesse sentido; um órgão tem o direito de discordar do outro, pois ambos são independentes. E é melhor que seja em público. São opiniões distintas, faz parte do jogo institucional.

Nesse caso, o CADE teve uma postura, a meu ver, extremamente correta de defender a sua posição, em termos técnicos, fundamentados, dizendo que, embora houvesse a decisão da AGU, a dele, CADE, era essa, não importando se o parecer da AGU tivesse sido, como foi, aprovado pelo presidente da República. Em termos decisórios e hierárquicos, o CADE é independente do poder Executivo, só o Judiciário poder rever decisão do CADE. E nesse caso reviu, para confirmá-la. E da posição do CADE resultou o entendimento com o Banco Central, uma solução que reconheceu a competência do CADE para analisar ato de concentração no mercado financeiro, ao que a AGU se opunha.

No caso Nestlé, a pressão sobre o CADE foi pública e notória; aquela mobilização política toda da bancada do Espírito Santo no Senado; houve, como se sabe, excessos, como ameaça de comissão parlamentar de inquérito, decreto legislativo para anular a decisão do CADE. Como foram públicas essas ameaças, a sociedade pôde avaliá-las e penso que, hoje, elas não se repetiriam, ao menos dessa forma.

Em resumo, a defesa da concorrência visa o interesse público, logo ela deve ser feita na forma da Lei e de forma aberta ao público, pelo CADE.

RONALDO PORTO MACEDO JR.[1]

Ronaldo Porto Macedo Jr., qual é a sua formação?

Ronaldo Porto Macedo Jr.: Eu me formei em Direito na USP em 1985 e em Ciências Sociais, também na USP, em 1986. Durante o curso de Direito fiz parte, durante quatro anos, do PET–CAPES-Direito (Programa Especial de Treinamento), um programa voltado para Sociologia e Teoria do Direito para alunos de graduação. Durante a graduação em Direito cheguei a fazer uma monografia de iniciação cientifica sob a orientação do professor José Afonso da Silva (*O uso de decreto-lei em matéria tributária*). Essas experiências me conduziram progressivamente para o campo da filosofia. No quarto ano do meu curso de Direito propus aos coordenadores do PET, Tercio Sampaio Ferraz Jr. e José Eduardo Faria, realizar uma pesquisa sob a orientação do professor de Filosofia da USP José Arthur Giannotti. Naquele ano (1985), ele ministraria um curso sobre Wittgenstein (*Tractatus*) na pós-graduação da Filosofia da USP juntamente com o professor Luiz Henrique Lopes dos Santos. Ele me encorajou a seguir o curso e como preparação recomendou que lesse alguns dos trabalhos de Bertrand Russell[2] e Gotlob Frege.[3] Foi difícil. No começo, quebrei a cara com as leituras, mas acompanhei o curso, e tal passo me levou a seguir muitos outros cursos e orientou decisivamente o meu interesse pela filosofia. Ou seja, eu passei a fazer sistematicamente todas as optativas que podia fazer do curso de Ciências Sociais na Faculdade de Filosofia.

Eu me formei em Ciências Sociais em 1986, mas, mesmo antes de me formar, o Giannotti falou: "Ronaldo, você devia prestar concurso para entrar na pós em Filosofia". Eu disse: "Bom, mas como entrar na pós, se eu não fiz a graduação completa em filosofia?" Ele respondeu: "Não, não, presta agora, não faz sentido fazer outra graduação! Você já

---

[1] Mandato: 29.09.2001 a 28.09.2003.
[2] Especialmente os artigos incluídos no livro *Logic and Knowledge*, da Routledge.
[3] *Translations from Gotlob Frege*, de Max Geach e Peter Black, Oxford, Basil Blackwell, 1960.

se formou em dois cursos! Eu disse: "Não sei nem por onde começar". Ele perguntou: "Você já leu Carl Schmitt?" Eu disse: "Não, eu nunca li Carl Schmitt". Aí ele me deu uma ideia do tema, e eu prestei concurso para entrar na pós e entrei. Posteriormente, passei num concurso para ser bolsista do CEBRAP, onde fiquei por dois anos (1986-1988). Fiz o mestrado em Filosofia na Faculdade de Filosofia, sob a orientação do Giannotti. Posteriormente, em 1990, por inúmeras razões, algumas pessoais, resolvi prestar concurso para o Ministério Público. Em 1993, concluí a minha tese de mestrado sobre Carl Schmitt.[4] No ano seguinte, entrei no doutorado na USP sob orientação do José Eduardo Faria. Defendi o doutorado em 1997, com uma tese sobre contratos relacionados à defesa do consumidor.[5] Durante o doutorado, passei dois anos em Harvard, sob a orientação do Roberto Mangabeira Unger, pesquisando para essa tese. Quando entrei no Ministério Público, comecei a lecionar em faculdades particulares e depois me tornei professor da Faculdade de Direito da USP e de Direito na GV-SP.

Como se deu a sua ida para o CADE?

Ronaldo Porto Macedo Jr.: Foi uma surpresa. Certo dia, recebi um telefonema do Paulo de Tarso Ribeiro (então secretário de direito econômico do Ministério da Justiça) – que eu já conhecia porque integrávamos o grupo ligado ao professor José Eduardo Faria, mas com quem não tinha nenhuma relação de intimidade –, e ele me fez o convite para ser conselheiro do CADE. Ele conhecia o meu trabalho sobre contratos relacionais que fora premiado pelo Brasilcon. Ele me entregara o prêmio em mãos. O meu nome não encontrou resistência no governo, inclusive por dois motivos pessoais: eu já conhecia o ministro da Justiça José Gregori, e também já conhecia a Ruth Cardoso, que fizera parte da minha banca de ingresso no CEBRAP e que era orientadora de minha esposa. Então, o meu nome passou sem maiores problemas. A sabatina foi, como é sempre, um ritual e nada mais, sem nenhuma profundidade.

---

[4] Publicado como *Carl Schmitt e a fundamentação do direito*, São Paulo, Max Limonad, 2005.

[5] Publicado como *Contratos relacionais e defesa do consumidor*, 2. ed., São Paulo, Ed. RT, 2006.

Como você encontrou o CADE?

Ronaldo Porto Macedo Jr.: Tomei posse em 13 de julho de 2001, e o plenário do CADE tinha a seguinte composição: Celso Campilongo, Afonso Arinos, Thompson Andrade e Roberto Pfeiffer. Posteriormente, foram nomeados Fernando Marques, Miguel Tebar Barrionuevo e Cleveland Prates. O presidente era o João Grandino Rodas. Celso Campilongo, Afonso Arinos, Thompson Andrade, Roberto Pfeiffer, Cleveland Prates, Fernando Marques (nem todos ao mesmo tempo) e eu estávamos muito motivados e unidos em torno das nossas atividades; almoçávamos todos os dias juntos e muitas vezes jantávamos, e o assunto era quase sempre o nosso trabalho no CADE. Éramos muito amigos. Já o João Grandino Rodas era uma pessoa de trato formal, cordial; mas ele não se envolvia na coordenação ou na discussão que mantínhamos ordinariamente.

O CADE tinha uma estrutura extremamente precária. Em meu gabinete, encontrei uma secretária, um economista vindo da Eletronorte, com um salário baixo, em cargo comissionado. Não era um grande especialista na área, mas era muito dedicado. Havia uma advogada (Raquel), também muito dedicada, séria e atenciosa, que percebia um salário de cerca de três salários mínimos... E havia duas estagiárias (Rochelle e Marina), muito qualificadas, da Universidade de Brasília. Eram todos muito dedicados, de confiança e de excelente caráter. Logo percebi que poderia (e num certo sentido precisaria) trabalhar também com um grupo de estagiários e convidei um grupo de alunos da USP, muito qualificado e fluente em inglês, para me auxiliar. Eu solicitava a esses pesquisadores voluntários que fizessem pesquisas em São Paulo. No CADE não havia uma boa biblioteca e lá eu tinha que lidar com uma quantidade de trabalho monumental e muitas vezes repetitivo. Assim, com o auxílio dessa equipe "externa", foi possível dar conta dos casos mais complexos que me foram distribuídos ou que julgavam mais interessantes e relevantes.

Quais foram os principais casos que você julgou?

Ronaldo Porto Macedo Jr.: O primeiro que me ocorre foi o *caso Finasa*,[6] em que se discutiu se o CADE era competente para julgar

---

[6] Ato de Concentração 08012.0067622000-09 – Requerentes: Banco Finasa de Investimento S/A, Brasmetal Indústria S/A e Zurich Participações e Representações.

atos de concentração celebrados por bancos. Foi mérito do conselheiro Celso Campilongo levantar a questão e desafiar a tese de que apenas o Banco Central, excluído o CADE, seria competente para decidi-los. A decisão desafiava a orientação dominante no Banco Central e na Advocacia Geral da União, que havia apresentado parecer favorável à tese do BACEN e que pretendia vincular o entendimento do CADE. Os detalhes e documentos relevantes sobre o caso foram reunidos num livro organizado pelo Celso Campilongo.[7] O curioso é que, apesar de tais posições fortes em favor da tese da competência exclusiva do BACEN para analisar concentrações e práticas anticoncorrencias no mercado financeiro, o próprio presidente do BACEN na época, Armínio Fraga, defendia a competência do CADE, por entender que somente um órgão com *expertise* e foco na concorrência poderia conferir a devida importância à questão concorrencial no setor financeiro. O órgão regulador (BACEN) estaria sempre por demais orientado para a dimensão regulatória para incluir em sua pauta e agenda considerações concorrenciais mais profundas. Eu nunca recebi qualquer manifestação, em qualquer sentido, do governo, sobre esse ou outros casos, e o meu voto deu maioria à posição que defendia a competência do CADE (contra a posição oficial do BACEN e da AGU). Nessa decisão, pode-se ver que as linhas de argumentação dos diversos conselheiros que votaram foram se complementando naqueles votos que acompanharam o voto vencedor. Nesse caso, o presidente Rodas votou por escrito – o que raramente fazia –, negando competência ao CADE, e foi acompanhado pela conselheira Hebe Romano. Esse caso deu inicio a uma série de negociações que terminaram com a elaboração de um projeto de lei complementar que alterava a Lei 4.595/1964 e coordenava as ações do CADE e BACEN sobre questões concorrenciais.

Outro caso relevante foi o *Embratel-Intelig*,[8] do qual fui relator do pedido de medida preventiva. Havia uma questão interessante sobre

---

[7] Celso Fernandes Campilongo, Jean Paul C. Veiga da Rocha, Paulo Todescan Lessa Mattos, *Concorrência e regulação no sistema financeiro*, São Paulo, Max Limonad, 2002. Veja-se também: Priscila Brólio Gonçalves, *Brazil: Who Controls Financial Institutions Mergers?*, 25 April 2002. Disponível em: http://www.mondaq.com/article.asp?articleid=16010.

[8] Pedido de Medida Preventiva – Requerentes: Empresa Brasileira de Telecomunicações S.A., Embratel S.A. e Intelig Telecomunicações Ltda., de Brasília-DF, 22 de maio de 2002. Conselheiro-relator: Ronaldo Porto Macedo Júnior.

ser competente a Secretaria de Direito Econômico para analisar atos de concentração e práticas supostamente anticoncorrenciais relacionadas ao mercado de telefonia, ou se tal competência seria privativa da Anatel. Entendi que a SDE e o CADE eram competentes para examinar medida cautelar versando sobre questões de telecomunicações, e não apenas a Anatel. Havia resistência da própria SDE, que não queria assumir essa competência, pois entendia que tal postulação a colocaria em rota de colisão com a Anatel. Eu entendi que a SDE tinha competência para instruir processos quando assim solicitado pelo CADE. Em matéria regulatória a competência era exclusiva da Anatel, mas em matéria concorrencial a SDE e o CADE eram competentes, sendo que o CADE, inclusive, poderia requisitar manifestação da SDE quando entendesse devido. Penso que foi uma afirmação institucional importante.

É importante registrar a diversidade existente entre o CADE, transparente, e a Anatel, fechada. A questão do devido processo legal interno, ou seja, da instrução processual, da inexistência até mesmo de um procedimento formal, de contraditório e da falta de acesso às reuniões do Conselho da Anatel eram queixas que nos chegavam pelos advogados e que eram perceptíveis a todos quantos lidavam com processos vindos da Anatel. A prática dominante no CADE, nesse ponto, fazia um contraste muito grande. A publicidade dos procedimentos e decisões do CADE são únicas até do ponto de vista comparativo: no mundo, são pouquíssimos os tribunais de defesa da concorrência abertos ao público, com julgamento público dos casos. A meu ver, essa é uma regra legal extremamente positiva, em especial no Brasil.

Outro caso relevante, a meu ver, foi o *Powertec-Matec*.[9] A Powertec era formada por dissidentes de uma empresa anterior, a Matec, que detinha a exclusividade na representação de aparelhos de telefonia e de venda de peças de reposição da Siemens. A Powertec a denunciou dizendo que a Matec não revendia as peças de reposição, o que a impedia de entrar no mercado de prestação de serviços de manutenção das centrais de telefonia Siemens. A questão principal dizia respeito à análise da barreira alegada, em face do argumento da Matec de que ela não poderia vender os produtos Siemens "a qualquer um", porque, afinal de

---

[9] Processo Administrativo 08012.000172/98-42 – Representantes: Power-Tech Teleinformática Ltda; Representada: Matel Tecnologia de Informática S/A – Matec.

contas, ela era responsável pela marca Siemens, e só aqueles prestadores credenciados por ela teriam condições de garantir a marca e a qualidade dos serviços. Contra-argumentava a Powertec dizendo que era formada por ex-funcionários da Matec, então eles evidentemente tinham a proficiência exigida. Esse caso redundou em condenação e consolidou outra questão importante da qual me orgulho muito, porque essa foi uma bandeira que eu comprei lá, que era a questão da dosimetria da sanção aplicável à infração concorrencial, que havia sido pioneiramente discutida num minucioso voto-vista (90 páginas) apresentado no caso *White Martins*[10] (esse caso foi também muito interessante por outros motivos. Tratava-se de uma condenação por prática de açambarcamento, onde inúmeras questões concorrenciais interessantes eram analisadas). No caso Powertech-Matec, apresentei um voto-vista bastante longo (161 páginas). Tal entendimento veio a se tornar pacífico desde então. A lei determina que a multa tome por base de cálculo o faturamento bruto da empresa infratora. Mas considerei que essa regra podia levar a distorções: uma empresa com um faturamento muito grande, e atuante em vários mercados, aplicados estritamente os termos formais da lei, poderia receber uma multa muitas vezes superior ao faturamento naquele mercado no qual teria sido cometida a infração. Em um caso assim, haveria um paradoxo, haveria uma sanção tão draconiana que o Judiciário não o aceitaria por violar o princípio da proporcionalidade.

Cabia-nos fazer um exercício hermenêutico, e a única maneira razoável de fazer isso era justamente acomodar essa interpretação e dizer algo que a lei não dizia expressamente. A interpretação restritiva, de que a base de cálculo deveria considerar apenas o faturamento do mercado relevante, poderia, em alguns casos de menor expressão econômica, sugerir que o CADE estaria sendo "bondoso" com tais empresas. Mas, na verdade, o que eu queria resguardar era justamente o que podia ocorrer nos casos envolvendo grandes empresas, como a White Martins, em que uma imposição de multa pelo faturamento bruto fosse uma vitória de Pirro, porque seria facilmente derrubada nos tribunais. Fiz, então, um exercício de interpretação no sentido de impor uma multa razoável, mas que resistisse a um recurso ao Judiciário. Aliás, essa era uma

---

[10] Processo Administrativo 08000.022579/97-05 – Representante: Messer Grieshem do Brasil Ltda., Representada: S.A. White Martins. Conselheiro-relator: Celso Fernandes Campilongo.

preocupação minha muito forte: tentar *blindar* as decisões do CADE. Em outras palavras, tínhamos que pensar e antecipar como se sairiam as decisões do CADE quando submetidas ao Judiciário. Aliás, essa preocupação explica alguns votos longos: entendíamos que era preciso expor a matéria – que ainda é pouquíssimo conhecida no Judiciário –, para que ela pudesse ser devidamente analisada; era preciso deixar claros os fatos, os dados e as teorias inscritos na decisão do CADE a ser eventualmente revista. Entre nós, chamávamos tais peças de "votos didáticos". Creio que a maioria de "juristas" na composição dominante do CADE nesse período explica em parte esse tipo de preocupação. O caso Powertech-Matec envolveu ainda uma interessantíssima questão concorrencial sobre integração vertical, que o fazia o caso brasileiro mais semelhante ao famoso caso Kodak, tão discutido pela doutrina americana. O julgamento desse caso envolveu também a questão do aproveitamento de votos já proferidos, que tinha grande importância política e institucional e que foi objeto de uma resolução regulamentar.

Outro caso foi o *Sonaiemo-Enplanta*.[11] A questão versava sobre a possibilidade de o CADE reapreciar, revisar, retificar, reconsiderar ou anular suas decisões. Eu entendia que o CADE podia, ordinariamente, reconsiderar matéria que não fosse de mérito. Ele não podia ficar reconsiderando questões de mérito porque, do contrário, poderia, por exemplo, reconsiderar casos como a fusão que gerou a AmBev, e aí não haveria coisa julgada. Ou seja, as decisões do CADE estariam sempre sujeitas a uma incerteza muito grande. A terminologia utilizada até então era absolutamente oscilante. Nesse voto-vista fiz um inventário sobre os termos empregados e pude organizar um pouco o tema, e o voto que proferi deu ensejo a uma resolução sobre essa questão. Outros casos retomaram, aprofundaram e consolidaram tal entendimento. Dentre eles, o *Hayes-Tibur*[12] e *Sherbrooke-Penabranca*[13] e

---

[11] Pedido de Reconsideração na Impugnação ao Auto de Infração 0080/2000 – Requerentes: Sonaiemo Empreendimentos e Com. Ltda e Enplanta Engenharia Ltda. Conselheiro-relator: Ronaldo Porto Macedo Júnior.

[12] Voto-vista na Impugnação ao Auto de Infração 0068/2001 – Requerente: Hayes Wheels de España S.A. e Tibur Participações e Empreendimentos S.A. Conselheiro-relator: Fernando de Oliveira Marques.

[13] Voto-vista no Recurso Administrativo 08700.001961-1/3 (Ato de Concentração 08012.001099/02-18) – Recorrentes: Sherbrooke Participações Ltda. e Penabranca Rio Ltda.

Eagle Circle,[14] *Loducca Publicidade Ltda*[15] e *York Merger Corp. e Young & Rubican Inc.*[16] e *Usiminas*,[17] *Mitsui Chemicals, Inc*[18] e *TVV Terminal Vila Velha S/A*.[19] Em todos eles apresentei votos-vista. Neles também se discutiu o difícil tema das hipóteses de reestruturação societária que deveriam ser apresentadas ao CADE. Sobre o tema, a jurisprudência do CADE foi ora oscilante ora contraditória, mas esses votos acabaram construindo uma nova orientação sobre o tema. Uma aluna minha chegou até a fazer um excelente trabalho sobre esse tema, descrevendo a história e evolução desse assunto no CADE.[20]

Em outro caso, *Curt-Alex*,[21] foi retomada a seguinte questão: em que hipóteses o CADE poderia não aproveitar o voto proferido por conselheiro que já deixara o plenário em definitivo? Entendi que, por analogia, deveria ser seguido o requisito de admissibilidade da ação rescisória, a existência de um fato novo relevante não produzido pelo interessado. Ou seja, o voto só não é aproveitado se existir um *fato novo por si só capaz de mudar substancialmente o conjunto probatório* e, claro, desde que esse fato não seja gerado pelo interessado, como se deu no caso

---

[14] Impugnação ao Auto de Infração 0021/02 (Ato de Concentração 08012.005344/00-96) – Requerentes: Circle Fretes Internacionais do Brasil Ltda. e Eagle Global Logistic do Brasil Ltda. Conselheiro-relator: Roberto Castellanos Pfeiffer.

[15] Ato de Concentração 08012.004774/2001-71 – Requerentes: Loducca Publicidade Ltda., Lowe Group Holdings Inc. e Lowe Worldwide Holdings B.V. Conselheiro-relator: Thompson Almeida Andrade.

[16] Impugnação ao Auto de Infração 0036/2001 – Impugnantes: York Merger Corp. e Young & Rubican Inc. Conselheiro relator: Cleveland Prates Teixeira e Fernando de Oliveira Marques.

[17] Auto de Infração 31/00 – Requerente: Usiminas Siderúrgicas de Minas Gerais S/A – USIMINAS. Conselheiro-relator: Celso Fernandes Campilongo.

[18] Ato de Concentração 08012.001571/2002-12 – Requerentes: Mitsui Chemicals, Inc e Sumitomo Chemical Co. Ltd. Conselheiro-relator: Ronaldo Porto Macedo Junior. Voto-vista de Cleveland Prates.

[19] Pedido de Reconsideração ao Ato de Concentração 08012.007405/98-47 – Requerentes: TVV Terminal Vila Velha S/A e Companhia Docas do Estado do Espírito Santo. Conselheiro-Relator: Afonso Arinos de Mello Franco Neto. Voto-vista de Celso Campilongo.

[20] Ticiana Nogueira da Cruz Lima, *O CADE e as reestruturações societárias*, São Paulo, Singular, 2006.

[21] Ato de Concentração 08012.004467/2001-91 – Requerentes: Curt & Alex Associados Laboratório Cinematográfico Ltda. e Kodak Brasileira Comércio e Indústria Ltda. Conselheiro-relator: Thompson Almeida Andrade.

Nestlé-Garoto. Nesse sentido, fiz um *voto didático*, do qual resultou a resolução que redigi disciplinando essa questão.[22] Outros votos-vista na mesma linha foram apresentados em outros casos semelhantes.[23]

Por fim, o caso *Varig-TAM*,[24] talvez o caso mais importante de que fui relator, pois vários de meus votos mais elaborados foram votos-vista. Preliminarmente a uma planejada fusão, as requerentes pretendiam fazer um *code-share*, alegando que a Varig estava falindo. O Luciano Coutinho estava à frente desse caso, e nós, no CADE, tínhamos um problema muito sério de informação incompleta. Uma diferença entre os economistas e advogados é que os primeiros estão mais bem equipados para reconstruir a racionalidade econômica num cenário de informação mais completa. Mas, e quando a informação é incompleta e precisamos decidir? As partes também alegavam não dispor das informações necessárias. Havia a impressão séria de que a Varig efetivamente estava numa situação dramática, disso eu nunca duvidei, e era, de fato, uma situação de emergência do ponto de vista empresarial. Todos nós estávamos convencidos de que era uma questão emergencial: havia os que defendiam que se deixasse a Varig quebrar, e outros que defendiam posição contrária. Assinamos um APRO (Acordo de Preservação de Reversibilidade da Operação)[25] permitindo o *code-share*, e fizemos deste uma fonte de informações para depois decidir. Ou seja, no APRO, estipulamos uma série de obrigações de prestação de informação. O risco era de o *code-share* vir a se mostrar anticoncorrencial. A história, por razões talvez de outra natureza, demonstrou que a principal concorrente potencialmente prejudicada, a Gol, ao final cresceu e acabou adquirindo a Varig.

---

[22] Posteriormente incorporada à redação atual do Regimento Interno do CADE.
[23] Ato de Concentração 08012.002047/2002-51 – Requerentes: Mondo Acquisition LLC e The Nash Engineering Company. Conselheiro-relator: Thompson Almeida Andrade; Ato de Concentração 08012.001828/2002-28, Requerentes: Newell Rubbermaid Inc.e American Tool Companies Inc. Conselheiro-relator: Thompson Almeida Andrade.
[24] Ato de Concentração 08012.001291/2003-87 – Requerentes: TAM Linhas Aéreas S/A e Varig S.A.
[25] Ato de Concentração 08012.001291/2003-87 – Requerentes: TAM Linhas Aéreas S/A e Varig S.A. Conselheiro-relator: Ronaldo Porto Macedo Júnior. Despacho encaminhando minuta de APRO.

Outros casos trouxeram alguma novidade em termos do tratamento de novos temas. Dou alguns exemplos: A Consulta 0077/2001[26] tratou das hipóteses, possibilidade e impossibilidade de conversão de consulta em ato de concentração. Outro caso sobre o mesmo assunto foi o IGB – Indústria Gráfica Brasileira S/A.[27] Também sobre consulta, creio que havia alguma novidade na Consulta 0079/2001.[28] O voto-vista que apresentei no caso BankBoston Investments[29] tratou longamente de um tema difícil, a saber, o tratamento dos fundos de *private equity* do ponto de vista concorrencial. Houve também uma série de casos nos quais o tema espinhoso do caráter vinculativo do primeiro documento vinculante foi analisado com bastante cuidado. Entre outros eu citaria o casos Bayer Corporation e Cytec Industries Inc.[30] e RKT Kunststoffe.[31] Outros casos importantes julgados na época foram as condenações de postos de gasolina de Florianópolis por formação de cartel.[32]

Houve naquele período também uma grande preocupação em aprimorar o processo administrativo no âmbito do CADE. Criamos muitas resoluções nessa época.[33] Alguns colegas costumavam me chamar

---

[26] Consulta 0077/2001 – Consulentes: Souza Cruz S.A. e Companhia de Bebidas das Américas – AmBev. Conselheiro-relator: Celso Fernandes Campilongo.

[27] Consulta 0081/2001 – Consulentes: IGB – Indústria Gráfica Brasileira S/A, RNR – Negócios e Representações Ltda. e Produtos Alimentícios Pilar. Conselheiro-relator: Thompson Almeida Andrade. Voto-vista do Conselheiro Ronaldo Porto Macedo Júnior.

[28] Consulta 0079/2001 – Consulente: Coelho da Fonseca Empreendimentos Imobiliários Ltda. e Lopes Consultoria de Imóveis S/A. Conselheiro-relator: Ronaldo Porto Macedo Júnior.

[29] Ato de Concentração 08012.006619/2001.90 – Requerentes: BankBoston Investments; Telefutura Inc e Telefutura Marketing. Conselheiro-relator: Thompson Almeida Andrade.

[30] Ato de Concentração 08012.006345/00-58 – Requerentes: Bayer Corporation e Cytec Industries Inc., Cytec Technology Corporation. Conselheiro-relator: Ronaldo Porto Macedo Júnior.

[31] Ato de Concentração 08012.007497/2001-59 – Requerentes: RKT Kunststoffe GmbH e Rutgers Automotive AG. Conselheiro-relator: Ronaldo Porto Macedo Júnior.

[32] Processo Administrativo 08012.002299/2000-18 – Representante: Ministério Público do Estado de Santa Catarina; Representados: Posto Divelin e outros. Conselheiro-relator: Afonso Arinos de Mello Franco Neto.

[33] Cf. entre outras: Resoluções sobre Embargos de Declaração (Resolução 26, de 27 de junho de 2002); sobre o aproveitamento de votos já proferidos (Resolução 27, de 27

de "Conselheiro Resoluinte" em face dessa preocupação. No período de quase dois anos em que estive lá, o plenário aprovou 12 resoluções que posteriormente foram incorporadas à consolidação do Regimento Interno. Nessa época também criamos, denominamos e regulamentamos o APRO.[34]

Eu acabei deixando o CADE em 16 de abril de 2003. Antes de assumir o cargo de conselheiro, eu formulara pedido ao Ministério Público de São Paulo para que fosse deliberada minha participação no CADE, na condição de conselheiro, nos termos do art. 170, parágrafo único, da Lei Orgânica do Ministério Público de São Paulo. Tal pedido foi acompanhado do parecer do eminente jurista José Afonso da Silva, que reconhecia expressamente a legalidade do pedido. O então Procurador Geral de Justiça Dr. José Geraldo Brito Filomeno, indeferiu o pedido com apoio em parecer de sua assessoria, que concluía ser ilegal a participação de membro do Ministério Público no CADE. Contra tal ato impetrei mandado de segurança perante o Tribunal Federal da 3.ª Região, tendo obtido medida liminar concedendo a licença especial, sem remuneração, medida que permitiu a minha posse no CADE. Nesse pedido houve a assistência da União e do próprio CADE, o que motivou a impetração do feito perante a Justiça Federal. Inconformado com a concessão da liminar, o então Procurador Geral de Justiça apresentou pedido de suspensão de liminar perante o Supremo Tribunal Federal (!!), o qual foi indeferido.[35] Em 7 de abril de 2003, foi publicada no jornal

---

de junho de 2002); sobre o APRO e Medida Cautelar (Resolução 28, de 24 de julho de 2002); sobre impedimento e suspeição (Resolução 30, de 25 de setembro de 2002); sobre a formação de maioria (Resolução 34, de 22 de janeiro de 2003).

[34] Cf. artigo de Daniel Pereira, Macedo Júnior renuncia ao cargo, *Gazeta Mercantil*, de 17 abr. 2003, p. A8.

[35] Este mereceu despacho do presidente do STF Ministro Marco Aurélio Mello, que reconheceu: "Não há como concluir que restou configurada lesão à ordem, à saúde, à segurança ou à economia públicas", requisitos necessários ao deferimento do pedido do PGJ paulista. Afirmou ainda que: "Na hipótese, há de se atentar para a premissa da decisão que se pretende ver suspensa. O art. 170, parágrafo único, da Lei Orgânica do Ministério Público Estadual – Lei Complementar 734/93 – viabiliza a atuação do membro do Ministério Público, sem implicar acumulação, em organismos estatais afetos à respectiva área de ação. Esse dado levou o relator, desembargador Oliveira Lima, a implementar a medida acauteladora, presente a circunstância de o requerente já ter sido nomeado Conselheiro do CADE pelo Presidente da República, por decreto de 13 de julho de 2001, renovado em 22 de agosto de 2001. Ora, a presunção

O Estado de S. Paulo a matéria "Liminar mantém promotor no CADE há 2 anos". A matéria afirmava ainda, erroneamente, é verdade, que se a medida fosse derrubada as minhas decisões poderiam ser questionadas. Posteriormente, a liminar anteriormente concedida foi cassada, o que me levou a optar pela renúncia imediata a meu mandato.[36] Em face da revogação da liminar, achei que continuar a lutar por minhas convicções perante o Poder Judiciário poderia importar em desgaste desnecessário para mim e para o Sistema Brasileiro da Concorrência, em especial no momento em que este se via envolvido com a análise e julgamento de muitos casos relevantes e de grande repercussão. Eu poderia ter ido ao STJ e tentado restabelecer a liminar. Eu cheguei até a cogitar tal hipótese, e creio que teria enormes chances de sucesso. Contudo, seria muito esforço para apenas mais três meses de mandato. Por razões pessoais não pretendia continuar no cargo por mais tempo, muito embora àquela altura tivesse sido convidado para um segundo mandato.

O desenrolar da questão no Judiciário provocou um certo alarde na mídia, com algumas imprecisões sobre os fatos (na verdade a questão jurídica central era um tanto sinuosa e difícil de ser explicada com detalhes relevantes, que não tinham interesse para a mídia). Isso deixou todos que acompanhavam o CADE um tanto perplexos, inclusive

---

do que normalmente ocorre direciona a assentar-se que ninguém melhor do que um integrante do Ministério Público para compor o referido órgão como Conselheiro, surgindo, assim, a compatibilidade versada na lei complementar local e que, logicamente, há de ser vista com largueza, sem especificidade maior, consideradas as esferas estadual e federal". O E. Tribunal Regional Federal da 3.ª Região, em julgamento realizado no dia 29 de novembro de 2001, por maioria de votos (7 a 5), julgou-se incompetente para o processamento do mandado de segurança por mim impetrado contra ato do Procurador Geral em exercício, que indeferiu pedido de licença especial antes formulado (Proc. 2001.03.00.023995-3). Depois disso, o processo aguardou a declaração dos votos dos desembargadores que participaram do julgamento.

36   No dia 8 de abril de 2003, o desembargador federal, que tinha vista dos autos, encaminhou seu voto ao desembargador federal André Nabarrete, que recebendo os autos no dia 10 de abril de 2003, encaminhou, via fax, no dia 11 de abril de 2003, cópia do acórdão por ele lavrado que (curiosamente na ementa (!), já que a decisão colegiada não apreciara eventual revogação da liminar, a ementa inovou em relação ao julgado, uma teratologia jurídica!) cassava a ordem concedida pelo desembargado-relator. O PGJ de SP telefonou para mim no mesmo dia comunicando o fato. Posteriormente o processo foi remetido ao Tribunal de Justiça de São Paulo, *que manteve a liminar*. Contudo, ironicamente, nesse momento eu, há meses, já tinha renunciado e retornado ao Ministério Público.

eu mesmo. De qualquer forma, a minha contribuição à defesa da concorrência já estava dada, e eu deixei o CADE com essa certeza reconfortante.

Qual a importância da defesa da concorrência para a sociedade brasileira?

Ronaldo Porto Macedo Jr.: Não existem estudos, pelo menos que eu conheça, analisando o real impacto das decisões do CADE. Não se sabe o que acontece depois que o CADE decide. Ele não tem recursos para fazer esse tipo de análise. A universidade poderia fazer tais assuntos seus objetos de estudo e de pesquisa, mas não faz. Alunos de pós-graduação frequentemente preferem trabalhar com fontes já escritas ou modelos econômicos abstratos do que fazer um trabalho de pesquisa empírica sobre o mercado, ou mesmo um trabalho de reconstrução jurisprudencial. Ou seja, ainda temos uma deficiente fonte de informação científica documentada sobre o real impacto do CADE.

Mas isso não quer dizer que não se possa justificar fortemente a existência do CADE e assim a prevenção e a repressão ao abuso do poder econômico. Hoje eu trabalho na área do direito do consumidor.[37] Uma das diferenças entre eu e alguns dos militantes consumeristas deve-se ao fato de eles não perceberem que o grande capítulo da defesa do consumidor está na defesa da concorrência e na regulação de alguns mercados altamente concentrados. Um dos aspectos importantes da defesa da concorrência, e do CADE, é unir advogados e economistas, Direito e Economia, na análise de questões que afetam o interesse direto do consumidor e, assim, criar uma cultura específica voltada à proteção do interesse público, com base na aplicação da lei. E isso é feito de forma transparente, exposta à sociedade.

A construção de um efetivo Sistema Brasileiro de Defesa da Concorrência não é tarefa fácil ou que possa ser feita em poucos anos. A Lei 8.884/1994 colocou o Brasil na direção de construção de um sistema sério de defesa da concorrência. Contudo, isso demanda um esforço cumulativo de conhecimento da economia brasileira, de construção de uma cultura da concorrência, de calibração do sistema de execução

---

[37] Promotor de Justiça do Consumidor da Cidade de São Paulo.

das sanções impostas pelo CADE – ainda hoje falta-nos clareza sobre a questão dos limites e formas de revisão judicial das decisões do CADE. Sobre isso há muito a avançar.

Os efeitos da efetiva defesa da concorrência são sentidos pela sociedade de maneiras muito diversificadas. Por vezes, o impacto nos preços e na qualidade dos produtos é direto e imediato. Outras vezes, a garantia de um ambiente econômico mais competitivo é condição para o aumento da segurança jurídica, estímulo à inovação e produtividade e, dessa forma, ao desenvolvimento nacional.

De qualquer forma, a defesa da concorrência hoje no Brasil é uma realidade, e ela se dá, inquestionavelmente, em favor do consumidor e das empresas verdadeiramente competitivas. Mas precisa ser continuamente aprimorada, e a sociedade precisa seguir cobrando esse aprimoramento.

FERNANDO DE OLIVEIRA MARQUES[1]

Fernando Marques, qual é a sua formação?

Fernando Marques: Eu sou formado em Direito pela Faculdade de Direito da PUC de São Paulo, turma de 1985; depois me formei em Economia, na PUC também, em 1992. A seguir, fiz especialização em Direito Tributário, com o professor Ives Gandra da Silva Martins, no Centro de Extensão Universitária, e tenho pós-graduação em Direito Difuso na PUC de São Paulo, concluída em 1997.

Como se deu a sua ida para o CADE?

Fernando Marques: Na Faculdade de Economia e depois na pósgraduação na área de Direito Difuso, eu já havia estudado direito da concorrência e a seguir comecei a lecionar Defesa da Concorrência na Faculdade de Direito no âmbito do estágio e mais tarde na cadeira de Direito Econômico. Lecionei no primeiro curso de Defesa da Concorrência da PUC, uma cadeira voluntária, todos os sábados, e havia alunos de diversas faculdades de Direito, não só da PUC. Depois, essa matéria se encartou na grade regular do curso e num terceiro momento veio a ser organizada na cadeira de Direito Econômico da PUC. Tanto que a PUC foi a primeira Faculdade de Direito a fazer convênio com o CADE – na época do presidente Gesner de Oliveira –, do qual eu fui um dos organizadores. Essa familiaridade com a matéria e a proximidade com o CADE levaram-me a ser convidado a ser conselheiro do CADE em 2002. O convite veio por intermédio do ministro da Fazenda Pedro Malan, e quem formalizou a indicação foi o ministro da Justiça Miguel Reale Júnior. A minha sabatina foi tranquila; os senadores fizeram algumas perguntas sobre casos que estavam na mídia, relevaram já algum conhecimento da matéria, algo antes inexistente. As sabatinas vêm mostrando um crescente grau de informação por parte dos senadores sobre o trabalho do CADE. Naquele momento, em 2002,

---

[1] Mandato: 17.07.2002 a 16.07.2004.

ainda era incipiente, mas as poucas perguntas foram respondidas e a aprovação se deu sem nenhuma abstenção ou voto contrário.

O professor João Grandino Rodas era o presidente em seu segundo mandato. Eram conselheiros Ronaldo Porto Macedo Júnior, Roberto Pfeiffer, Cleveland Prates Teixeira, Miguel Tebar Barrionuevo, Thompson Andrade e eu.

Como você encontrou o CADE?

Fernando Marques: Absolutamente vazio. Eu tinha apenas dois funcionários no gabinete, a secretária e um assessor, mais nada. E havia um contrafluxo de servidores no CADE. Esse é um ponto importante: antes de se discutir qualquer alteração na lei, é preciso atentar que a lei atual, que é boa e já previa a estruturação de um quadro de pessoal para o CADE, já completou dez anos, e o quadro de funcionários não está organizado. Esse é o ponto primordial, preliminar: organizar o quadro de servidores. Naquele momento só havia eu e mais duas pessoas no gabinete. Depois, houve uma melhoria, com a entrada dos gestores no primeiro semestre de 2004, resultado de um grande esforço do conselheiro Cleveland, que nós apoiamos, no sentido de requisitar na administração pública quadros disponíveis e gratificações, DAS, para atrair funcionários para trabalharem no CADE, quer por indicação quer por carreira. Havia uma restrição muito grande em termos de pessoal para trabalhar lá no CADE, havia e ainda há uma disputa com o ministério da Justiça em termos de alocação de funcionários, e o concurso de gestores abriu um campo para pessoas irem trabalhar no CADE. O eterno problema é manter essas pessoas no CADE. Quando eu deixei o CADE em julho de 2004, oito pessoas trabalhavam no meu gabinete e eu pude deixar a minha pauta limpa, com os processos em dia.

Nós, conselheiros, fazíamos reuniões para discutir os pontos mais importantes dos casos mais complexos; era já uma tradição no CADE, e muito importante, porque permite não apenas a troca de informações, as mais variadas, como também que todos os conselheiros se familiarizem com as questões sobre as quais deverão refletir para votarem na sessão de julgamento. Note-se, ainda, que os processos vinham com muito atraso dos órgãos instrutores, da SEAE e da SDE, e a questão da demora da tramitação dos processos acaba sempre recaindo sobre o CADE, que é a etapa final e decisória. As reuniões ajudavam a dar agilidade ao processo decisório do CADE.

Quais foram os principais casos que você julgou?

Fernando Marques: O caso que marcou o período de 2002 a 2004 foi o caso Nestlé-Garoto,[2] ainda em discussão no âmbito do Judiciário. Participei de inúmeras audiências no CADE requeridas pela Nestlé e por parte das empresas que impugnavam fortemente aquele ato de concentração. Houve uma intensa discussão do ponto de vista teórico microeconômico nesse processo; foram elaborados vários pareceres por parte dos requerentes e por parte dos impugnantes; chegou a ser discutida filosofia microeconômica nesses pareceres. Em razão disso, no primeiro julgamento (e fui o único conselheiro, além do relator, a apresentar voto escrito durante a sessão – um voto sucinto, no qual analisei o mercado relevante, as eficiências, as barreiras, as razões econômicas da aquisição; da forma como estava apresentada a operação, não havia como deixar de barrá-la, e a empresa não aceitava qualquer restrição), entendi, com base nos pareceres e nas exposições dos impugnantes, que a mim foram mais convincentes, pelo veto da operação, tal como o relator e os demais conselheiros, à exceção do presidente Rodas, que entendeu que haveria uma intervenção muito forte no domínio econômico e em sessão fez um voto oral, que posteriormente apresentou por escrito.

Como se sabe, esse caso suscitou um grande interesse na mídia e manifestações acaloradas por parte de senadores, deputados, governadores. Nós acompanhamos esse movimento de longe e nas discussões que tivemos nesse período sobre o caso jamais houve discussão sobre os votos, mas sobre os pontos relevantes do problema. Eu não fui procurado pessoalmente seja por parte de integrantes do governo seja por membros do Congresso, a propósito desse caso. Depois do julgamento, houve uma forte pressão sobre o CADE por parte daqueles que não aceitaram a decisão e curiosamente a decisão foi por 6x1. Esse é um fato relevante. O CADE é colegiado e é importante que seja assim, que pessoas com experiências distintas, da área jurídica, da área econômica e, importante notar, sem experiência na área de concorrência, mas com experiência

---

[2] Ato de Concentração 08012.001697/2002-89 – Requerentes: Nestlé Brasil Ltda e Chocolates Garoto S/A.

de outra natureza, integrem o CADE, para que possam ter um olhar diferenciado; e isso havia lá no CADE, e curiosamente houve um placar de 6X1, placar este que me surpreendeu, porque eu não sabia o voto dos outros conselheiros.

Tomada essa decisão de veto, a empresa decidiu que poderia fazer um desinvestimento e, com base nessa atitude da empresa, que só ocorreu depois do julgamento, entendi admissível o pedido de reapreciação formulado pela Nestlé. O meu voto acabou sendo o voto vencedor no sentido de admitir a reapreciação do caso, vencido o relator Thompson de Andrade, pois o relator entendeu não cabível o pedido de reapreciação pelo CADE, à falta de ocorrência de fato novo. O meu mandato terminou e não cheguei a votar o pedido de reapreciação, votei apenas sobre a admissibilidade do pedido de reapreciação. Na votação do mérito desse pedido, o CADE manteve a decisão de desconstituir o ato de concentração Nestlé-Garoto.

Outro caso relevante a meu ver foi o Animec-Telecom Itália.[3] Esta empresa participara do bloco de controle da BrT, empresa de telefonia fixa e, de acordo com uma cláusula de contrato firmado pelos acionistas dessas duas empresas, deixou esse bloco, mas a ele retornaria, cumprida determinada condição. A Telecom Italia arguiu o adimplemento da condição e buscou voltar. A Animec, uma associação de acionistas minoritários, requereu ao CADE medida cautelar visando impedir o retorno da Telecom Italia ao bloco de controle da BrT, arguindo prejuízo à concorrência. Diante dos fatos expostos, ouvida a Telecom Italia, concedi a cautelar, impedindo o retorno pretendido. A Telecom Italia recorreu, apresentou os fatos extensamente e voltei a ouvir as partes, em sucessivas reuniões, uma delas em plenário, com manifestação de advogados de ambas as partes e presentes muitos dos conselheiros, e aberta ao público, à imprensa, que compareceu em número expressivo. Finda essa nova instrução, decidi alterar a cautelar. Convenci-me de que essa era a melhor solução, tendo em conta que a tutela da concorrência é um bem de natureza pública, de natureza difusa e é preciso muita atenção com as informações, que compõem o fato da causa. É preciso examiná-lo, para se tomar a medida o mais exata possível. Num primeiro

---

[3] Ato de Concentração 08012.008848/2002-20 – Requerentes: 360Americas (USA) Corp., 360Americas Network (Bermuda) Ltd., Atlantica Network (Venezuela) Ltda. e Brt Serviços de Internet S/A.

momento, entendi importante paralisar a operação, impor uma medida cautelar até que viessem mais informações. A medida cautelar foi dada, foi confirmada pelo plenário, e depois vieram outras informações; então, diante de novas informações, alterei a medida cautelar com aprovação também do Conselho. Acho importante a postura do conselheiro de, em determinadas situações, dar tempo ao caso e, se necessário, não hesitar em alterar ou mesmo rever a sua decisão inicial cautelar.

Nesse caso, ressalto a importância de ouvir as partes, de colocá-las, quando o caso exige, frente a frente, em uma audiência pública. Essas são posturas muito importantes; nelas as partes se veem obrigadas a demonstrar diante de todos, da imprensa inclusive, que têm um papel fundamental os seus argumentos. Podem-se ouvir os presidentes, os diretores, os advogados, todos os envolvidos nos fatos que são objeto da disputa. Por outro lado, como o CADE decide administrativamente em instância única, os conselheiros têm de se debruçar inteiramente nos casos, especialmente naqueles complexos, e ouvir mais de uma vez as partes, até porque muitas vezes, em uma primeira audiência, os fatos não são totalmente colocados, ou nem sequer afloram.

Aliás, nessa linha de prestação de informações ao CADE, que é um dever legal das partes, em outro caso, envolvendo a empresa White Martins, em um pedido de reconsideração por ela formulado no Auto de Infração 23/99,[4] apliquei a sanção prevista por enganosidade de informação. O trabalho dos conselheiros, devido à falta de estrutura administrativa do CADE, é muito intenso; os advogados das partes devem informar aos seus clientes do dever legal de prestar tempestivamente informações corretas, sem enganosidade; quando isso não acontece, muitas vezes devido à sobrecarga de trabalho dos conselheiros, essa omissão pode passar despercebida. Porém, nesse caso, ficou evidente a enganosidade das informações prestadas, como mostro em meu voto, e eu a percebi, não me restando senão punir a empresa. Pedi vista dos autos, examinei todo o processo, e verifiquei que nada do que fora dito na sustentação oral conferia com o que estava nos autos, e resolvi aplicar a multa por enganosidade. Foi a primeira vez que o CADE aplicou uma multa por enganosidade pela prestação de informações equivocadas nos autos.

---

[4] Pedido de Reconsideração no Auto de Infração 0023/99 – Requerente: S/A White Martins.

Outro caso importante foi o do Chiclete Adams,[5] no qual houve uma discussão imensa sobre o mercado relevante. Recordo-me que defini o mercado relevante de forma diversa da feita pelo relator e fui acompanhado, posição que alterou o curso do julgamento pela aprovação do ato.

O outro caso foi o Maraton-Gatorade,[6] no qual houve uma intensa discussão sobre o mercado relevante. É importante também mostrar que em vários mercados a evolução tecnológica aproxima mercados que foram definidos de determinada forma e, em razão da transformação tecnológica, em um momento posterior, tais mercados são definidos de outra forma. A convergência que hoje ocorre em segmentos do mercado de telecomunicações é um bom exemplo desse fato.

Em um caso envolvendo a CNH Latino Americana Ltda. e a requerida, a GCO Corporation, Icone Corporation, cujo produto relevante eram tratores, impus, pela primeira vez, medida cautelar sem ouvir a outra parte. Encerrada a sessão de julgamento, eu subira ao meu gabinete e fui informado de que um requerimento de medida cautelar fora feito por uma impugnante. Passei a noite lendo o processo e às nove horas da manhã já estava com meu despacho pronto e o remeti à publicação, deferindo a medida cautelar requerida, *ad referendum* do plenário. Essa medida cautelar foi mantida judicialmente, e as requeridas a levaram para discussão na justiça federal. Todas as decisões, interlocutórias e votos, sempre as redigi pensando em uma discussão judicial, cuidando da sua fundamentação e de sua amarração aos fatos do processo, para quem a fosse discutir pudesse entender claramente qual foi a motivação e a razão de decidir.

Qual a importância da defesa da concorrência para a sociedade brasileira?

Fernando Marques: É essencial ao desenvolvimento do Brasil. Sinteticamente, pode-se dizer que a concorrência, na qual o abuso do poder econômico é prevenido e reprimido, é um fator extraordinário na

---

[5] Ato de Concentração 08012.012223/1999-60 – Requerentes: WL Cumbica LLC Warner-Lambert Industries e Comércio Ltda. Kraft Lacta Suchard Brasil S/A.

[6] Ato de Concentração 08012.000212/2002-30 – Requerentes: PepsiCo Inc. (PEPSICO) Companhia Brasileira de Bebidas (CBB).

maximização da capacidade instalada das empresas e, maximizando a capacidade instalada das empresas, aumenta-se o emprego e, assim – só para ficar nesse ponto –, cria-se um círculo de desenvolvimento virtuoso da economia. Não é preciso dizer que neste momento de crise econômica a defesa da concorrência adquire tintas de extrema urgência, de extrema relevância, e os órgãos de defesa da concorrência devem ser devidamente aparelhados – no sentido estrito do termo – para fazer um bom trabalho, caso contrário vai se instalar um círculo vicioso na economia, de abuso de poder econômico, além dos efeitos perversos deflagrados pela atual crise econômica. Então, hoje mais do que nunca a defesa da concorrência é muito importante e espero que as autoridades de concorrência aqui Brasil estejam mais bem preparadas para exercer, em tempo econômico, a sua função legal.

Nesse momento dramático da economia mundial, vejo a importância de termos no Brasil o CADE em sua forma de autarquia dotada de independência hierárquica e decisória. Apesar disso, a Lei de Defesa da Concorrência pode ser aperfeiçoada, ajustada, para remediar algumas imperfeições, entre as quais estender o prazo dos mandatos dos conselheiros, porque, hoje, com a duração de dois anos, o que se vê é uma perda de esforço dos conselheiros e dos servidores do CADE, a cada renovação dos mandatos. Ou seja, os mandatos são curtos, os servidores são temporários. Com mandatos mais longos e quadro de servidores estáveis, será possível, pela unidade e coerência das decisões colegiadas conformadas de forma mais nítida, consolidar uma jurisprudência mais coesa. Ou seja, é preciso reforçar a estabilidade do CADE.

CLEVELAND PRATES TEIXEIRA[1]

Cleveland Teixeira, qual é a sua formação?

Cleveland Teixeira: Sou economista, formado em 1991, com mestrado em Economia de Empresas pela Fundação Getulio Vargas em 1996, mais especificamente na área de Defesa da Concorrência. Realizei um estudo sobre análise de concentração econômica no período exatamente posterior à promulgação da Lei 8.884/1994. Creio que foi um dos primeiros trabalhos sobre o assunto no Brasil. Nessa época, eu era professor de Economia e lecionava Macroeconomia e Economia Monetária, carreiras bastante afastadas da área de concorrência. Por volta de 1995/1996, durante a defesa de minha dissertação, decidi mudar meu foco de atuação, e a partir daí comecei a dar aulas de microeconomia e organização industrial.

Pouco depois, fui convidado a fazer um trabalho de assessoramento à presidência da Confederação Nacional do Comércio, em Brasília; lá conheci uma pessoa que trabalhava na SEAE – Secretaria de Acompanhamento Econômico do Ministério da Fazenda – e, a seu pedido, encaminhei minha dissertação de mestrado ao secretário de acompanhamento econômico, Cláudio Considera, e ao secretário-adjunto, Paulo Correia, que a leram e me convidaram para trabalhar no Ministério da Fazenda. Lembro-me que o meu orientador Gesner de Oliveira naquela altura era presidente do CADE.

Isso foi em agosto de 1999, quando o Considera estava remodelando a Secretaria; fui convidado para trabalhar por duas razões básicas: a primeira, para reestruturar a Coordenação-Geral de Comércio e Serviços; e segunda deveu-se ao fato de que parte da minha dissertação de mestrado era uma comparação entre guias de análise de atos concentração econômica existentes em outras jurisdições, que finalizava com uma proposição de metodologia a ser aplicada ao caso brasileiro. O fato é que, coincidentemente, no segundo semestre de 1999, a SEAE estava desenvolvendo um guia com aquela finalidade. Fui chamado exata-

---

[1] Mandato: 17.07.2002 a 16.07.2004.

mente para apoiar e finalizar esse trabalho de análise de concentração econômica, ou seja, criar uma metodologia para fazer análises de atos de concentração econômica. A ideia fundamental naquela época era padronizar a análise dentro da Secretaria e dar mais transparência para que os administrados soubessem exatamente o que seria avaliado. Buscava-se informar o empresário que decidisse por um negócio a que tipo de análise ele se submeteria sob o crivo da defesa da concorrência, a qual risco concorrencial ele estaria exposto. Foi uma tarefa enriquecedora, executada em conjunto com excelentes técnicos que trabalhavam à época na Secretaria (Kélvia Albuquerque, Márcia Prates, Pedro Florencio), e sob a supervisão do Paulo Correia, adjunto do Considera. Lembro-me que parte do meu trabalho anterior foi agregada ao guia, que se tornou, posteriormente, o guia SEAE-SDE para análise de atos de concentração. O guia foi concluído ainda no segundo semestre de 1999, coincidentemente no período em que foi notificado ao Sistema Brasileiro de Defesa da Concorrência um dos atos de concentração mais importantes, o caso AmBev.

Apesar de não ser a minha área específica, o caso foi direcionado à Coordenação-Geral de Comércio e Serviços pelo fato de eu haver assumido a coordenação da elaboração do guia de atos de concentração. Como eu conhecia a metodologia de análise, e ela seguia os padrões de avaliação observados em nível mundial, o Cláudio Considera entendeu por bem me incumbir dessa tarefa. Foram incorporados ao trabalho técnicos de outras áreas, e o secretário adjunto, Paulo Correia, estava o tempo todo ligado ao caso, para darmos uma resposta mais rápida, dada a sua relevância.

Em que pese toda a discussão política que envolveu o caso (discurso de relevância nacional entre outras coisas), nós estávamos exclusivamente preocupados com uma análise técnica. Hoje, olhando retrospectivamente, entendo que a nossa proposta para o caso foi a mais acertada possível, e explico por quê. Primeiro, a AmBev alegava que a operação seria necessária para constituir uma empresa de refrigerantes que pudesse fazer frente à Coca-Cola; por um lado tal justificativa até parecia razoável, mas, por outro, o nível de concentração e os problemas concorrenciais gerados sobre o mercado de cervejas eram bastante elevados, e não havia como ignorar isso. Como era de se esperar, nossa análise considerou a definição mais restrita de mercado relevante, a rivalidade remanescente nos mercados delimitados, a viabilidade das importações, as condições de entrada e as eficiências elencadas pelas requerentes.

Ao contrário da definição de mercado apresentada pela AmBev, a nossa segmentava todas as linhas de produto e não encampava o mercado de bebidas como um todo. Nessa linha, e considerando uma avaliação preliminar, excluímos vários segmentos em que as duas empresas atuavam por ausência de problemas competitivos, fato que nos permitiu centrar nosso foco no mercado de cerveja, onde a concentração se dava de maneira mais elevada e as demais condições não eram favoráveis à concorrência. Particularmente, entendemos já ao início que não haveria outras empresas que pudessem compensar eventuais restrições de oferta e elevações de preços pela nova empresa formada. Também concluímos que a importação de cervejas em escala razoável não seria possível. Ademais, a perda de qualidade e os eventuais preços a que chegariam ao país não indicariam que gerariam concorrência à AmBev.

Em consonância com o guia SEAE e os guias internacionais, pela primeira vez fizemos uma análise mais ampla das condições de entrada e não simplesmente identificamos as barreiras existentes; e aqui cabe um parêntese, porque há sempre confusão sobre esse tema: as barreiras podem ser elevadas, mas o que interessa analisar é se, independentemente disso, uma empresa poderia suplantá-las e trabalhar de maneira lucrativa (condição de probabilidade) e de forma a exercer uma concorrência efetiva (condição de suficiência) em um prazo razoável (condição de tempestividade). Isso equivale inclusive a avaliar se as oportunidades de venda que estariam disponíveis no mercado seriam suficientes para garantir que uma nova empresa pudesse atingir a escala mínima viável para trabalhar de forma lucrativa.

No caso, chegamos à conclusão de que existiam barreiras elevadas, relacionadas à localização de fábricas, marca e também ao sistema de distribuição. Ademais, as nossas simulações indicavam que as oportunidades de venda disponíveis limitavam-se a uma entrada lucrativa apenas em nichos muito pequenos, sem gerar concorrência efetiva, ou seja, uma empresa não teria condições de entrar de maneira mais ampla no mercado de cervejas de forma lucrativa, dada a perspectiva existente e a situação em que a AmBev se achava posicionada.

Por último, passamos a avaliar as eficiências elencadas. Nesse caso, entendemos que elas não eram, em sua maioria, específicas da operação (poderiam ser obtidas de maneiras menos anticompetitivas) e que também não compensavam a restrição à concorrência decorrente do ato.

Diante desses fatos, optamos por sugerir a venda do negócio Skol, como forma de restabelecer a concorrência e possibilitar a aprovação do ato. Lembro-me que à época sofremos várias críticas, todas devidamente respondidas sob o ponto de vista técnico. A mais absurda delas foi a que tentou fazer parecer que estávamos querendo tornar a nova empresa, resultante do ato, menor do que as duas empresas separadas, o que não era verdade, por todos os números que apresentamos. A nossa opção pela venda do negócio Skol foi feita com base no fato de que, para que uma nova empresa pudesse concorrer com aquela AmBev, que estava sendo formada, não bastava só disponibilizar algumas marcas, ou só a distribuição, ou só algumas fábricas. Seria necessário disponibilizar um negócio integrado, pronto para concorrer. Ressalte-se que, coincidentemente, naquele momento foi divulgado um trabalho do FTC mostrando exatamente isso: nas operações passadas em que o FTC permitiu que a operação se realizasse com a venda apenas de uma marca, com a venda apenas de uma parte do negócio, a empresa que adquiriu esses ativos não fez face à empresa resultante do ato de concentração. Então, tudo nos levava a crer que, para gerar concorrência efetiva, a solução era a alienação do negócio Skol, como forma de aprovar o ato.

Há que se lembrar que o negócio Skol era da Brahma e não havia envolvimento de marcas fortes de refrigerantes, que era a principal razão que a AmBev alegava para competir. Por isso, não era possível sugerir vender as marcas Brahma e Antártica, as duas associadas também à produção de cervejas. A única saída razoável foi, portanto, a sugestão de alienar o negócio Skol.

Além do mais, naquele momento havia ainda duas *joint ventures* constituídas: uma entre a Brahma e a Miller; e outra entre a Antarctica e a Anheuser-Busch. Observando isso, sugerimos também ao CADE que uma dessas *joint ventures* fosse desconstituída para que uma empresa de fora pudesse ter a opção e o incentivo de participar desse mercado concorrente, por exemplo, adquirindo o negócio Skol.

Olhando os dados de uma maneira retrospectiva, poucas são as cervejarias que tiveram condições de crescer nesse mercado, e as que conseguiram ocuparam apenas nichos muito pequenos de mercado. Parece-me que, até hoje, a situação permanece muito semelhante àquela que se formou com a criação da AmBev. E ainda hoje há compras por parte da AmBev de algumas cervejarias que começam a ter um pequeno crescimento.

O entendimento do CADE sobre o caso todo mundo conhece, divergiu do nosso à época. É claro que, com todo respeito ao Conselho da época, nós da SEAE discordamos; não vimos nenhum acréscimo de informação que pudesse mudar a nossa opinião ao longo das avaliações realizadas pela SDE, que foi muito parecida com a nossa, e pelo CADE. O que nós observamos também é que a marca Bavaria, que foi posteriormente vendida, foi muito depreciada ao longo da análise da operação.

Hoje se vê claramente que muitos dos argumentos políticos, como o da constituição de uma empresa verde-amarela ou de sua necessidade para a manutenção do emprego no Brasil, não se sustentaram. Em primeiro lugar, tenho dúvidas de quão verde-amarela ela continua a ser. Na melhor das hipóteses, entendo que o consumidor brasileiro financiou a compra de empresas no exterior por meio de preços mais elevados praticados aqui no País. Com relação à manutenção do emprego, cito minhas conversas como os senadores do Espírito Santo no caso Nestlé-Garoto, quando eu era conselheiro do CADE. Uma das preocupações destacadas por eles foi a de que o ato da AmBev gerou fechamento de fábricas e desemprego no estado, e receavam que isso acontecesse novamente no caso em questão. No fundo, aquelas alegações da AmBev, que eram sob o ponto de vista de leigos no assunto bastante atraentes (promessas e mais promessas), não se cumpriram ao longo dos anos.

Continuei na SEAE até julho de 2002, e nesse período a reforma do Cláudio Considera se materializou. Ele conseguiu não apenas uma estrutura mais robusta, mas mudar a forma de pensar das pessoas que estavam lá. Realizamos vários trabalhos importantes, entre eles a instituição de pareceres com formato de "rito sumário", e elaboramos o guia de preços predatórios, cujo objetivo era desafogar a SEAE do imenso número de casos e acusações de preços predatórios que pouca gente tinha ideia do que fosse.

Particularmente, a elaboração desse guia deveu-se ao grande número de denúncias desse tipo de conduta. Nós tínhamos mais de trezentos casos em estoque, e o estabelecimento de uma metodologia de análise coerente nos permitiu dar um encaminhamento muito mais rápido àqueles processos; os técnicos passaram a entender melhor a questão e, ao mesmo tempo, agentes econômicos podiam formular melhor suas denúncias de preço predatório. Por coincidência, há dois meses conversei com técnicos da Secretaria de Acompanhamento Econômico que me disseram que hoje o número de casos envolvendo preço predatório é quase zero. Sem dúvida, faltava maior clareza sobre que tipo de conduta era essa.

Ainda na SEAE, outro fato importante foi o nosso intercâmbio com outras agências no exterior. O Cláudio trazia pessoas de fora para que tivéssemos contato com a experiência internacional e fazia questão de nos enviar para participar de seminários internacionais, das reuniões na OCDE e de outros fóruns. Criou-se uma cultura de aprender com a experiência internacional, e muitos dos casos que nós observamos hoje em análise no SBDC, como, por exemplo, nos setores de alta tecnologia de supermercado, envolvem conhecimento adquirido nesses intercâmbios. Evidentemente, não se deve simplesmente importar as informações e aplicar o conhecimento exatamente como é feito fora, mas sim refletir sobre o nosso caso e utilizar o que for possível e útil, observadas as especificidades de cada setor, de cada caso, e as informações aqui disponíveis. Isso é fundamental.

Para resumir, penso que o meu trabalho na SEAE foi bastante produtivo; foi um trabalho realizado em equipe e com a vontade de todos os técnicos que estavam à época por lá. A supervisão do Paulo Correia foi fundamental nesse processo, em razão de sua experiência na área de defesa da concorrência no exterior. Ele foi uma pessoa chave na montagem dessa nova SEAE. Também há que se destacar o trabalho do Secretário de Acompanhamento Econômico, Cláudio Considera, que entendeu a importância de se fazer uma mudança e a encampou de todo coração. Nada teria acontecido se esses profissionais não tivessem tido a coragem de levar esse processo adiante.

Deixei a SEAE em julho de 2002, quando estava em andamento a discussão da reforma da lei. Lembro-me que esse processo iniciou-se um pouco depois do julgamento do caso AmBev. De certa forma reativa, essa decisão do governo deveu-se, principalmente, à necessidade de tornar o Sistema da Defesa da Concorrência mais ágil, mais técnico, com pessoas mais preparadas e que tivesse uma estrutura institucional que fosse mais eficiente do que aquela que havia à época. Eu participei desde as primeiras conversas, participei diretamente da elaboração da primeira versão do projeto de lei e de outras que se sucederam. É importante destacar que muitas pessoas que passaram pelo SBDC contribuíram efetivamente para o quanto se tem hoje em análise no Congresso Nacional.

Como se deu a sua ida para o CADE?

Cleveland Teixeira: O convite foi feito pessoalmente pelo Cláudio e, posteriormente, pelo ministro Pedro Malan, um pouco antes de julho de 2002, três ou quatro meses antes de minha indicação; eu já estava para deixar a SEAE, e me pediram para aceitar o cargo. Nesse meio-tempo, o ministro da Justiça, Miguel Reale Júnior, deixou o governo, e, eu me recordo, fiz questão de ligar para o novo ministro, Paulo de Tarso, e colocar a minha nomeação à sua disposição, mas ele optou por manter a indicação do ministro Malan. A minha sabatina foi muito tranquila: foram feitas poucas perguntas, e a aprovação foi rápida.

Como você encontrou o CADE?

Cleveland Teixeira: Cheguei ao CADE em julho de 2002 e me deparei com um problema de ausência de funcionários pior do que o existente em outros órgãos do governo. Além de não possuir quadro de pessoal próprio, o CADE não tinha nenhuma possibilidade concreta de trazer bons funcionários de fora do governo, devido à falta de cargos de confiança, os chamados DAS. Meu gabinete tinha um único técnico, que recebia algo em torno de R$ 1.500,00 brutos, um acúmulo de processos absurdo, obviamente não por culpa dos conselheiros anteriores, mas exatamente pela falta de estrutura. Esse problema era comum a todos os: o presidente João Grandino Rodas e os conselheiros Roberto Pfeiffer, Ronaldo Costa Porto, Thompson Andrade, Fernando Marques e Miguel Barrionuevo, já falecido, infelizmente. Com o consentimento do presidente, tentei buscar apoio para a estruturação de uma carreira própria; e acho que, apesar de não ter conseguido tudo o que queria, pude contribuir para o CADE dispor de funcionários para um mandato posterior ao nosso. Obtivemos permissão para contratar funcionários temporários: algo em torno de quarenta, se eu não me engano. Para quem não tinha nada, quarenta já era bastante. Esses funcionários ficaram como temporários dois ou três anos, creio. Eles permitiram ao órgão dispor de um mínimo de estrutura durante esse tempo. Também participei das gestões iniciais para obter financiamento junto ao Banco Mundial para aparelhar um pouco melhor o CADE: comprar livros, melhorar a parte de informática, etc. Creio que esse processo foi ultimado pela presidente do órgão Elizabeth Farina.

Quais foram os principais casos que você julgou?

Cleveland Teixeira: Nós tínhamos o que chamávamos de "plenarinho"; era uma reunião que se realizava sempre um dia antes da sessão de julgamento; no plenarinho, os conselheiros discutiam os casos que seriam julgados. Quando cheguei, já encontrei esse sistema, que era bastante útil, porque nós, conselheiros, trocávamos informações sobre os casos a serem julgados, o que de outra forma não seria possível. Não há como você tomar conhecimento dos principais aspectos de um caso relevante apenas durante a sessão. Claro, em algumas operações ou condutas em que havia divergência, pedia-se vista e se estudava em paralelo na medida do possível, dado o acúmulo de trabalho que nós tínhamos. Esse sistema era fundamental também para discutirmos questões administrativas, de estrutura e de regimento interno.

Foram vários os casos interessantes. O CADE, em que pese ser um órgão de Estado, é um campo fértil para se aprender como funciona o setor privado. Circulam lá informações, as mais relevantes possíveis, de vários mercados, e você tem sempre que estar atento às suas especificidades e às suas mudanças ao longo do tempo. Um dos casos mais interessantes que vivenciei foi o que teve por objeto a EILD – Exploração Industrial de Linha Dedicada.[2] Esse caso chegou ao CADE como um pedido de medida preventiva, para o qual, por sorte ou por azar, fui sorteado relator. O processo foi ter ao CADE, pois o denunciante arguia que a Anatel não o apurava, não decidia o pedido de medida cautelar, o que agravaria os problemas do mercado. Esse caso me chamou a atenção porque o setor de telecomunicações é um setor extremamente importante, e eu o acompanhava havia um certo tempo. Já tinha um certo conhecimento da experiência internacional sobre o setor e do tipo de

---

[2] Medida Preventiva 08700.003174/2002-19 – Embratel e Telesp.

problema que aparecia. Aquele, em particular, me parecia um problema comum a outras jurisdições, e que já havia sido enfrentado adequadamente.

O pedido consistia na proibição pelo CADE da alegada discriminação de preços no fornecimento da EILD. Ao analisar o caso, entendi que estavam presentes os dois requisitos necessários à concessão da cautelar, o *fumus boni juris e o periculum in mora*. Analisando os preços no atacado e no varejo, pareceu-me bastante forte a denúncia e, sem a intervenção do CADE, entendi que de fato havia o risco alegado, de os prejuízos tornarem-se irreversíveis. Além do mais, dado o fato de a denúncia ter sido feita à Anatel havia bastante tempo, sem que a agência houvesse sequer se manifestado, entendi ser fundamental dar uma resposta rápida ao assunto. Ao longo de minha análise, entretanto, mantive contato com técnicos da Anatel, fizemos algumas reuniões, havia uma intenção de trabalhar em conjunto, mas o fato é que eu havia formado a minha convicção e não podia esperar mais. Assim, optei por conceder a medida preventiva e deixei claro que eu só alteraria aquela decisão se houvesse explicações razoáveis em termos de ausência de efeitos nocivos à concorrência ou de eventuais eficiências que a justificasse; e, mais do que isso, fiz questão de envolver a Anatel ao afirmar que só reveria a minha decisão se aquele órgão também aprovasse os critérios apresentados pela representada para justificar aquela conduta.

A análise do caso indicou que havia discriminação por volume, por topologia de rede e por prazo, que em tese poderia não representar necessariamente um problema. Mas a discriminação denunciada era nitidamente anticoncorrencial, principalmente porque impunha preços de atacado superiores aos praticados pelo próprio grupo no mercado de varejo. Além do mais, a representada também não logrou êxito em demonstrar qualquer tipo de justificativa que implicasse ganhos de eficiência ao mercado. Nessa linha, entendi que seria fundamental que a decisão fosse uma decisão da área de concorrência, porém que considerasse o ângulo regulatório também.

A Anatel convergiu para o nosso entendimento e passamos a trabalhar em conjunto; posteriormente aquela agência começou a desenvolver estudos para determinar critérios com relação a esse tipo de conduta e editou um regulamento específico disciplinando o mercado de EILD. A minha posição sempre foi clara em relação a regulamentos como esse:

são dispensáveis na medida em que engessam o mercado e que decisões mais rápidas na área da concorrência surtem efeitos melhores. Essa regulamentação, na realidade, vem na contramão do que é feito na União Europeia; o conceito de poder de mercado substancial (que o regulamento adota) foi criado num contexto de desregulamentar o mercado e só deixar regulamentado aquilo que era de fato problemático. O Brasil, por meio da Anatel, tomou a decisão oposta. Ou seja, porque não se enfrenta um problema típico de concorrência, a ser avaliado caso a caso, passou-se a querer regulamentar todo o mercado.

Ainda no CADE relatei a compra do G. Barbosa pelo Bompreço[3] – mercado de supermercados no Nordeste. Esse caso é pouco comentado; dizem que o Thompson Andrade foi muito restritivo na análise de eficiência no caso Nestlé-Garoto, porém ele utilizou os mesmos critérios que utilizei um ou dois meses antes no julgamento do Bompreço-G. Barbosa. Ressalte-se que a decisão no caso foi unânime pela desconstituição parcial da operação. Foi o primeiro caso em que houve restrição no setor de supermercados e envolvia não só venda de lojas, mas alienação de outros ativos, como cartão fidelidade e centro de distribuição. Foi uma análise muito detalhada realizada pela SEAE, com a qual concordei em sua maior parte. A decisão pela desconstituição parcial levou as empresas a desistirem do negócio. Pouco se fala sobre esse caso, mas, a meu ver, foi um marco, principalmente porque estabelecemos uma nova forma de avaliar as eficiências apresentadas pelas requerentes; passamos a fazer uma análise muito semelhante à realizada em nível internacional.

Outro caso importante foi a acusação de uma empresa de Minas Gerais – Paiva Piovesan – contra a Microsoft,[4] de que foi relator o Thompson de Andrade, que elaborou um voto muito interessante. Pedi vista por entender que a acusação de venda casada não estava bem colocada e tinha dúvidas sobre a presença do que se chama estratégia de *bundling* e seus efeitos naquele caso. De toda forma, concordei ao final com a ausência de efeitos sobre a concorrência. Desse caso lembro-me também que houve um questionamento do advogado da Microsoft so-

---

[3] Ato de Concentração 08012.006976/2001-58 – Requerentes: BR Participações e Empreendimentos S.A., G. Barbosa e Cia. Ltda. e Serigy Participações e Empreendimentos Ltda.

[4] Processo Administrativo 08012.001182/98-31 – Representante: Paiva Piovesan Engenharia & Informática Ltda.; Representada: Microsoft Informática Ltda.

licitando meu impedimento, por eu haver antes participado de uma reunião em outro caso na SEAE que envolvia as mesmas empresas. Não me senti impedido, e o plenário concordou com a minha posição. Essa decisão ocorreu em um momento em que havia decisões contra a Microsoft em várias outras jurisdições. Nós cuidamos de nos manter isentos, e de fato a empresa, nesse caso específico, não foi condenada. Em um caso posterior, entretanto, a Microsoft foi condenada por estabelecer exclusividade na venda de *softwares* no Distrito Federal. Neste caso, de fato, eu estava impedido por ter coordenado o parecer da SEAE que já sugeria a condenação.

Sem dúvida o caso de maior repercussão no curso do meu mandato foi o Nestlé-Garoto.[5] Foi assinado um APRO ao seu início. Nessa época eu ainda não estava no CADE. A própria Nestlé admitiu que o APRO serviria para preservar o negócio, caso houvesse uma decisão de não o aprovar. Daí a minha estranheza posterior quando, depois do julgamento, a empresa afirmou que não mais seria possível reverter a operação. Ou ela tomou uma postura não verdadeira antes ou depois, porque ou ela preservou de fato a operação e assim seria possível desconstituí-la quando da decisão do CADE, ou não seria possível desconstituí-la e, então, ela não preservou a operação, não cumpriu o APRO.

Foi um caso em que eu acompanhei de perto o trabalho do relator, e sou testemunha de que, em todos os momentos, ele fez questão de dar às partes o direito de se manifestar em todos os sentidos, em todos os aspectos; convidou todos os conselheiros a participar de várias reuniões, e a grande maioria de nós participou sempre. Eu tive acesso imediato aos pareceres da SEAE e da SDE; ficou-me a impressão de que, particularmente, o da SEAE indicava um caminho, mas deixava a conclusão em aberto. Aquela secretaria fornecia duas possibilidades, apesar de ser muito explícita e clara ao dizer da ausência de alternativas que não a desconstituição total da operação; concluía que, se as requerentes apresentassem alguma alternativa – mas até então não encontrada –, o CADE poderia aprovar o ato. De fato, não foi encontrada posteriormente nenhuma alternativa. O parecer da SDE, foi um pouco mais enfático, indicou a necessidade de uma reprovação, mais do que da SEAE.

---

[5] Ato de Concentração 08012.001697/2002-89 – Requerentes: Nestlé Brasil Ltda e Chocolates Garoto S/A.

Mas, para mim, dada as análises contidas nos dois pareceres, não havia outra saída senão a desconstituição.

A exemplo do caso AmBev, também alegou-se que a concorrência se daria na forma de *cluster*, ou seja, um conjunto de serviços ou produtos que são oferecidos e comprados de maneira agregada, o que tornaria difícil dissociá-los em segmentos de mercado. Nunca gostei dessa tese. Você até pode ter serviços sendo oferecidos em conjunto como os das empresas *triple-player* ou *quadri-player* no setor de telecomunicações, que oferecem banda larga, conteúdo ou televisão, telefonia fixa e até móvel. Mas, mesmo nesses casos, precisa-se tomar um pouco de cuidado ao definir mercados relevantes e analisar a concorrência. Também existem *clusters* em mercado de *softwares*, como é o caso do Office. Já no caso de chocolate ou de bebida parece-me que é algo distinto. A exemplo do caso AmBev, o argumento de *cluster* não prosperou para o mercado de chocolates; segmentou-se o mercado no caso Nestlé-Garoto em vários mercados, como bombons, chocolates etc.

É interessante notar que no caso AmBev havia um negócio em separado, o negócio Skol, que permitia a desconstituição parcial da operação, ao passo que no caso Nestlé-Garoto era impossível uma desconstituição parcial. O único negócio à parte era o próprio negócio Garoto. E isso ficou claro para mim. A desconstituição parcial, a meu ver, não criaria uma empresa que fosse forte o suficiente para concorrer naqueles mercados, onde a concentração já era bastante elevada, e as demais condições indicavam que haveria uma restrição bastante forte à concorrência. A entrada de novas empresas não seria fácil. A marca era um fator bastante relevante e havia precedente de empresas que tentaram entrar no mercado e não conseguiram criar uma concorrência efetiva. Ademais, a importação também não seria capaz de repor a concorrência em termos de preço e de preferência do consumidor.

Embora o Thompson Andrade nos mantivesse informados dos passos da análise que fazia como relator, ninguém sabia qual seria seu voto, ninguém sabia exatamente qual seria o voto do Thompson. Tanto que eu tinha o meu próprio preparado, porque eu não queria levar esse caso adiante com um pedido de vista. Do plenário, eu, e creio que meus colegas também, envolvidos todos com seus processos, não tínhamos a dimensão exata que o caso havia tomado; eu não tinha a mínima ideia de que a plateia estaria tão cheia, haveria cobertura da televisão, que políticos estariam lá assistindo. Quando vi o voto do Thompson Andrade, para mim foi um alívio, porque era um voto muito consistente; concordei com ele em todos os aspectos. Chamou-me a atenção o padrão de análise de eficiência que ele fez, que, como disse, pareceu-me o que eu tinha proposto anteriormente no caso Bompreço-G.Barbosa. Fiquei tranquilo inclusive com relação a essa parte, porque receava haver uma flutuação em termos de formação de jurisprudência. Segui inteiramente o voto de Thompson Andrade – não usei o voto que havia preparado, simplesmente procurei reforçar alguns pontos do voto do Thompson Andrade.

Recordo-me que só o presidente Rodas dissentiu. Senti que todos os demais ficaram aliviados ao conhecer o voto do Thompson, porque a todos parecia não haver alternativa à desconstituição proposta. Posteriormente, houve um pedido de revisão da decisão, com uma sugestão encaminhada pelas requerentes do ato de constituição, de criação de uma empresa, que incorporaria algumas marcas, criando um *portfolio* de produtos. Quando esse pedido de revisão foi a julgamento, eu já não mais integrava o CADE. De toda forma, eu não vi aquilo como razoável, eu não o aprovaria. A votação do recurso começou na última sessão em que eu estive presente. O recurso desdobrava-se em duas questões submetidas à votação: a primeira referente à admissibilidade do recurso para reconsiderar a decisão; a segunda, caso admitido o recurso, decidir o seu mérito. Recordo-me que àquela época eu já havia sido indicado para ser reconduzido; havia sido aprovado na sabatina feita na Comissão de Assuntos Econômicos, o meu nome dependia só da aprovação pelo plenário do Senado.

O meu voto foi contrário à admissão do pedido de reconsideração, do recurso. Eu me convenci de que o recurso não deveria ser feito no âmbito administrativo, deveria ser feito perante o Judiciário; se fosse aberto aquele precedente, um órgão administrativo como o CADE, dotado de independência decisória, na prática iria perdê-la. No mérito eu não cheguei a votar, exatamente porque eu estava para ser reconduzido e, sobretudo, porque, depois do voto do Thompson Andrade, cujo mandato se encerrava, o conselheiro Scaloppe pediu vista, e eu, pela ordem regimental de votação, votava depois dele. Então decidi aguardar o caso retornar, depois da vista do conselheiro Scaloppe.

Todos que acompanharam o caso sabem o que aconteceu depois da primeira decisão pela desconstituição. Nós tivemos uma primeira reunião no CADE logo depois daquela decisão. O presidente do CADE convocou uma reunião com todo o Conselho e com alguns senadores e deputados do Espírito Santo. Não soube exatamente o fundamento da convocação; todos os conselheiros estavam presentes, e me recordo de ter pedido que a reunião fosse gravada, porque achei importante que, caso futuramente houvesse alguma dúvida sobre a transparência do processo a esclarecer, teríamos como melhor esclarecê-la. Explicamos as razões da decisão, inclusive tivemos que refutar comparações entre o fato de a AmBev haver sido aprovada e o ato Nestlé-Garoto não. Todos se manifestaram. Na realidade havia mais uma razão para aquela reunião não existir: nós já havíamos sido chamados, e comparecêramos todos, à CAE – Comissão de Assuntos Econômicos. O Thompson Andrade e o presidente do CADE responderam às questões. Eu cheguei a preparar uma manifestação detalhada caso fosse questionado, que guardo até hoje. Lembro-me, inclusive, que transcrevi uma declaração do então presidente da Nestlé mundial falando sobre a possibilidade da compra de uma empresa de chocolates que levaria a uma concentração de 55% do mercado dos Estados Unidos, e ele brincando observou: você pode imaginar o FTC deixando realizar essa operação? Não teria jeito, por isso nós desistimos da operação. Pouca gente prestou atenção, de fato, aos argumentos em defesa da aprovação do ato, alguns deles tão absurdos que mostravam o desespero das requerentes. Pelo nosso lado, tenho a convicção de que houve muita seriedade na decisão do CADE, que foi fruto de um estudo detalhado do relator: todos os conselheiros se empenharam em bem conhecer o caso.

A minha recondução foi proposta pelo secretário de direito econômico, Daniel Goldberg, sob o argumento de que seria importante ter alguém com experiência no CADE, dada a entrada dos novos conselheiros. Achei que seria razoável, particularmente porque que eu tenho um respeito profissional muito grande pelos então novos conselheiros, em particular pela presidente do CADE Elizabeth Farina, e pensei que a minha contribuição poderia ser útil. Como já disse, fui aprovado na sabatina da Comissão de Assuntos Econômicos do Senado; porém, depois de seis meses, o meu nome não havia ainda sido levado à votação no plenário do Senado, e então pedi que ele fosse retirado.

Qual a importância da defesa da concorrência para a sociedade brasileira?

Cleveland Teixeira: Pessoalmente, do ponto de vista profissional, minha experiência no governo proporcionou-me um crescimento extraordinário: trabalha-se sob pressão, com pouca estrutura. Por outro lado, enfrenta-se uma variedade de temas relevantes, há uma troca de experiência não só no âmbito do governo, mas com órgãos internacionais, ganha-se uma visão de aplicador da lei, enfim ganha-se uma visão de conjunto, do setor privado inclusive, muito grande.

Há ainda, entretanto, muita coisa a ser feita. A defesa da concorrência precisa ter meios para dar maior celeridade às decisões. Deve haver a maior coordenação possível entre esses órgãos, e em especial entre órgãos reguladores e o CADE. No caso da Anatel, por exemplo, acho que ela deveria ter uma estrutura diretamente voltada para a concorrência, fosse por meio de uma diretoria, fosse por meio uma superintendência que tratasse exclusivamente dos casos de concorrência.

Há um outro ponto relevante na defesa da concorrência, que é a independência decisória e hierárquica do CADE e de outros órgãos reguladores. Tenho dificuldade em entender qualquer agência, qualquer instituição, cujos dirigentes tenham mandatos e que não se mantenham independentes em relação ao Executivo, ao Legislativo ou ao setor privado; de que serve um mandato se o seu titular não vai se manter independente? O CADE, seus conselheiros, têm exercido bem os seus mandatos, com independência. A esse propósito, lembro o caso do setor bancário, em que, apesar daquele parecer da Advocacia Geral da União – a meu ver um parecer no mínimo muito equivocado –, o CADE analisou o caso com total independência. Foi essa conduta que provocou o projeto de lei para definir a competência do CADE e do Banco Central no exame de atos de concentração no mercado bancário, que foi encaminhado ao Congresso e até hoje ainda não foi votado. Veja que houve um entendimento positivo entre o BACEN e o CADE. Aliás, note-se que ouvimos discursos contra o setor bancário, criticando as altas taxas de juros e propondo o controle de um "preço" que é extremamente importante na economia, que está associado ao custo do dinheiro. Na realidade, esse preço – a taxa de juros – deriva das condições de mercado, e será tão mais baixo quanto melhor for a condução das políticas macro e microeconômicas. Controlar a taxa de juros é o mesmo que botar gelo na ponta do termômetro para dizer que o doente não está com febre. Em particular, a política microeconômica está relacionada a uma regulação mais eficiente; a medidas e punições críveis dos órgãos de defesa do consumidor (principalmente no que tange à transparência de informações nesse mercado); e a uma atuação mais efetiva dos órgãos de defesa da concorrência. E, para isso, o primeiro passo, a meu ver, é conferir um mínimo de segurança jurídica, como é o caso desse projeto de lei, que visa a delinear claramente o alcance dos órgãos reguladores e dos de defesa da concorrência.

De toda forma, mantendo-se independente, o órgão se faz respeitar: nunca, em nenhum momento, nenhuma autoridade do Executivo ou do Legislativo me ligou para falar sobre um caso específico, para pedir ou sugerir algo: isso jamais aconteceu enquanto estive no CADE. O CADE, ao enfatizar a sua independência decisória, faz que os novos integrantes já cheguem com essa medida de responsabilidade. Afastam-se, assim, pressões partidárias, vindas do Executivo, do Legislativo e do setor privado.

Hoje, acredito que uma das principais funções do CADE é manter-se totalmente independente de qualquer interferência, para que haja uma efetiva defesa da livre concorrência. Mas também entendo que a defesa da concorrência tem uma finalidade muito maior. Nas minhas aulas inicio um curso de defesa da concorrência sempre falando que a competição é muito mais do que um benefício ao consumidor, uma garantia de seus direitos. A concorrência deve ser vista como um dos pilares de política econômica, porque garantir a concorrência é garantir a eficiência nos vários mercados. Garantir a concorrência é ter empresas sadias, em busca constante de inovação de produtos e de processos produtivos, e que assim se tornam mais competitivas para concorrer em nível internacional; é garantir empresas em busca da maior oferta possível de produtos de melhor qualidade, o que importa em trabalhadores mais qualificados e resulta em salários mais elevados. Garantir a concorrência é garantir preços menores, garantir pressões menores sobre a inflação, é ter empresas que exportam mais e conseguem melhorar o nosso saldo em transações correntes. A meu ver, a defesa da concorrência não se limita ao âmbito do consumidor, apesar de sua importância nesse processo: é algo muito maior, é algo que envolve o bem-estar agregado de um país, e, por isso, não pode ser deixado em segundo plano. Apesar do esforço já realizado, é preciso se disseminar muito mais a cultura da concorrência no Brasil, para que os governantes, as empresas e a sociedade como um todo tenham a exata dimensão de sua importância.

ELIZABETH MARIA MERCIER
QUERIDO FARINA[1]

Elizabeth Farina, qual é a sua formação?

Elizabeth Farina: Eu sou economista, formada pela USP em 1976; iniciei o curso de Ciências Sociais em 1971, mas não o concluí. Creio que tenho uma formação melhor do que a média dos economistas da minha geração por causa dessa minha passagem de três anos pelas Ciências Sociais; alguns economistas bem conhecidos hoje, o Pérsio Arida, por exemplo, fez o mesmo na mesma época. O Eduardo Giannetti da Fonseca também. Em 1976, terminei o curso de Economia, e comecei a pós-graduação, e no início de 1983 era doutora, com uma tese sobre a regulamentação do mercado de leite e laticínios do Brasil, o que fazia sentido na década de 1980. Hoje, os mais jovens têm dificuldade de imaginar a discussão de regulamentação no mercado de laticínios. Eu já entrava no tema de concorrência e regulação, em um setor que, por natureza, não teria razão para ser regulado. Mas na época fazia sentido, em razão do controle de preços então existente, que dominou toda a economia no período final dos anos 1970 e começo dos anos 1980, chegando até a metade da década de 1990.

Em 1982, um ano antes de me tornar doutora, fiz concurso, juntamente com o José Serra, que era da Unicamp, e comecei a lecionar na USP. Hoje não seria possível isso, porque para prestar concurso para a USP você já tem que ter o título de Doutor; na época não era preciso. Obviamente, o Serra ficou em 1.º lugar, entre uns quinze candidatos, mas ele não assumiu o posto, acabou ficando na Unicamp. Eu comecei a lecionar Metodologia da Ciência no lugar do Pérsio Arida, que deixou a USP, e por uns três anos lecionei também Economia Internacional. Depois, fui para a área de Microeconomia e substituí o João Sayad na disciplina de Organização Industrial na pós-graduação. Nessa época não se sabia o que era defesa da concorrência entre os economistas brasilei-

---

[1] 1.º Mandato: 28.07.2004 a 27.07.2006; 2.º Mandato: 28.07.2006 a 27.07.2008.

ros. E acabei indo por essa linha por conta desse curso de Organização Industrial, matéria que estudei na minha tese para entender a estratégia competitiva da indústria de laticínios na sua relação com o produtor de leite. A minha tese começou como uma tese de Economia Agrícola e terminou como uma tese de Organização Industrial.

Havendo estudado, ainda que marginalmente, defesa da concorrência, e casada com um advogado, resolvi entender a disciplina jurídica da concorrência. E pedi a ele que desse uma aula sobre concorrência aos meus alunos da pós-graduação; eles gostaram muito e aí aconteceu um fato interessante. Com a Constituição de 1988, as empresas multinacionais ficaram em polvorosa em razão da discussão capital nacional *versus* capital estrangeiro e a diferenciação de tratamento entre eles, e criaram o Instituto Liberal. O Antonio Facchina, que depois veio a ser diretor da Nestlé por muitos anos, era o diretor executivo do Instituto Liberal; ele externou a preocupação das multinacionais e o desejo de elaborar um projeto com a universidade, para levar os alunos universitários a fazer visitas às multinacionais, conversar com seus diretores. Eu vi o projeto com grande interesse, pois dava aula de Microeconomia, e era uma oportunidade para eles conhecerem o mundo real. Economista se forma até hoje sem nunca ter entrado em uma fábrica, estuda a função de produção e nunca viu uma linha de montagem. E fiz uma contraproposta de fazer uma pesquisa sobre concorrência, creio que o primeiro projeto nessa linha, que envolveu muita gente. Pesquisamos os autos dos processos no CADE, desde o primeiro processo administrativo relativo à formação de um cartel. Eu dividi a pesquisa em dois artigos, um sobre concorrência e outro sobre regulação; o de regulação – na verdade, sobre desregulamentação na economia norte-americana, uma antecipação do que ia acontecer no Brasil – foi publicado pela PPE, e ganhou em 1990 o prêmio Haralambus Simeonides da ANPEC, o prêmio mais importante de economia no Brasil. O artigo sobre concorrência também foi publicado nos anais da ANPEC. E houve um triste incidente: a minha sala na USP foi arrombada por um assaltante que roubou todos os meus disquetes e o computador; eu tinha tudo copiado num conjunto de disquetes que ele levou também. Então ele levou o original, toda essa minha pesquisa e o *back-up*. Fiquei, ainda bem, com uma cópia impressa, mas não tinha mais os dados originais da pesquisa. Foi um desastre! E esse material seria usado para a minha tese de livre-docência, que, seis anos depois, em 1996, teve por objeto o tema

Competitividade: Estado, Mercado e Organizações. E em 2000, fiz concurso para professora titular.

Como se deu a sua ida para o CADE?

Elizabeth Farina: Eu já havia sido sondada antes, em 1998, para ir para o CADE, mas do ponto de vista da minha carreira na universidade não era um bom momento, porque eu ainda não era titular, e tinha uma filha adolescente. Com filho adolescente, a mãe tem que estar muito perto; não dá para ficar a semana em Brasília – então a oportunidade passou. Mas eu comecei a trabalhar na área de defesa da concorrência, a participar de seminários dando pareceres. Em 2004, eu estava na Suíça, e o Daniel Goldberg, secretário de direito econômico e a quem eu já conhecia de seminários organizados pelo IBRAC, na faculdade de Direito e na faculdade de Economia da USP, perguntou-me se eu gostaria de ir para a presidência do CADE, acrescentando que logo iria ser aprovado um projeto de uma nova lei, e seria a última oportunidade de eu cumprir um mandato de dois anos, não interrompendo assim a minha carreira profissional por muito tempo. Eu estava terminando o meu mandato como chefe do Departamento de Economia da USP. Naquela altura, minha filha mais nova já tinha 17 anos, já estava saindo da adolescência, e a mais velha já estava indo para o doutorado; então já era possível encarar uma distância da mãe. Eu ouvi a família e aceitei. Mas disse ao Daniel Goldberg que precisava ter segurança sobre o convite; eu não iria dizer no Departamento de Economia da USP que abriria mão de chefiá-lo novamente para, depois, o convite para o CADE não ser confirmado. O Daniel disse que iria falar com o ministro Márcio Thomaz Bastos, pois era razoável a minha dúvida, uma vez que eu não o conhecia, nem ao ministro da Fazenda Antonio Palocci, ou ao ministro da Casa Civil José Dirceu ou ao presidente da República. Era razoável, ele disse, mas era importante eu vir da academia, ser um nome neutro naquele momento. Reiterei ao Daniel que não iria me expor na USP e depois a coisa desandar; e segui para um Congresso na Suíça, onde o Daniel me ligou novamente para dizer que a indicação havia sido feita pelo ministro da Justiça. Isso no dia 12 de junho de 2004.

A minha sabatina, no mês seguinte, foi muito rápida. Havia uma grande assistência devido ao caso Nestlé, mas sobre ele não pude responder a nenhuma pergunta porque estava impedida, objetivamente impedida, porque trabalhara nesse caso antes. Fomos sabatinados eu, o Luiz Delorme Prado, o Ricardo Cueva, o Luis Fernando Rigato. O Cleveland Teixeira, indicado para ser reconduzido, foi sabatinado depois, mas, como se sabe, embora aprovado na Comissão de Economia do Senado, o seu nome jamais foi levado à aprovação, devido ao voto dele contrário à aprovação do caso Nestlé. Encontrei no CADE o Roberto Pfeiffer e o Luis Scaloppe. O sétimo conselheiro só iria ser indicado em janeiro de 2006, o Paulo Furquim de Azevedo. Era a primeira vez, depois de oito anos, que o Conselho do CADE estava completo.

Como você encontrou o CADE?

Elizabeth Farina: O presidente anterior, João Grandino Rodas, deixou o CADE bem instalado, em um prédio novo. O problema era o equipamento físico, computadores defasados e a falta de pessoal, este um grande problema. Haviam sido admitidos funcionários temporários por concurso público; toda rotina, todo procedimento fora igual a um concurso para gestor, um concurso para qualquer carreira administrativa no governo federal; porém era para contratar funcionários temporários, por dois anos! Esses temporários aguardavam nomeação, mas havia uma ADIn contra esse concurso, e a base dessa ação de inconstitucionalidade era a impossibilidade de se ter funcionários temporários lidando com processos em atividade fim!

Então, só contávamos com os titulares de cargos comissionados, ou seja, praticamente não tínhamos estrutura e praticamente todo esse pessoal havia saído junto com os conselheiros anteriores, porque ocupava cargos de confiança.

Eu fui falar com a Maria Paula Bucci, então procuradora do CADE, e pedi a ela que fôssemos falar com o presidente do Supremo Tribunal Federal, que iria decidir a ADIn; reuni todos os dados sobre o CADE e fui falar com o ministro Nelson Jobim, junto com a Maria Paula. Ele nos recebeu; falei do crescimento do número de processos, da falta de pessoal, como isso era importante não só como base da construção institucional do País, mas para poder haver celeridade na decisão dos processos etc. Ele foi muito receptivo e pediu os números aos quais eu me referi.

Quando voltei ao CADE e fui checar os números, descobri que o estatístico do CADE era composto de um funcionário terceirizado, com muito boa-vontade, mas que mal sabia o que era um histograma ou um gráfico de barras e não fazia ideia de como calcular estatísticas como média, mediana, moda e desvio padrão. Mas com a boa-vontade desse técnico e a ajuda do Rubens Nunes, geramos as estatísticas e fomos de manhã entregá-las no gabinete do Ministro Nelson Jobim. Antes do julgamento, conversei com o Advogado Geral da União e passei todos esses dados a ele pelo telefone. Ele preparou a sustentação oral, mas o plenário do Supremo se dividiu. E o ministro Nelson Jobim desempatou. Foi decisiva a atuação do ministro Nelson Jobim; ele referiu os dados que apresentáramos a ele em seus argumentos, baseados na premência e na excepcionalidade, que tornava indispensável nos valermos dos temporários, já aprovados em concurso. E, finalmente, isso aconteceu.

Eu mantive muito das tradições existentes no CADE. Aliás, antes de assumir a presidência do CADE, tive longas conversas com os meus antecessores Ruy Coutinho, Gesner de Oliveira e Grandino Rodas. Você sabe que vai errar, mas pelo menos você não precisa errar onde os outros erraram; conversei com outros professores da USP que tinham sido ministros, presidente da CVM, diretor do Banco Central, para saber como lidar com Brasília, algo que eu não sabia: todos me ajudaram muito a errar menos e com menos gravidade.

Encontrei no CADE o Roberto Pfeiffer, uma pessoa muito receptiva; já o Luis Scaloppe foi muito direto, ele me disse: "Olha, você sabe que eu queria ser presidente, mas eu sei que você não tem culpa, a culpa é do Daniel Goldberg". E eu respondi: "bom que você sabe disso, então vamos adiante, isso é passado, vamos adiante, eu vou ser presidente pelo menos por dois anos, então vamos ver se a nossa convivência aqui pode ser boa".

Nós, conselheiros, tínhamos uma reunião às terças-feiras – o seminário interno –, véspera da sessão ordinária, prática que já vinha do tempo do Gesner, e na quinta fazíamos uma reunião específica sobre a área administrativa do CADE, pois queria compartilhar esses problemas com os demais conselheiros.

Nos seminários internos, trocávamos informações sobre os processos, indagávamos o relator sobre fatos da causa; sempre entendi muito produtiva e positiva essa prática, porque permitia aos conselheiros chegar à sessão de julgamento minimamente informados sobre os fatos dos principais processos e assim decidir melhor. Note-se que não se discutia voto; basta ver as decisões, não há unanimidade, há sempre divergência, em especial nos casos mais relevantes. Raros foram os casos relevantes onde houve unanimidade absoluta, isto é, em que todos votaram não apenas no mesmo sentido, mas com os mesmos fundamentos. Por isso, não procede a crítica, minoritária e formalista, de uns poucos advogados, os quais, sem entender o que se passa e sobretudo desconhecendo as decisões do CADE, condenam essas reuniões, os seminários internos. A crítica deles não resiste ao exame da realidade.

No plano administrativo, foi criada uma Secretaria Processual, que não existia. Então, o CADE era um tribunal sem cartório; apesar de não ter sido nosso objetivo criar um cartório, era importante o CADE dispor de uma Secretaria Processual, onde funcionasse o protocolo. Formalizamos a CAD-CADE, órgão para acompanhar o cumprimento das decisões do plenário – eu soube que agora está sendo extinto. E o novo regimento. Vimos que o existente estava superado, não mais atendia à realidade vivida pelo CADE, dez anos depois.

Fizemos um novo regimento, dividimos em dois, um sobre procedimentos internos e outro envolvendo as partes, texto que você, Pedro, a meu pedido, reviu. O regimento pode ter muitas falhas, mas definiu regras que se faziam necessárias. E dá segurança às partes, aos advogados e ao próprio CADE! É uma benção você ter uma regra e poder dizer: olha, a regra é essa, eu estou lendo a regra, às vezes interpreta-se a regra, vai-se gerando uma jurisprudência, tudo de forma transparente, com segurança para todos, para o administrador e para o administrado.

Por falar em transparência, outro objetivo foi reduzir o custo do acesso à informação no CADE, razão pela qual fizemos um projeto de digitalização dos autos públicos. O ideal seria termos tudo digitalizado, mas então seria necessário dispor de um esquema de segurança, do qual não podíamos dispor. Mas digitalizamos os autos completos dos processos, a versão pública deles.

Mas, antes disso, já havíamos colocado no sítio do CADE, digitalizadas, todas as decisões. Estão faltando, contudo, algumas decisões, as quais pelas mais variadas razões não encontramos, ou não puderam ser inscritas no sítio do CADE.

Quando deixei o CADE, a digitalização estava em curso – ela se iniciou de trás para frente. Uma parte dos recursos para esse projeto veio do Fundo de Direito Difusos; aliás, foi necessário reformular a informática do CADE, para que o projeto de digitalização fosse realizado. Contamos para isso com um projeto elaborado e aprovado ao tempo do João Grandino Rodas, formulado pelo ex-conselheiro Cleveland Teixeira, com a ajuda da procuradora do CADE, Maria Paula Bucci, e que contava com recursos do Banco Mundial. Nós atualizamos o projeto e o executamos. Com isso foi possível iniciar a digitalização imediatamente: chegava um documento, digitalizava-se.

Outro projeto interessante, e até executado antes desses dois, foi a transmissão *on-line* das sessões do plenário do CADE. O objetivo era o mesmo da digitalização e de colocar os processos no sítio do CADE: transparência e fácil acesso à informação, reduzindo o custo de acesso à informação. Como dizem os advogados, publicidade em sentido técnico, publicar, dar ao público as ações do órgão público. O interessado – advogado, partes, terceiro interessado, consumidor –, de qualquer parte do mundo em que esteja, tem acesso aos casos julgados e aos julgamentos do CADE em tempo real, isto é, no momento em que o julgamento se processa. E lá está a imprensa, todos os interessados também. Nós ampliamos muito a transparência do CADE. Compare com o que ocorre nas agências reguladoras. Eu não tenho dúvida de que, quanto ao processo de decisão, a transparência do CADE é superior a de todas elas, e mesmo a de outros órgãos de defesa da concorrência no mundo inteiro.

A transparência não atende apenas ao dever da publicidade, ela melhora o nível técnico das decisões. O conselheiro sabe que os debates feitos no plenário estão sendo ouvidos por especialistas, pelo público interessado, assim como os advogados também sabem que a sustentação oral deles, os argumentos deles, e dos economistas também, estão sendo expostos, são debatidos. Todos cuidam mais, sabendo que o escrutínio do que fazem é maior. Se se quiser recuperar o áudio da sessão posteriormente, é possível, a qualquer tempo. Não há segredo. Note-se que esse processo ajuda inclusive o processo seletivo no CADE; o pretendente a um cargo no plenário sabe que o que fizer estará exposto ao público.

Veja o contraste com uma grande cliente do CADE, a Anatel. Fiz inúmeras tentativas de aproximação com a Anatel, e todas obtiveram uma resposta positiva da pessoa com quem eu conversei; fizemos até um convênio. Mas os processos de lá não andam, o que retarda muito a ação do CADE, pois os processos chegam para serem julgados com muito atraso. O CADE nunca discutiu, como política de ação, impor medidas cautelares que resguardassem os efeitos desses atos de concentração recebidos com atraso da Anatel. Havia um acordo de acelerar os atos de concentração no setor de telecomunicações notificados ao CADE por intermédio da Anatel, no sentido de que a Anatel liberasse o parecer concorrencial, que ela expede, com celeridade suficiente para permitir ao CADE julgá-lo em tempo hábil, antes que se passasse um tempo capaz de tornar ineficaz ou excessivamente custosa a decisão do CADE. Mas a Anatel não envia os pareceres nesse tempo acordado. E é indispensável contar com a instrução da Anatel, sobretudo em casos de conduta. Então, é importante a colaboração da Anatel em casos que envolvem telecomunicações, mas o procedimento é difícil; se você pede um documento, ele não vem ou demora muito tempo para vir; eles tomam uma decisão lá e não a comunicam ao CADE; muitas vezes não sabíamos que eles tinham arquivado o processo, por exemplo, íamos descobrir muito depois no âmbito de outro processo. Sempre houve a tentativa de se fazer algo coordenado com a Anatel, talvez até um pouco por conta do meu estilo: eu gosto de conversar e ver se a coisa vai por um caminho de menor conflito, porque se sem conflito já é difícil, com conflito é pior ainda. Mas não funcionou. Eu realmente acho que a estratégia não funcionou, e eu acho que não vai funcionar. Eu penso que, se dependesse da Anatel, ela excluiria a competência do CADE em relação ao mercado de telecomunicações. A discussão que eu tenho acompanhado pelo jornal entre a Anatel e o CADE, por conta do projeto de lei, reflete isso.

Quais os principais casos que você julgou?

Elizabeth Farina: Os casos de atos de concentração que envolveram a Vale foram muito importantes, por conta dos efeitos deles sobre o restante da cadeia produtiva e porque nos alcançou no início do mandato. A decisão do CADE nesses casos foi muito trabalhada e mostrou a sua consistência com a vitória que um deles obteve no Supremo Tribunal Federal, que a ratificou. Note-se como esse processo andou rápido no Judiciário, dois anos, da primeira instância à última. Se todos fossem assim, seria ótimo para a defesa da concorrência.

Houve uma evolução também nos julgamento dos casos de cartel, sobretudo na colheita e análise de provas. Com a mudança do regime cambial, de câmbio administrado para câmbio livre, em 1999, afloraram vários cartéis, que apelidamos de "os cartéis de 99": o cartel das empresas aéreas,[2] dos jornais,[3] do aço.[4] Muitas empresas sofreram o mesmo tipo de impacto: a troca de regime cambial, que importou mudança de um preço importante, que é a relação câmbio-salário, e uma mudança abrupta porque a desvalorização cambial ocorreu em um período muito curto de tempo, afetando de maneira horizontal os concorrentes. Quer dizer, todos estavam sofrendo o mesmo tipo de impacto, e quando isso acontece a tendência das empresas é adotar uma ação coordenada, uma mudança igual para todos os concorrentes. O CADE condenou esses cartéis citados e outros que julgou.

Outro caso de cartel importante, pois pela primeira vez a prova foi colhida por meio de gravação telefônica, foi o de postos de gasolina,[5] que também resultou em condenação. Em outro caso, o cartel das britas, houve uma discussão importante sobre o papel da prova econômica e o papel da prova material nos casos de cartel. A prova econômica baseia-se em uma análise do comportamento do mercado, que reflete determinadas ações, ou coordenadas ou competitivas. É uma prova indireta, indiciária, difícil de ser feita e, sem dúvida, frágil, sobretudo à vista da prova material, que revelou, no caso do cartel das britas,[6] por exemplo, uma bíblia com regras estipuladas até para o giro de titulares da diretoria do cartel, para disciplinar o desvio do cartel, etc. Um parecer econômico oferecido pela defesa sustentava que o cartel não teria gerado, e não seria capaz de gerar, efeitos porque as empresas que haviam se cartelizado não conseguiram ter um grau de coordenação mínimo. A lei, como se sabe, dispensa a prova dos efeitos do cartel para caracterizá-lo como

---

[2] Processo Administrativo 08012.000677/1999-70 – Representantes: SDE/MJ *ex officio* e SEAE/MF; Representados: VARIG S/A, TAM, TRANSBRASIL e VASP, e seus respectivos.

[3] Processo Administrativo 08012.002097/99-81 – Representante: SEAE/MF; Representados: Sind. das Empresas Proprietárias de Jornais e Revistas do Município do RJ, Editora O Dia S/A, Infoglobo Comunicações Ltda. e Jornal do Brasil S/A.

[4] Processo Administrativo 08012.004086/2000-21 – Representantes: SINDUSCON/SP e – SECOVI/SP; Representadas: Gerdau S/A, Companhia Siderúrgica Belgo-Mineira e Siderúrgica Barra Mansa S/A.

[5] Processo Administrativo 08012.002299/2000-18 – Representante: Ministério Público do Estado de Santa Catarina; Representados: Posto Divelin, Big Imagi e outros.

[6] Processo Administrativo 08012.002127/02-14 – Representante: SDE *ex officio* Representados: SINDIPEDRAS e outros.

ato infrativo – basta existir o cartel. Mas a prova econômica, ou a contraprova, surge sempre nos debates e foi relevante ter havido no julgamento desse caso uma consistente manifestação do CADE no sentido de que a prova econômica não é necessária para a condenação de cartel. Ela não só não é necessária como não pode ser aceita em contraposição à prova material.

E julgamos também o primeiro caso de cartel no qual foi aplicado o regime de leniência, o caso do cartel dos vigilantes,[7] aliás o único remetido ao CADE até esse momento.

No CADE, discutimos também uma proposta de acordo com base em uma interpretação, oriunda da SDE, da lei de regência do Ministério Público, para sustentar que o CADE poderia aplicá-la e assim aceitar uma contribuição pecuniária e encerrar o processo por formação de cartel por parte das produtoras de suco de laranja. Houve um intenso debate no plenário, inclusive com parecer da procuradoria do CADE, favorável à tese da SDE, defendido até o último momento pelo procurador do CADE, ao qual se contrapôs um parecer do Ministério Público contrário, afirmando não haver base legal para o CADE fazer o acordo proposto pela SDE. O conselheiro relator Luis Fernando Rigato fez uma longa exposição sobre as razões econômicas negativas, de incentivos negativos, de prejuízos à dissuasão de práticas infrativas futuras, se tal acordo fosse firmado, além de concordar que inexistia base legal para o CADE firmá-lo. O plenário do CADE rejeitou, unanimemente, a proposta de acordo encaminhada pela SDE a propósito do cartel dos produtores de suco de laranja. O plenário enfrentou com muita tranquilidade esse caso, um assunto muito explosivo; o CADE chegou a ser tomado por produtores de laranja, com faixa, etc., todos contra o acordo defendido pela indústria de suco de laranja, que apoiava a proposta da SDE.

Depois da decisão do CADE, o processo voltou à SDE para seguir o seu curso e ao que estou informada lá está até hoje.

Esse processo deu ensejo à alteração da lei, por meio de um artigo inscrito em uma medida provisória que tratava de outro tema, que passou a permitir acordo em caso de cartel, contra uma contribuição pecu-

---

[7] Processo Administrativo 08012.001826/2003-10 – Representante: DPDE/SDE/MJ *ex officio*; Representados: Associação das Empresas de Vigilância do Rio Grande do Sul – ASSEVIRGS e outros.

niária. Antes, a Lei excluía o compromisso de cessação de prática infrativa – feito sem contribuição pecuniária – dos casos de cartel.

Os conselheiros do CADE, analisando o texto legal e considerando a experiência havida no debate anterior, entenderam que deveriam definir regras mais objetivas para orientar o Conselho sobre a aprovação de tais acordos com contribuição pecuniária. A lei colocou nas mãos do CADE a sua aplicação; o CADE se viu obrigado a regulamentá-la e expediu uma resolução nesse sentido, depois de um amplo debate. A resolução criou a exigência do reconhecimento de cometimento de ato infrativo por parte do interessado em firmar o acordo, quando houver acordo de leniência.

Qual a importância da defesa da concorrência para a sociedade brasileira?

Elizabeth Farina: O regime de economia de mercado, que é o vigente nos termos da Constituição Federal, está sujeito a estratégias competitivas das empresas. E nos setores mais importantes da economia brasileira existem oligopólios com capacidade de adotar estratégias anticompetitivas que impedem o mercado de funcionar direito, estratégias baseadas no abuso de poder econômico. A defesa da concorrência visa garantir que o mercado funcione, observadas as regras que previnem e reprimem o abuso do poder econômico. O consumidor se beneficia certamente da Lei de Defesa da Concorrência, pois ele passa a ter o direito de escolher entre os seus ofertantes. É fundamental que a sociedade valorize a liberdade de escolha. Porém, é preciso que uma série de políticas sejam somadas à defesa da concorrência, porque há setores em que, mesmo inexistente o abuso do poder econômico, a dinâmica concorrencial é baixa, por uma série de razões, como o setor financeiro, por exemplo. O setor financeiro pode melhorar muito mais a concorrência com a implantação do cadastro positivo, a redução da assimetria de informação e os custos de mudança de uma instituição financeira para outra, do que a análise de concentração ou de cartel. Essa baixa dinâmica concorrencial ocorre em outros setores também, como o da saúde, no qual uma série de regras pode piorar ou melhorar a concorrência entre planos de saúde e seguro de saúde. Não que haja infrações sistemáticas nesses setores; mas seria mais eficaz uma regulação voltada a aumentar a concorrência do que a aplicação da Lei de Defesa da Concorrência. Na verdade, a noção de concorrência deve alcançar a política econômica em geral. Nesse sentido, a função do CADE é muito importante. É preciso, porém, que ele tenha meios para ampliar a sua atuação, aumentar o alcance da sua atuação. E veja o que ele já fez nesse sentido, e aqui destaco a sua transparência, que lhe confere muito do respeito que conquistou junto à opinião pública e ao governo também.

Mas, sobretudo, é necessário dar ao CADE meios materiais suficientes para essa tarefa maior, e isso hoje não ocorre. É indispensável dotar o CADE de uma infraestrutura de informação robusta e moderna e, claro, prover quadro de pessoal habilitado e permanente, como a lei atual já prevê. Importante também é o relacionamento do CADE, que já existe, com agências internacionais, para não se converter em um órgão local em uma economia globalizada. Não copiar tudo o que os outros fazem, mas manter um diálogo permanente com esses órgãos.

Por fim, é importante registrar que um órgão como o CADE não está isento de pressões. Recebia ligações, às vezes visitas, de parlamentares. Do Executivo menos, ao contrário do que poderia parecer, já que o CADE é um órgão do poder Executivo. Mas, note-se, nunca recebi um pedido, comentário, qualquer tipo de interferência do então ministro da Justiça Márcio Thomaz Bastos, ou do ministro Tarso Genro, a cuja pasta o CADE está administrativamente vinculado. É natural que ocorram pressões. A forma de o conselheiro as enfrentar é mais simples do que parece. Como presidente do Conselho, ouvia todos os pleitos, recebia a todos, com registro em agenda pública, e explicava como o CADE funciona: com total transparência, e lembrava que o Conselho é composto de sete integrantes, que votam em público, e todos aprovados pelo Senado e detentores de mandato para aplicar a Lei de Defesa da Concorrência. O relacionamento com a imprensa deve ser frequente e transparente também. Eu gravava as minhas entrevistas, e quando houve dúvida sobre as minhas declarações, coloquei o áudio da entrevista no sítio do CADE. Transmitir a posição do CADE para a sociedade por meio da imprensa é papel do seu presidente e deve ser exercido.

Enfim, a transparência geral desestimula qualquer pressão e preserva a independência do CADE, beneficiando a defesa da concorrência e, portanto, o interesse do consumidor.

LUIS FERNANDO RIGATO VASCONCELLOS[1]

Luis Fernando Rigato, qual é a sua formação?

Luis Fernando Rigato: Formei-me em Economia em 1993 pela FEA-USP e fiz mestrado e doutorado na Fundação Getulio Vargas de São Paulo. No mestrado, minha dissertação abordou questões relacionadas ao crescimento econômico e distribuição de riqueza, tema que cheguei a pensar em aprofundar, mas que acabei abandonando depois que fui convidado para trabalhar na Secretaria de Direito Econômico (SDE), do Ministério da Justiça, em 2001. Nessa época, passei a me interessar mais pelas questões institucionais e de organização industrial e, no doutorado, que defendi em 2005, optei por estudar o mercado de aviação civil, orientado pelo professor Arthur Barrionuevo.

Em 2001, por meio do Cleveland Teixeira, com quem estudei uma parte do mestrado na FGV e que já trabalhava com defesa da concorrência, soube que a SDE procurava um economista. Em Brasília, o Cleveland era coordenador da SEAE, do Ministério da Fazenda, e a SDE precisava de um economista que fizesse a interlocução entre esses dois órgãos. Trabalhei na SDE de março de 2001 a dezembro de 2002. À época, o secretário era o advogado Paulo de Tarso, e o diretor do DPDE, o também advogado Darwin Correa. Durante esse período o Ministério da Justiça passou por, pelo menos, quatro diferentes ministros, situação bem diferente da observada atualmente. Foi um período de grande experiência, no qual tive os primeiros contatos com a burocracia e com a aplicação da lei de defesa da concorrência. Ao sair da SDE, fui para o Rio de Janeiro, também para atuar na área de defesa da concorrência. Em pouco menos de três meses, porém, recebi um convite do professor José Tavares, que acabara de assumir a SEAE e me ofereceu a posição de secretário adjunto. Permaneci na SEAE por cerca de dois anos.

---

[1] 1.º Mandato: 28.07.2004 a 27.07.2006; 2.º Mandato: 28.07.2006 a 27.07.2008.

Como se deu a sua ida para o CADE?

Luis Fernando Rigato: Como disse, eu era secretário adjunto do José Tavares, que fez a minha indicação ao então ministro da Fazenda Antonio Palocci, com quem eu já conversara antes sobre outros assuntos do Ministério. Entre o convite e a minha primeira sabatina, no entanto, passaram-se oito meses, um longo tempo. Interessante ressaltar que, na verdade, a sabatina em si acaba sendo apenas uma formalidade, com exceção de alguns senadores que, justiça seja feita, leram o meu currículo e se preocuparam em apresentar questões pertinentes ao tema.

Como você encontrou o CADE?

Luis Fernando Rigato: O CADE dispunha de funcionários temporários, bons técnicos, mas em regime precário de trabalho. A infraestrutura era muito deficiente também. Espantava-me o fato de que para obter algum voto, uma informação que fosse, era quase sempre necessário recorrer à memória de alguém. O CADE não lida com um volume muito numeroso de processos, nada que se compare ao volume de alguns tribunais, e também por isso ficava surpreso com a precariedade do sistema. Lembro-me de que a digitalização dos processos era uma bandeira da então procuradora-geral Maria Paula Dallari, o que só ocorreu algum tempo depois. E foi um avanço e tanto. Outro dia mesmo precisei de um voto de minha autoria para sanar uma dúvida e foi extremamente fácil encontrá-lo no site do CADE. Esse processo facilita sobremaneira a consolidação e a estabilidade da jurisprudência.

Outro fato que sempre me impressionou no CADE em particular, e em todo o Sistema Brasileiro de Defesa da Concorrência (SBDC), de maneira geral, é que, apesar do pequeno número de técnicos, principalmente se comparado com o quadro de funcionários de uma agência reguladora, por exemplo, a produtividade é muito alta. Infelizmente, não é possível contar com esses funcionários o tempo todo, uma vez que a rotatividade do quadro de pessoal é muito alta. Acredito que esse seja um dos principais problemas operacionais do CADE.

Nos quatro anos de meu mandato passei por uma troca completa de assessores por pelo menos três vezes. Isso significa que você deve treinar toda sua força de trabalho novamente a cada ano e meio. E isso acontece com os prazos processuais correndo, os processos se acumulando. Não é fácil, leva tempo para se formar um bom analista antitruste. Repito, ainda assim, que, apesar de pequena, a estrutura do CADE era produtiva.

Outro fator que facilitou muito o trabalho foi o bom entrosamento que tínhamos no Conselho. É evidente que havia discordâncias, elas fazem parte do jogo, mas na imensa maioria das vezes debatíamos pontos importantes dos casos, trocávamos informações e chegávamos ao plenário razoavelmente convencidos dos principais pontos de cada caso. Esse processo minimiza bastante os pedidos de vista, não os elimina, nem deveria, porque são uma prerrogativa do conselheiro, mas não lembro de nenhum pedido de vista demasiadamente demorado no Conselho, e os que ocorreram foram exceção. Essa prática é refletida na consistência das decisões do CADE, que hoje formam um bom acervo de jurisprudência.

Permaneci no CADE por dois mandatos e, apesar de a minha recondução ter sido tranquila, abro aqui um parêntese: os mandatos realmente deveriam ter prazos mais longos, eliminando a figura da recondução. Muitas vezes, a recondução ocorre em meio a um julgamento importante. E pior, pode haver mais de um conselheiro terminando o seu primeiro mandato. Desnecessário dizer o tipo de incentivo ruim que essas possibilidades podem trazer. Por isso considero melhor um único mandato de quatro anos sem recondução e de preferência não coincidente com os mandatos dos demais conselheiros. Um único mandato de quatro anos, como está no projeto de lei de reforma do sistema, é uma boa solução e trata-se de um ponto em que não há muita controvérsia.

Quais foram os principais casos que você julgou?

Luis Fernando Rigato: Lembro-me da sessão em que o Conselho votou o pedido de reapreciação do caso Nestlé-Garoto,[2] aquele que, ao final, permitiu um novo julgamento do caso. Foi logo no início do meu primeiro mandato. Na ocasião, entendi que não havia fato novo que subsidiasse o pedido, mas esse foi um entendimento vencido. O plená-

---

[2] Ato de Concentração 08012.001697/2002-89 – Nestlé Brasil Ltda. e Chocolates Garoto S/A.

rio, por maioria, entendeu que havia, sim, fato novo e que o pedido das requerentes deveria ser apreciado.

Esse caso foi importante para o sistema, pois foi o primeiro a registrar a rejeição integral de um ato de concentração de grande porte. A preocupação central da composição anterior do Conselho, no meu entender absolutamente correta, foi de que, se qualquer desconstituição parcial da operação fosse possível, ela deveria produzir um rival efetivamente capaz de competir com a empresa integrada.

Note-se que essa não era uma inovação, mas simplesmente a preocupação de qualquer agência de defesa da concorrência do mundo com os remédios que aplica. A constituição de um rival efetivo a partir dos ativos das requerentes é um exercício extremamente complexo, pois é difícil saber como um determinado conjunto de ativos se comportará no mercado. No caso Nestlé-Garoto, não havia muitos agrupamentos de ativos possíveis. Essa preocupação se materializou fortemente tanto no julgamento original como no pedido de reapreciação.

Houve outros casos importantes durante os meus dois mandatos, como a aquisição de mineradoras por parte da Companhia Vale do Rio Doce[3] e a operação de descruzamento societário entre ela e a Companhia Siderúrgica Nacional (CSN).[4] Entretanto, os casos envolvendo o setor petroquímico, de maneira particular, e o mercado de derivados de petróleo, de maneira geral, absorveram-me completamente no final do segundo mandato. Nesses casos tivemos uma rara oportunidade de analisar um grupo de atos de concentração, quais sejam: as compras dos ativos do Grupo Ipiranga e Suzano pela Braskem, Grupo Ultra e Unipar,[5] além de uma averiguação preliminar que passou meio desper-

---

[3] Ato de Concentração 08000.013801/97-52 (Ato de Concentração 155/97) – Requerentes: Companhia Vale do Rio Doce – CVRD e Valepar S/A.

[4] Ato de Concentração 08012.003276/2003-73 – Requerentes: Companhia Vale do Rio Doce e Companhia Siderúrgica Nacional.

[5] Ato de Concentração 08012.011068/2007-71 – Requerentes: Petróleo Brasileiro S.A – Petrobrás e Suzano Petroquímica S.A.e Ato de Concentração 08012.014585/2007-01 – Requerentes: Unipar – União de Indústrias Petroquímicas S.A., Petróleo Brasileira S.A – Petrobras e Petrobras Química S.A. – Petroquisa.

cebida pelo sistema, mas que investigava a política de preços de derivados de petróleo da Petrobras.[6]

Resumidamente, os atos de concentração alteravam sobremaneira a estrutura do mercado, principalmente o de petroquímicos básicos. O resultado final desses atos de concentração definiu a constituição de dois grupos petroquímicos fortes, e o aumento da participação societária da Petrobras em ambos os grupos. Resolvia-se, assim, o problema do conhecido nó societário, mas, em minha opinião, a um custo extremamente elevado, ou seja, com a supressão de parcela importante da rivalidade entre grupos, na medida em que, além da redução do número de concorrentes, a Petrobras também aumentava sua participação nos grupos resultantes. Nesse sentido, além da questão concorrencial, observamos a volta de um modelo nesse setor, com o aumento expressivo de participação do Estado em detrimento da participação de empresas privadas, resultado oposto ao pretendido pelas reformas estruturais levadas a cabo nos últimos anos.

Note-se que o grupo Ipiranga era o único que detinha ativos praticamente em todas as etapas da cadeia produtiva, do refino de petróleo à distribuição e revenda de combustíveis e derivados, passando por importantes ativos de petroquímica básica e intermediária. Em outras palavras, era o único concorrente minimamente verticalizado, com alguma capacidade de rivalizar com a Petrobras. Ainda assim, essa capacidade já era, na ocasião da análise dos atos de concentração, extremamente limitada. A refinaria Ipiranga operava com baixa capacidade seu ativo de refino, o que nos leva a referir o segundo processo já mencionado, ou seja, a averiguação preliminar que investigava a política de preços dos derivados de petróleo praticada pela Petrobras. Note-se que as representantes desse procedimento eram justamente a Ipiranga (antes da aquisição) e a refinaria de Manguinhos, no Rio de Janeiro.

Nesse caso, o que se denunciava, em síntese, era o fato de que o preço de alguns derivados de petróleo, notadamente o GLP e a gasolina, não acompanhava a cotação de preço do petróleo do mercado internacional, que, naquela altura, aproximava-se de US$ 150 o barril. Ao mes-

---

[6] Averiguação Preliminar 08012.003299/2004-69 – Representante: Ministério Público Federal; Representado: Sindicato do Comércio Varejista de Derivados de Petróleo do Estado do Rio de Janeiro – SINDESTADO.

mo tempo, os preços dos insumos destinados às refinarias privadas eram os praticados no mercado internacional.

Destaque-se que as refinarias privadas foram construídas para operar com petróleo leve e, portanto, são de baixa complexidade. Tal petróleo é pouco disponível nos poços brasileiros e, consequentemente precisa ser importado a preço do mercado internacional. Por outro lado, sabe-se muito pouco sobre os preços domésticos do petróleo. Em última instância, esses são os preços praticados pela Petrobras "para ela mesma". Do lado da demanda de derivados, o preço obtido pela venda dos itens mais nobres do refino, como a gasolina e o GLP, é um elemento crucial nas contas sobre a rentabilidade das refinarias. Se esse preço for mais baixo que o preço observado no mercado internacional, as margens de uma refinaria com as características apontadas acima se estreitam consideravelmente. Note-se que nos preços dos derivados de menor apelo popular, como o QAV e a nafta petroquímica, esse fenômeno não se observava. Ao final, o principal argumento da Petrobras, que convenceu a SDE e posteriormente o Conselho, era de que o correto seria olhar para uma cesta de derivados e não para cada derivado separadamente. Assim, na média, a cesta de derivados era lucrativa, o que se cristalizaria no resultado positivo de todo o sistema Petrobras.

Eu já havia rejeitado esse argumento de que a média de preços é um bom indicador para demonstrar problemas relacionados a subsídios cruzados ou discriminação de rivais, por exemplo, no caso envolvendo o preço da interconexão nas redes locais de telefonia (TU-RL), em que você, Pedro, foi advogado das representadas. As assimetrias informacionais nesse tipo de caso são enormes. É praticamente impossível superá-las satisfatoriamente. Nem mesmo os órgãos reguladores possuem dados convincentes sobre esses mercados. Nesse sentido, sempre considero uma técnica muito usada pela autoridade de defesa da concorrência australiana, apropriada nesses casos, ou seja, a de regras de imputação.

De todo modo, independentemente do resultado do julgamento, parecia-me claro que a melhor maneira de analisar esses casos era justamente não perder a perspectiva de conjunto entre os atos de concentração e a averiguação preliminar. Tínhamos uma rara situação na qual analisávamos uma série de atos de concentração e uma conduta que versava justamente sobre o comportamento dos preços dos insumos dos mercados relevantes envolvidos na operação. Uma descrição completa dos casos não cabe aqui, mas há muitos outros elementos que foram considerados, como a definição do mercado relevante, as especificidades das atividades de refino, as possibilidades de subsídios cruzados e a discriminação no fornecimento de insumos. Enfim, considero que fizemos uma análise bastante cuidadosa dos mercados envolvidos, que pode ser aprofundada com a leitura dos votos.

No meu entendimento, os indícios apresentados na averiguação preliminar eram mais do que suficientes para a instauração do processo administrativo. Veja bem, ali tratávamos apenas de indícios de infração econômica, não de provas suficientes para ensejar uma condenação. No caso dos atos de concentração, por outro lado, observava uma clara diminuição da rivalidade entre os grupos petroquímicos nacionais. Entretanto, esse não foi o entendimento do Conselho, que acompanhou o entendimento da SDE na averiguação preliminar, arquivando-o. Nos atos de concentração, o Conselho, por maioria, adotou uma definição de mercado relevante internacional de petroquímicos intermediários, que levou à aprovação incondicional dos casos.

Acredito que esses atos de concentração expuseram uma fragilidade na maneira como o Sistema Brasileiro de Defesa da Concorrência tem analisado atos de concentração, em dois aspectos fundamentais. Em primeiro lugar, a questão das participações societárias minoritárias, mas em que se revela claramente interesse patrimonial por parte do detentor do ativo. Nesses casos, é possível considerar uma situação na qual o principal fornecedor de matéria-prima detém, simultaneamente, participações societárias relevantes nos rivais, como uma situação regular de concorrência? A resposta, cristalizada em meu voto, foi não, o que acredito ser consistente com uma extensa literatura que tem surgido sobre esse tema, sugerindo que devemos olhar com atenção para esse risco. A segunda fragilidade refere-se à questão do nexo causal e da cronologia de apresentação de atos de concentração. Imagine como exemplo um ato de concentração fictício, mas que deve ser reprovado pela autoridade de defesa da concorrência. Agora imagine se esse mesmo ato fosse cindido, e suas partes apresentadas paulatinamente. Deveríamos obter o mesmo resultado ao final da análise do último ato? Em termos racionais, a resposta deveria ser sim, mas não é isso que tem acontecido. Nesses casos, as primeiras operações tendem a ser aprovadas por não resultarem em concentrações excessivas, enquanto as subsequentes tendem a ser aprovadas porque não geram nexo causal.

Aos olhos do analista, ao examinar os atos separadamente se perde uma importante informação, justamente a do próximo movimento dos agentes envolvidos na operação. Isso não deveria ocorrer se esses movimentos fossem de conhecimento do analista, por exemplo, quando tramitam vários atos de concentração com os mesmos requerentes ou quando analisamos simultaneamente a estrutura e a conduta de uma determinada empresa ou setor. Sempre que isso acontecer, não se deve perder a perspectiva de conjunto, do contrário o resultado da análise torna-se deficiente.

Outro tema que considero de suma relevância é a alteração na Lei de Defesa da Concorrência que permitiu a realização de acordos nos casos de cartel. Não sou grande entusiasta dessa política, embora ela tenha sido alardeada como um avanço no combate aos cartéis. Não que seja estritamente contra tais acordos. O programa de leniência, por exemplo, não deixa de ser um acordo, no qual não há qualquer previsão de contribuição pecuniária dos representados e os benefícios ao combate de cartéis, nesse caso, são óbvios. Esse princípio deveria pautar todos os demais acordos, ou seja, sua qualidade deveria ser medida pela capacidade de dissuasão da prática e pela manutenção da capacidade de *aplicação* da lei intacta.

Nas discussões de que participei, um argumento reiteradamente utilizado em favor desses acordos era a economia de recursos, que evitariam processos longos e custosos. Ora, a economia de recursos públicos materiais é um dever da administração, mas deve ser balanceada. Não pode ser uma justificativa em si, assim como a eficiência e a celeridade. Todas essas qualidades devem estar subordinadas ao melhor interesse público, ou seja, a melhor defesa da concorrência possível. Como ilustração dos problemas encontrados por esse instrumento, temos o momento da propositura dos acordos. Quando apresentados logo no início do processo de apuração da infração de fato podem evitar processos longos, mas estariam atendendo ao interesse público? Depende. Se a prática for cessada ou o beneficiário do acordo trouxer informações que contribuam com as investigações, acredito que sim, mas note-se o quanto esse acordo se aproximaria da leniência. Por outro lado, se a denúncia não for consistente, ou se não se formar um conjunto robusto de evidências tempestivamente, creio que o melhor a fazer é arquivar a denúncia. O mesmo ocorre se a autoridade estiver convencida da inocência de uma determinada parte. Parece óbvio, mas lembro-me de discussões nas quais se questionava qual deveria ser a contribuição pecuniária no caso do conjunto probatório insuficiente!

Por outro lado, qual o interesse público em a "autoridade" firmar um acordo em um caso que já está completamente instruído, pronto para o julgamento? Até acredito que nessas situações ainda possam aparecer fatos esclarecedores, mas se não houver nada a contribuir com o caso, os benefícios do acordo apoiar-se-ão fortemente na questão pecuniária. Se essa for a razão, creio que devemos prestar excepcional atenção àquele dispositivo da lei que versa que a multa (ou a contribuição pecuniária, como queiram) não deve ser menor que o benefício privado auferido, ou seja, nesses casos o componente dissuasório do acordo deve ser privilegiado.

Há um problema derivado da maneira como a lei permitiu que esse acordo fosse encaminhado: a elevada discrição do CADE para aplicá-la. Os limites a essa discricionariedade foram disciplinados por meio de uma resolução. Não é suficiente. Resoluções são instrumentos jurídicos mais questionáveis, o que, somado ao eventual maior benefício (privado) que o signatário do acordo pode extrair (em relação ao beneficiário da leniência, por exemplo), aumenta as incertezas dos eventuais candidatos ao acordo de leniência, deprimindo a capacidade da lei de combater esse tipo de infração.

É importante ter em conta que a repressão às condutas ainda é uma das funções fundamentais da defesa da concorrência e por isso os acordos devem ser vistos, nesse contexto, como uma exceção à função repressiva, e não como uma alternativa.

Por sustentar esse entendimento, acabei sendo contra todas as propostas de acordos encaminhadas durante meus dois mandatos. Lembro-me de três: o caso da indústria de suco concentrado de laranja; do cimento; e dos frigoríficos. Opus-me a eles por motivos distintos: no caso dos frigoríficos, havia uma definição de mercado relevante criativa, desviava-se do critério de incidência sobre o faturamento bruto. Já no caso do cimento, contas simples mostravam que o eventual benefício auferido pelo cartel seria muito maior que o valor que estava sendo proposto no acordo. Considerei, ainda, a proposta de colaboração do proponente excessivamente lacônica. Consequentemente, em ambos os casos entendi que o conteúdo dissuasório não estava satisfeito e votei contra os acordos propostos. Nos dois casos descritos acima votei oralmente. No caso da indústria de suco concentrado de laranja fui relator. Esse caso foi diferente, pois ainda não havia previsão legal para acordos, de modo que toda discussão se voltava para o fato de a infração ser continuada ou não. Em minha opinião, havia indícios suficientemente fortes para acreditar que o cartel não havia cessado. Esse foi o entendimento do Ministério Público e acabou sagrando-se vencedor.

Tenho ainda uma observação final sobre a questão dos cartéis. Criamos uma espécie de dependência da apuração desse tipo de infração, em parte fruto da reiteração da ideia de que os cartéis são as piores infrações à ordem econômica. Com efeito, não há que se negar que os danos causados por acordos horizontais são elevados, mas daí não se pode concluir que toda e qualquer denúncia deve merecer todos os recursos do sistema.

Em certa ocasião, lembro-me do Sr. Allan Fels, então presidente da autoridade de defesa da concorrência australiana, ter mencionado que os cidadãos só passaram a conhecer o tema quando um cartel de carrinhos de cachorro-quente na porta dos estádios de rúgbi foi punido. Evidentemente, toda autoridade de defesa da concorrência precisa que a população entenda a natureza de seu trabalho. Entretanto, esse uso panfletário da lei tem limites, na exata medida em que infrações unilaterais extremamente danosas acabam recebendo muito pouca atenção. No entanto, reconheço que, em um cenário de elevada escassez de recursos, a definição *a priori* de quais casos são prioritários é um exercício arriscado.

Em nossa economia, as condutas infrativas unilaterais, sobretudo aquelas verificadas em setores regulados, são tão ou mais danosas do que o cartel, na medida em que impedem que os componentes competitivos desses setores se desenvolvam, ampliando a oferta de infraestrutura para a população.

Creio que praticamente todos os setores de infraestrutura passam por esse tipo de problema, em parte porque as agências reguladoras têm tido dificuldades na implementação de normas que promovam maior competição nas indústrias. Recordo-me de denúncias envolvendo o preço de acesso a algum gargalo estrutural nas telecomunicações (TU-RL), no setor portuário (THC), acesso aos gasodutos de transporte e aos insumos da cadeia de produção de derivados de petróleo, como mencionei acima, sem mencionar aquelas condutas que não chegam ao conhecimento da autoridade de defesa da concorrência.

Não vou repetir aqui o teor dos casos, pois suas principais peças estão disponíveis no sítio do CADE. Gostaria apenas de ressaltar, novamente, que esses casos são tão ou mais relevantes do que a maioria dos casos de cartéis, porque o reflexo deles na economia é muito grande, e seus efeitos tendem a ser mais duradouros.

Qual é a importância da defesa da concorrência para a sociedade brasileira?

Luis Fernando Rigato: A resposta simples e fácil é: melhores produtos, maior oferta e menor preço. Isso os manuais de economia nos mostram, assim como a experiência. E é de fato o que ocorre quando o abuso de poder econômico é reprimido e prevenido por um órgão de defesa da concorrência. No Brasil, esse órgão é o CADE, o qual, a meu ver, vem fazendo um bom trabalho com a estrutura que possui. Incluo aí a estrutura legal (mandato para os conselheiros e impossibilidade de recursos hierárquicos) e as outras garantias à sua independência. E, é claro, em razão da conduta de seus conselheiros, que vêm conferindo ao CADE, ao longo do tempo, o prestígio de ser um órgão transparente e aberto.

RICARDO VILLAS BÔAS CUEVA[1]

Ricardo Cueva, qual é a sua formação?

Ricardo Cueva: Sou bacharel em Direito pela Universidade de São Paulo, turma de 1985, tendo integrado o programa PET/CAPES durante os quatro últimos anos da faculdade, sob a orientação dos professores José Eduardo Faria e Tercio Sampaio Ferraz Jr. Em 1989-1990, fiz mestrado (LL.M.), em paralelo com o *International Tax Program*, em Harvard, com bolsa da CAPES. Em 2001, concluí o doutorado na Universidade de Frankfurt am Main, a Johann Wolfgang Goethe Universität, para onde fui com bolsa do DAAD (Serviço Alemão de Intercâmbio Acadêmico), com uma tese sobre tributação ambiental na área de recursos hídricos, uma questão que no Brasil começa a ser discutida agora, de maneira muito incipiente, ao contrário do que ocorre na Alemanha, onde há muitas décadas são usados instrumentos econômicos para a proteção do meio ambiente.

Logo que me formei, em 1985, fiz concurso para procurador do Estado de São Paulo e exerci o cargo por dois anos na Procuradoria Judicial, na área dedicada a contestar as ações de responsabilidade civil do Estado. Em 1987, aprovado no concurso para procurador da Fazenda Nacional, tomei posse no cargo, que, então, anteriormente à Constituição de 1988, ainda não implicava a representação judicial da União em matéria tributária. Não havia, à época, em nenhuma dessas carreiras públicas, vedação à advocacia privada, que eu exercia no escritório Aldo Raia, em São Paulo. Pouco após voltar de Harvard, em 1991, fui convidado pelo Professor Tercio Sampaio Ferraz Jr., à época procurador-geral da Fazenda Nacional, para vir a Brasília, onde fui seu adjunto e também procurador-regional da Fazenda na 1.ª Região, cargo que exerci até 1994. Depois de retornar da Alemanha, atuei por três anos como procurador junto ao Conselho de Recursos do Sistema Financeiro Nacional, um órgão colegiado do Ministério da Fazenda, com representação paritária dos setores público e privado, que julga os recursos

---

[1] 1.º Mandato: 28.07.2004 a 27.07.2006; 2.º Mandato: 28.07.2004 a 27.07.2008.

nos processos administrativos sancionadores instaurados pela CVM e pelo Banco Central. Lá fiquei até julho de 2004, quando tomei posse no CADE, onde exerci dois mandatos consecutivos de conselheiro, até agosto de 2008.

Como se deu a sua ida para o CADE?

Ricardo Cueva: A convite do então ministro da Justiça Márcio Thomaz Bastos. Fui inicialmente entrevistado pelo então secretário de direito econômico, Daniel Goldberg, e pelo então secretário executivo do Ministério da Fazenda, Bernard Appy, e alguns dias depois recebi um telefonema do ministro Márcio dizendo que o meu nome já havia sido enviado ao Senado para a sabatina.

A primeira sabatina na Comissão de Assuntos Econômicos do Senado foi muito rápida e tranquila, apesar de se notar um grande interesse por parte dos senadores pelo ato de concentração entre Nestlé e Garoto, que havia sido recentemente rejeitado pelo CADE. Havia um pedido de reconsideração que seria julgado pelo novo colegiado, o que motivou perguntas sobre o tema. Além disso, foram formuladas perguntas sobre um ou outro caso em curso, bem como sobre decisões envolvendo os produtores de suco de laranja.

Quando cheguei ao CADE, junto com Elizabeth Farina, que exerceu a presidência, Luiz Carlos Prado e Luis Fernando Rigato Vasconcellos, houve, assim como voltou a ocorrer ao final de nossos mandatos, um grande desencontro nos mandatos entre o Conselho que se encerrava e o que assumia. Claramente, os termos dos mandatos deveriam ser escalonados, e a cada ano deveria tomar posse um novo conselheiro para se evitar essa situação.

Como você encontrou o CADE?

Ricardo Cueva: O CADE é uma pequena autarquia, carente de recursos materiais e humanos. Não conta, até hoje, a despeito da previsão na Lei 8.884/1994, com uma carreira de servidores especializados na atividade antitruste, com um *ethos* funcional próprio, que permita aprimorar permanentemente a defesa da concorrência no Brasil, seja por meio do monitoramento de setores considerados mais sujeitos ao exercício abusivo de poder de mercado, seja por meio de análises econômicas mais cuidadosas e mais céleres, seja simplesmente por meio da manutenção de memória institucional da autarquia. Como, além disso, há trocas periódicas da maioria do colegiado, em bloco, sem obediência ao escalonamento de mandatos observado em outras autarquias, pode-se dizer que o CADE está sempre se reinventando. A cada novo colegiado há uma luta muito grande para se obter condições mínimas de trabalho. Nós tivemos a sorte de encontrar no CADE os chamados servidores temporários, resultado de um esforço muito grande feito pela então procuradora geral do CADE Maria Paula Dallari Bucci, e pelo ex-conselheiro Cleveland Prates Teixeira, que se empenharam muito para que fosse editada uma medida provisória criando esses cargos, à semelhança de algumas agências regulatórias, como a ANP, que realizaram concurso público de provas, mas não de títulos, para contratar assessores para os conselheiros. Até então os conselheiros do CADE enfrentavam grande dificuldade para recrutar assessores habilitados, pois dispunham apenas de pouquíssimos cargos em comissão e mal remunerados. Devido aos servidores temporários, que tomaram posse pouco antes de nós, encontramos uma situação bem melhor, com gabinetes já estruturados. Nesse sentido, a transição foi menos problemática do que as anteriores. Ainda assim, a estrutura do CADE era precária, como sempre foi, já que seu orçamento é diminuto, grande parte do qual advém das receitas das taxas cobradas para notificação dos atos de concentração. A revisão interpares feita pela OCDE registrou a motivação e o alto padrão de integridade dos membros do CADE, mas também apontou essas dificuldades, consistentes, em suma, na ausência de uma estrutura própria, material e de pessoal.

Uma das surpresas iniciais foi o fato de o regimento interno do CADE ser então uma colcha de retalhos, composta de várias resoluções, gestadas em momentos diferentes, não raro contraditórias e sem adequação à lei do processo administrativo, de 1999. Em paralelo, os costumes decisórios nos julgamentos em plenário fundavam-se em um informalismo talvez excessivo no trato, por exemplo, das sustentações orais e das votações, frequentemente interrompidas por advogados, por terceiros interessados ou pelo Ministério Público. Mas a presidente Elizabeth Farina rapidamente impôs um ritmo de trabalho ordenado que se revelou muito produtivo e ao mesmo tempo obediente aos cânones do devido processo legal.

Cabe registrar também o incremento da transparência dos procedimentos do CADE, que muito contribuiu para a segurança do administrado e para a consistência das decisões. Por um lado, passou-se a realizar, em conformidade com o preceituado na lei do processo administrativo, consultas públicas anteriormente a quaisquer alterações nas normas infralegais de competência da autarquia. Por outro, as sessões de julgamento passaram a ser transmitidas em tempo real pela internet. Note-se que isso não ocorre nas agências reguladoras, cujas sessões são muitas vezes secretas, fechadas ao público e à imprensa.

Cabe lembrar, ainda, que as alterações de procedimentos foram depois consolidadas em um novo regimento do CADE, objeto de uma consulta pública, com uma resposta muito positiva, inclusive com a sua colaboração, Pedro, que a pedido do CADE reviu o texto do regimento. Apesar de muito longo, o texto em vigor, inspirado nos regimentos dos tribunais judiciários, tem os inegáveis méritos de suprir lacunas e resolver contradições antes existentes, o que sem dúvida contribuiu para o incremento da previsibilidade dos procedimentos e da segurança jurídica.

Não se pode deixar de mencionar, por fim, a edição de súmulas, introduzidas para consolidar em enunciados simples o reiterado entendimento do CADE sobre certas matérias. A primeira delas definiu que, dentre os critérios de notificação, deve-se levar em conta apenas o faturamento bruto anual registrado no território brasileiro pelas empresas ou grupo de empresas participantes do ato de concentração.

Quais foram os principais casos que você julgou?

Ricardo Cueva: Todos os casos, em suas especificidades, em suas complexidades próprias, foram importantes. O primeiro, logo após minha posse, foi o pedido de reconsideração/revisão formulado pela Nestlé[2] após a decisão que determinara a desconstituição do ato e a consequente venda da Garoto. Eu fui sorteado relator, mas não proferi voto quanto ao mérito do pedido, já que, por força de uma resolução anterior do CADE, prevaleceu o voto do relator original, no caso o ex-conselhei-

---

[2] Ato de Concentração 08012.001697/2002-89 – Requerentes: Nestlé Brasil Ltda e Chocolates Garoto S/A.

ro Thompson de Andrade, por inexistir fato novo que justificasse proferir outro voto. A deliberação foi bastante acidentada, pois houve um pedido de diligência, a fim de que se realizasse uma audiência pública no Espírito Santo, na Assembleia Legislativa do Estado, salvo engano. Além disso, houve episódios inusitados, como o pedido de que o plenário declarasse a suspeição superveniente da procuradora-geral do CADE, pelo fato de seu tio haver dado um parecer após a decisão do CADE ou após a atuação dela. A decisão do CADE de mandar desconstituir o ato de concentração Nestlé-Garoto foi sempre elogiada pelos que militam na área, tanto economistas quanto advogados, como uma decisão técnica e razoável, adequada ao caso. Todos os elementos constantes do processo levavam, de fato, a essa conclusão. Houve divergência quanto ao cabimento e à tramitação do pedido de revisão. A Nestlé depois recorreu ao Judiciário, alegando que o relator original, o ex-conselheiro Thompson de Andrade, teria extravasado o prazo legal de 60 dias, e que alguns ofícios por ele enviados não teriam sido devidamente motivados e assim não poderiam ter, validamente, dilatado aquele prazo. Após mais de dois anos, foi proferida sentença favorável à empresa, atualmente em apelação no Tribunal Regional Federal da 1.ª Região.

Outro caso interessante que relatei foi o das aquisições no setor de minério de ferro efetuadas pela Companhia Vale do Rio Doce (CVRD), paralelamente a seu descruzamento societário da Companhia Siderúrgica Nacional (CSN).[3] Os atos de concentração foram reunidos na SEAE, onde foram analisados por dois anos, além dos dois anos passados na SDE. No CADE, foram necessários sete meses para a decisão final, graças às audiências e reuniões solicitadas pelas partes e aos inúmeros pareceres e memoriais apresentados. Por um lado, tratava-se de examinar o acordo celebrado entre a CVRD e a CSN, mediante o qual se desfaziam as participações cruzadas de uma na outra empresa. Em troca, a CSN se obrigou a dar preferência à CVRD em todas as vendas do excedente não consumido internamente do minério de ferro produzido pela mina Casa de Pedra. Por outro, cuidava-se de analisar as sucessivas aquisições de outras mineradoras pela CVRD, que lhe deram poder de mercado significativo nos três segmentos em que se divide a mineração

---

[3] Ato de Concentração 08012.003276/2003-73 – Requerentes: Companhia Vale do Rio Doce e Companhia Siderúrgica Nacional.

de ferro; no segmento de pelotas, por exemplo, a empresa passou a deter 100% do mercado, sendo certo que, nos outros dois, as participações de mercado eram muito elevadas. Após ampla participação de todos os interessados, o CADE decidiu aprovar as operações com restrições. A decisão foi por maioria, com voto de qualidade da presidente no tocante à principal restrição, no sentido de que a CVRD abrisse mão da cláusula de preferência relativa ao minério da mina Casa de Pedra. Houve outras condições de aprovação, como a relativa à posição societária que a CVRD passou a deter numa ferrovia essencial ao escoamento de minério de Minas Gerais para os portos de exportação, mas a restrição que mais celeuma causou foi a relativa à cláusula de preferência do minério de ferro da mina Casa de Pedra, que seguiu a lógica de que era preciso que houvesse pelo menos um concorrente em potencial à CVRD, e de que era necessário que esse concorrente potencial tivesse não só minas de minério de ferro, como outras, de forma independente, mas uma mina importante, e dispusesse de transporte ferroviário e porto. A única empresa que reunia essas condições e que permitia adotar uma solução a custos menores do que o desfazimento de algumas das operações era exatamente a CSN. Por essa razão, prevaleceu o entendimento de que essa seria uma restrição mínima porém razoável. Essa decisão do CADE foi objeto de uma ação judicial que se estendeu até 2008, quando o CADE finalmente teve ganho de causa no STJ e, em seguida, no Supremo Tribunal Federal, que confirmou a decisão do CADE.

Um caso emblemático, pois ilustra a dificuldade de julgar os atos de concentração nos mercados de telecomunicações, os quais são instruídos pela Anatel, foi o da compra da TVA, empresa do grupo Abril, detentora de redes de cabo e MMDS, pela Telefónica,[4] que detém o monopólio de telefonia fixa e posição dominante na banda larga do estado de São Paulo. Houve um pedido de liminar, feito pela Associação Brasileira de Televisão por Assinatura, que impugnou o ato, requerendo fosse proibida a publicidade conjunta das requerentes. O pedido foi negado com base no parecer da Procuradoria, por ausentes os requisitos para a concessão da liminar. Mas, embora designado relator ainda em 2006, dois anos depois, ao concluir meu segundo mandato, não pude julgá-lo, pois ele seguia sendo instruído na Anatel, que nunca apresen-

---

[4] Ato de Concentração 53500.031787/2006) – Requerentes: Telefônica e TVA.

tou um parecer quanto aos aspectos concorrenciais do ato, embora já tivesse, alguns meses depois da notificação, expedido sua anuência prévia quanto aos aspectos regulatórios da operação. Ou seja, quase dois anos depois, o caso não havia deixado a Anatel e chegado ao CADE, e ao que sei continua assim em 2009!

A raiz legal desse problema deve-se a uma peculiaridade da Lei Geral de Telecomunicações, a única lei a disciplinar agência reguladora que exige uma manifestação prévia da Anatel para casos que vão ser julgados no CADE. Só a Anatel tem esse poder de instrução, subtraído à SEAE e à SDE, sem que lhe tenha sido fixado prazo para remeter os autos ao CADE. Pessoalmente entendo que a regra que permite à Anatel instruir ato de concentração e processo administrativo por violação da Lei de Defesa da Concorrência deveria ser suprimida, porque, primeiro, a agência tem um foco natural no mercado regulado sob sua supervisão, que constitui sua atividade precípua, e não a defesa da concorrência, atividade inteiramente diversa, que exige conhecimento específico que as agências não têm, não devem ter e não necessitam ter, o que significa dizer que a agência reguladora não conseguirá analisar, com a *expertise* e a celeridade necessárias, questões concorrenciais complexas, como se dá em relação à Anatel. Esse caso Telefónica-TVA é um claro exemplo da inadequação da LGT nesse ponto, bem como da importância vital da transparência para o funcionamento das instituições: o CADE não tem informações regulares da Anatel sobre processos que a ela serão remetidos, mas o reverso não é verdadeiro, já que o CADE divulga na internet o andamento atualizado e claro do andamento dos processos que lá tramitam.

Vale ressaltar que, além da transparência, uma das conquistas importantes do CADE nos últimos anos foi a redução drástica do período de tramitação dos processos. A maior parte dos atos de concentração passou a ser apreciada em questão de dias, e os processos administrativos passaram a ter também um andamento muito mais rápido.

Dentre os muitos casos relevantes julgados no tempo em que estive no CADE, não posso esquecer o cartel da ponte aérea,[5] o cartel das

---

[5] Processo Administrativo 08012.000677/1999-70 – Representantes: SDE/MJ *ex officio* e SEAE/MF; Representados: Varig S/A, TAM, Transbrasil (Vasp).

britas,[6] a cobrança indevida de tarifa para liberação de contêineres por alguns dos terminais do porto de Santos,[7] relatados com brilhantismo pelos colegas de Conselho. Outro caso importante foi o cartel dos jornais diários no Rio de Janeiro, anunciado na primeira página dos jornais cariocas. Seus dirigentes reuniram-se, decidiram aumentar o preço dos jornais simultaneamente e comunicaram isso ao público. Instaurado processo, a conclusão foi de que houvera uma ação concertada. O CADE multou os jornais, e a multa foi paga pelas empresas. Um caso relativamente simples mas significativo, pois tanto a ação do CADE quanto a percepção das empresas multadas são um exemplo, a meu ver, da evolução da defesa da concorrência no Brasil. O mesmo pode ser dito em relação ao cartel das vitaminas, que já havia sido punido nos Estados Unidos e na Europa e veio a sê-lo no Brasil, com base nos elementos de prova colhidos nessas jurisdições, entre outros indícios.

Em todos esses e nos demais julgamentos de grande interesse dos quais participei nunca se exerceu qualquer tipo de pressão sobre os conselheiros para que votassem desse ou daquele modo. Só posso atribuir essa absoluta independência funcional ao mandato, que é a garantia fundamental para que haja imparcialidade nas decisões do CADE e de todos órgãos cuja independência técnica se queira assegurar. Claro está que o titular do mandato precisa ter essa noção, entender a razão de ser do mandato e, do mesmo modo, a transparência, isto é, a publicidade: um órgão como o CADE deve estar sempre aberto ao público, que é, afinal, o seu cliente. A transparência é outra ferramenta indispensável a um órgão como o CADE, a todo órgão de intervenção do Estado na ordem econômica. Nunca é demais repetir: o CADE registra e divulga todas as reuniões feitas nos gabinetes dos conselheiros, na presidência, no plenário, na procuradoria do CADE; divulga a pauta de julgamento com antecedência razoável para que os advogados e o público em geral saibam o que vai ser discutido nas sessões, que são, sempre, abertas ao público, à imprensa e, ainda, faz a divulgação das sessões pela Internet

---

[6] Processo Administrativo 08012.002127/02-14 – Representante: SDE *ex officio* Representados: SINDIPEDRAS e outros.

[7] Processo Administrativo 08012.007443/99-17 – Representante: SDE *ex officio*; Representadas: Terminal para Contêineres da Margem Direita – TECONDI, Libra Terminais S/A – Terminal 37, Usiminas (Rio Cubatão Logística Portuária Ltda.) e Santos Brasil – Tecon.

em tempo real, o que permite que se acesse a sessão de julgamento de qualquer lugar do mundo. A transparência não é apenas um instrumento essencial de defesa da lisura da ação administrativa, mas é também um instrumento de aperfeiçoamento dessa ação, pois permite a revisão de práticas, conceitos, entendimentos e, mais importante, a correção rápida de eventuais erros.

Qual a importância da defesa da concorrência para a sociedade brasileira?

Ricardo Cueva: Enorme. O CADE previne e pune o abuso do poder econômico de mercado, e essa ação é fundamental na defesa dos interesses do consumidor. Aliás, a defesa do consumidor começa com a defesa da concorrência. Todos concordam com a importância da defesa da concorrência para a formação de uma sociedade mais justa. Quero acentuar um ponto pouco lembrado: tem sido possível termos no Brasil uma defesa da concorrência efetiva, apesar das restrições orçamentárias e do pouco pessoal disponível para essa tarefa. O Sistema Brasileiro de Defesa da Concorrência tem se desdobrado tanto graças à grande motivação de seus integrantes. Com todas as críticas que se possa fazer aos processos de controle preventivo de atos concentração e de punição das infrações à concorrência, não há como negar que hoje, no Brasil, já se sabe que o abuso de poder de mercado é nocivo ao consumidor e, note-se, aos negócios também. Ou seja, todos perdem. Essa noção está posta na cultura empresarial e jurídica do país e ela se formou em torno do CADE e com a colaboração dele.

É preciso, contudo, progredir rapidamente nessa linha, com investimentos em pessoal, sobretudo dotando o CADE de meios humanos e materiais para que ele possa cumprir em resposta a sua função à altura da defesa do interesse público, que é o seu objetivo.

LUIZ CARLOS THADEU DELORME PRADO[1]

Luiz Carlos Prado, qual é a sua formação?

Luiz Carlos Prado: Sou filho e neto de advogados e comecei estudando Direito na UFRJ, em 1971, mas fiquei muito decepcionado com o curso e resolvi fazer Economia na PUC, que então era um curso mais rico, mais atual, e, embora eu tenha concluído o curso de Direito, jamais me apresentei como advogado, profissão que nunca exerci.

Embora estudasse economia, o termo defesa da concorrência surgiu na minha vida muito mais tarde. Na época, havia uma discussão grande sobre economia brasileira, teoria e desenvolvimento econômico. Era um curso tradicional de Economia; quando fui fazer mestrado só havia dois cursos, o da Fundação Getulio Vargas, no Rio de Janeiro, e o da Unicamp, em São Paulo. Optei por fazer um curso novo que estava sendo criado na engenharia de produção da COPPE; na verdade, era um curso de economia industrial. Em 1985, fui fazer doutorado na Universidade de Londres, com Victor Bulmer-Thomas, um acadêmico renomado na Grã-Bretanha, que foi, entre outras funções, Diretor da Chatham House do Royal Institute of International Affairs e do Institute for Latin American Studies da Universidade de Londres. Minha tese de doutorado é essencialmente de história econômica comparada. No conjunto da Universidade de Londres, fiz vários cursos na London School of Economics, no University College e no Queen Mary College.

De volta ao Brasil, fui trabalhar na Universidade Federal Fluminense, em um curso de mestrado novo, ministrando disciplinas na área de Economia Internacional e Desenvolvimento; nessa época, década de 1990, tive meus primeiros contatos com a defesa da concorrência, nas discussões sobre defesa comercial. Depois, fiz concurso para a UFRJ, na área de História e Desenvolvimento, e passei a dar aula sempre na área de História Econômica e Economia Internacional.

---

[1] 1.º Mandato: 09.08.2004 a 08.08.2006; 2.º Mandato: 09.08.2006 a 08.08.2008.

Como se deu a sua ida para o CADE?

Luiz Carlos Prado: No início do governo Lula eu ia passar um tempo fora do Brasil, no Japão, na Universidade de Kobe, na área internacional, quando o Carlos Lessa foi para o BNDES e o Fábio Erber, especialista em petroquímica e economia industrial, assumiu a Diretoria de Planejamento do banco e me convidou para ir trabalhar no BNDES, e eu aceitei. Pouco depois, em 2004, fui um pouco surpreendido com o convite feito para ser conselheiro do CADE, transmitido pelo Daniel Goldberg; mas os primeiros contatos que eu tive foram com o pessoal do Ministério da Fazenda, cujo titular era o Antonio Palocci. Eu não era de maneira nenhuma um especialista na área, embora houvesse trabalhado com economia industrial, com questões ligadas à economia internacional. Aceito o convite, eu me preparei para a sabatina e procurei ler bastante sobre o tema, conversei com o ex-conselheiro Ruy Santacruz, que eu já conhecia há muito tempo. Mas a sabatina foi muito genérica: o senador Eduardo Suplicy me pareceu muito preparado, fez perguntas pertinentes; outros senadores fizeram perguntas genéricas.

Como você encontrou o CADE?

Luiz Carlos Prado: Eu cheguei ao CADE junto com três novos conselheiros: a Elizabeth Farina, presidente, Ricardo Cueva e Luis Fernando Rigato. Lá encontramos o Roberto Pfeiffer e o Luis Scaloppe. O clima estava ruim quando nós chegamos, porque o Scaloppe estava em conflito com outros conselheiros, em razão do recurso apresentado pela Nestlé, no caso Nestlé-Garoto, que ainda estava tramitando no CADE, do qual ele havia pedido vista. A questão que se colocava era se o recurso seria ou não admissível. O CADE tinha, àquela época, um procurador da República visto como polêmico, e o recurso não foi provido. Houve uma discussão também sobre se o voto do Thompson de Andrade valeria ou não. Nós entendemos que o mérito já havia sido decidido, e que o voto do Thompson valeria. O Scaloppe pediu para fazer uma audiência pública no Espírito Santo. Enfim, houve uma série de questões que, naquele início, foram enfrentadas, e o resultado já é conhecido.

Já do ponto de vista material, eram inúmeras as limitações. É um prédio limitado em termos de recursos, embora seja um prédio exclusivo para uso do CADE. Como se sabe, o CADE ainda não tem um quadro de pessoal próprio; os colaboradores que lá estavam eram todos jovens e sabiam que não iriam permanecer naquela função; isso dificultava a composição de assessorias para os conselheiros. E, claro, esses jovens não tinham um preparo específico.

Quais foram os principais casos que você julgou?

Luiz Carlos Prado: Os principais casos que julguei foram, no caso de atos de concentração, a fusão da Sky e DirecTV,[2] um conjunto de atos de concentração relativo ao descruzamento acionário entre a Vale e a CSN,[3] a reformulação do setor Petroquímico brasileiro, com aquisições da Petrobras de ativos do Grupo Ipiranga e do Grupo Suzano,[4] entre outros. Os principais casos de conduta foram o Cartel das Britas,[5] o chamado caso do THC2,[6] que tratava da cobrança realizada pelos terminais portuários em Santos aos terminais retroportuários, e vários outros casos que tiveram menor repercussão.

Com a saída do Scaloppe e a entrada dos conselheiros Luis Schuartz e Paulo Furquim, formamos um bom grupo: nós dialogávamos muito e, pela primeira vez, o CADE contou com mais economistas do que advogados. Foi um momento importante para a consolidação de algumas interpretações sobre a lei de defesa da concorrência envolvendo questões materiais e processuais tanto em casos de conduta como em atos de concentração.

A lei nos limita a todos, é certo, mas a interpretação do texto legal suscita muita discussão e pode levar a decisões diferentes sobre um mes-

---

[2] Ato de Concentração 53500.002423/2003 – 53500.029160/2004 – Requerentes: Globo Comunicações e Participações S/A, The DirecTV Group, Inc e The News Corporation Limited.

[3] Ato de Concentração 08012.003276/2003-73 – Requerentes: Companhia Vale do Rio Doce e Companhia Siderúrgica Nacional.

[4] Ato de Concentração 08012.011068/2007-71 e Ato de Concentração 08012.014585/2007-01.

[5] Processo Administrativo 08012.002127/02-14 – Representante: SDE *ex officio*; Representados: SINDIPEDRAS e outros

[6] Processo Administrativo 08012.007443/99-17 – Representante: SDE ex officio; Representadas: Terminal para Contêineres da Margem Direita – Tecondi, Libra Terminais S/A – Terminal 37, Usiminas (Rio Cubatão Logística Portuária Ltda.) e Santos Brasil – Tecon.

mo caso. Isso para nós, economistas, é um desafio, sobretudo em face da Lei 8.884/1994, que traz conceitos muito abertos e permite assim uma grande variedade de interpretações.

Embora eu viesse de uma tradição keynesiana, que entende que o mercado deve ser regulado, que há espaço para intervenção do Estado na economia, eu entendia que a intervenção deveria ser evitada o máximo possível, porque a possibilidade de erros em decisões muito intervencionistas é muito grande; logo, essas decisões podem causar mais danos dos que os eventuais benefícios que se queriam alcançar. Se os gestores das empresas, há longos anos em suas atividades, têm dificuldade de tirar ilações sobre o que vai acontecer, a probabilidade de nós, de fora, errarmos é muito maior. Então, percebi que a intervenção, principalmente quando em atos de concentração, deveria ser pontual e principalmente não se deveria ter nenhuma preocupação de engenharia social.

Explico: não se deveria imaginar o que seria o mercado ideal, desenhar um modelo de mercado, e daí ajustar a realidade, com a sua decisão, a esse modelo ideal, porque a finalidade da lei é prevenir o abuso do poder resultante da elevação da concentração de mercado e ela não autoriza ao CADE a impor uma estrutura de mercado. Por isso eu entendo que o CADE não deve procurar controlar a estrutura do mercado, mas intervir com moderação para reduzir os efeitos da concentração de poder de mercado, impondo alguns freios a essa concentração. Uma ilusão que devemos afastar é que o CADE tem o poder de alterar o funcionamento da economia: isso não é verdade. Ele não controla as estruturas dos mercados, e não controla nem mesmo alguns elementos conjunturais dos mercados; aliás, não é para isso que ele existe. O CADE tem por objetivo, como disse, frear excessos do poder econômico, de abuso do poder econômico; e, assim agindo, coloca uma variável na tomada de decisão dos agentes econômicos, que é o eventual risco de não ter a sua operação aprovada em vista de eventuais restrições impostas, ou mesmo do veto total pelo CADE. O principal efeito do CADE, a meu ver, não é quando ele efetivamente consegue impor restrição a um ato de concentração, mas quando impõe custos que os empresários deverão assumir em razão da sua decisão, o que faz com que os empresários levem em conta problemas concorrenciais nas suas tomadas de decisão.

Já no plano das condutas, no passado, algumas eram vistas como aceitáveis. Não havia no Brasil qualquer preocupação com a concorrência. Até mesmo a coordenação, entre concorrentes, de investimentos chegou a ser feita no passado sob a égide do setor público. Um exemplo de como havia pouca preocupação com temas concorrenciais foi a punição imposta pelo CADE por aumento coordenado de preços aos jornais diários do Rio de Janeiro,[7] que tinha como principal prova nos autos um anúncio de primeira página informando aos leitores que o sindicato que os congregava, em reunião, decidira, em vista do aumento do dólar, elevar em 10% o preço dos jornais no Rio de Janeiro. Quer dizer, a prática de coordenação de preços era vista como aceitável. *Jornal do Brasil*, *O Globo* e *O Dia* noticiaram-na como algo absolutamente normal.

É importante que a autoridade se paute pela lei, mas tenha a sensibilidade em promover essa mudança de mentalidade. A preocupação do Conselho do qual participei foi sinalizar claramente o que não era aceitável, e no decorrer dos quatro anos que nós estivemos lá fomos impondo penas cada vez mais elevadas para conduta e fomos criando uma jurisprudência que facilitava as decisões empresariais no caso de atos de concentração.

O caso do porto de Santos foi um caso importante porque havia uma questão regulatória e uma questão concorrencial. É complexo, porque havia dois mercados diferentes: um era a atividade de receber o navio, retirar a mercadoria, ou no caso o contêiner, do navio, que era remunerado pelo proprietário ou pelo contratador do navio, o armador; e a outra era a atividade de armazenamento, isto é, uma vez que a carga era desembarcada, quem a guardava até o seu despacho. E essa atividade de armazenamento era feita pelos terminais portuários e era feita também pelos terminais retroportuários. A natureza da disputa era o seguinte: os terminais portuários, aqueles que trabalhavam em áreas lindeiras ao mar e, portanto, que tinham acesso diretamente aos navios, passaram a cobrar dos terminais retroportuários para poder liberar os contêineres. Note-se que se tratava de um processo administrativo, uma possível conduta infrativa.

O argumento dos titulares dos terminais portuários, no caso Santos-Brasil, Libra e outros, era de que tinham um trabalho adicional ao mo-

---

[7] Processo Administrativo 08012.002097/99-81 – Representante: – SEAE/MF. – Representados: Sind. das Empresas Proprietárias de Jornais e Revistas do Município do RJ, Editora O Dia S/A, Infoglobo Comunicações Ltda. e Jornal do Brasil S/A.

vimentar o contêiner, guardá-lo até liberá-lo para o terminal retroportuário, e isso tinha custo. E o titular do terminal retroportuário dizia: "Olha, na verdade, eu tenho um problema, porque o terminal portuário me cobra o custo que ele quer, porque o meu negócio não é com ele, é com o importador; quem me paga é o importador e quem paga a ele é o armador". A discussão, no CADE, prendia-se ao fato de que não havia um mercado de liberação de cargas, que as taxas portuárias eram pagas pelo armador para a retirada do contêiner do navio e sua movimentação, e que o terminal portuário não poderia cobrar do terminal retroportuário (seu concorrente no mercado de armazenagem) para entregar a carga a ele.

Uma discussão difícil, porque havia uma questão regulatória não bem definida por parte da autoridade regulatória, porque a cobrança era feita sob a rubrica de *taxa para liberação da carga*, gerando um debate sobre o que poderia e o que não poderia ser cobrado no meio daquela situação. Ali ficou estabelecido um ponto claro de que em questões concorrenciais a decisão do CADE se sobrepunha à autoridade regulatória, se esta não resolvesse antes a questão concorrencial por meio de uma ação regulatória. Essa decisão foi muito importante, gerou um debate com várias peculiaridades. Em meu voto, fiz na época um estudo muito detalhado do porto, ou seja, sobre a natureza desse setor, para entender o negócio em questão, como as empresas atuam no setor.

Outro caso foi a discussão sobre a cláusula de raio, em contrato de locação de loja em *shopping center*,[8] que estipula restrição às empresas locatárias de abrirem filiais ou outras lojas numa determinada área, a uma distância inferior a X; ou seja, em um raio menor do que X. A cláusula de raio surgiu nos *shoppings* americanos, situados na periferia das grandes cidades; arguiam os *shoppings* que incorriam em um custo de remuneração da infraestrutura, e se uma loja locatária deles abrisse uma filial próxima ao *shopping*, ela se beneficiaria da infraestrutura do *shopping* e desviaria clientela para essa loja, em detrimento da loja do *shopping*. Essa prática, entendiam os *shoppings*, seria anticoncorrencial e deveria ser prevenida, daí a razão da proibição contratual.

---

[8] Processo Administrativo 08012.002841/2001-13 – Representante: Condomínio Shopping D; Representado: Center Norte S/A – Construção, Empreendimento, Administração e Participação.

A questão é que, nas grandes cidades, a infraestrutura é urbana, não é criada pelo *shopping*, como se dá com aqueles de periferia. Portanto, a cláusula de raio, nesse caso, deixa de ter a função originariamente imaginada, que é a de proteção ao investimento, e passa a ter claramente um papel anticompetitivo, de evitar que outro *shopping* ou loja venha concorrer com aquele.

Essa discussão mostrou que não se pode aplicar friamente a literatura técnica, e sim criticamente: em relação aos *shoppings*, o caso brasileiro é muito diferente do caso americano, o que levou o CADE a decidir que a cláusula de raio não deve ser negada *per se*, mas o ônus da prova cabe a quem a alega em sua defesa.

Outra decisão também em caso de *shopping* foi relativa ao critério de mensuração do raio,[9] que não pode ser linearmente geográfico. Havia uma distância de um quilômetro de raio, mas o rio Tietê separava os dois pontos. Tecnicamente podia-se desenhar um círculo na cidade de São Paulo, mas isso não seria exato, porque há um longo percurso até chegar a uma ponte e atravessar o Tietê. Decidimos que, em casos como esse, o critério geográfico não pode ser aplicado de maneira estrita.

Outro caso foi o ato de concentração Sky-DirecTV.[10] O primeiro ponto importante, que reparei, foi a definição de mercados relevantes feitas pela Anatel, baseada em categorias de engenharia, que não se presta à análise concorrencial, como se sabe. Essa análise é feita pelo ângulo do consumidor, em última instância o destinatário da defesa da concorrência. A minha primeira preocupação foi definir os mercados relevantes pelo ângulo do consumidor. Ao consumidor interessava menos a tecnologia usada, interessavam os efeitos sobre o preço, qualidade do serviço, etc. É preciso ter em mente que o CADE tutela a concorrência em benefício do consumidor. Nesse caso, todos os grandes grupos de mídia estavam envolvidos, o que dava uma visibilidade muito grande, daí a minha preocupação, tão logo o caso chegou à minha relatoria;

---

[9] Processo Administrativo 08012.006636/1997-43 – Representante: Associação dos Lojistas de Shopping do Estado de São Paulo; Representada: Condomínio Shopping Center Iguatemi.

[10] Processo Administrativo 53500.000359/99, Apensa: Averiguação Preliminar 53500.002586/98 – Representantes: Agência Nacional de Telecomunicações – Anatel ex *officio* – (TVA Sistema de Televisão S/A – DirecTV) Representadas: TV Globo Ltda. e TV Globo São Paulo Ltda.

depois de uma avaliação, informei às partes que pretendia decidi-lo em um prazo determinado; quis evitar que o processo se estendesse, sem prazo para conclusão, com os argumentos das partes e dos impugnantes sucedendo-se indefinidamente. Ou seja, houve o direito à ampla manifestação das partes, mas o prazo para decisão ficou logo definido. Dividi a análise em fases: primeiro busquei entender o caso, depois as partes se manifestaram em audiências, diligências, por meio de petições e tudo mais admitido no processo. Inclusive visitei as empresas envolvidas, prática que, aliás, adotei sistematicamente. E, por fim, houve a decisão.

Uma das nossas preocupações devia-se ao fato de que a Sky e a DirecTV eram as únicas que cobriam o país inteiro; a Net cobria só uma parte do País, pois usa a tecnologia de cabo. Assim, para evitar que na parte onde a Sky e a DirecTV eram monopolistas, pois elas estavam se concentrando, elas cobrassem preço de monopólio, estabelecemos uma regra em que o preço deveria ser preço nacional: o preço que era feito no Rio e em São Paulo deveria ser feito no conjunto do País.

Outro ponto foi a obrigação de que determinadas decisões como essa tivessem os respectivos compromissos de desempenho publicados em jornais de grande circulação, para que os Procons pudessem fiscalizar o seu cumprimento localmente. Impusemos ainda a condição à DirecTV de manter canais de TV a cabo que tinham a Band como fornecedora de conteúdo por um período de transição de três anos, para que ela pudesse efetivamente mostrar que havia uma demanda real pelo seu produto. Ou seja, foi imposta, na linguagem do setor, a obrigação de a DirecTV, ou da Sky, que a sucedeu, carregar a programação da TV Bandeirantes por um prazo determinado; se a demanda continuasse, seria interessante à Sky prosseguir carregando-a.

A esta altura cabe uma observação. Quero assinalar alguns pontos fundamentais na atividade do CADE. O primeiro, a transparência. Durante os quatro anos em que estive no CADE, a transparência com que nele se trabalha ajudou-me muito a compreender o seu sentido e a sua necessidade. Não se trata de promoção do órgão, de ele estar sempre na mídia, mas sim de ele trabalhar aberto ao público. Isso ajuda muito; os conselheiros do CADE mantinham uma posição de juiz, mesmo o CADE atuando no plano administrativo, de só falar nos autos. Se alguém quiser saber a opinião do conselheiro, assista ou ouça na internet as sessões, que são sempre públicas, ou leia os autos. Isso evita discussões públicas e o uso indevido da imprensa nesse sentido. E, note-se, à exceção de uns poucos, confidenciais, todos os documentos constantes do processo, todo processo, é público e, uma vez concluído, pode ser esquadrinhado, criticado etc.

Entendo nocivo que órgãos reguladores como a Anatel, por exemplo, façam reuniões fechadas. Claro, há assuntos que requerem confidencialidade, como por exemplo, algumas reuniões do Banco Central, onde é do interesse público a confidencialidade, ao menos por um período. Mesmo assim, entendo que mesmo essas reuniões deviam se tornar públicas, e os votos no Copom deviam ser nominais e justificados e não divulgados de forma coletiva, resguardando-se, é claro, um período de tempo razoável, mas não excessivo, entre as reuniões e a divulgação dessas informações.

Outro ponto importante: não há que se temer ser voto vencido. Não deve haver a preocupação de se buscar a unanimidade. A riqueza de um Conselho está na sua diversidade. No entanto, deve-se sempre buscar a celeridade, pois o tempo excessivo, muitas vezes, leva a prejuízos irreparáveis. Portanto, não é abusiva, mas, ao contrário, louvável a preocupação manifestada muitas vezes no plenário do CADE com a excessiva demora para receber os autos instruídos, seja da Anatel seja da SDE, porque, a partir de um determinado momento, a decisão é frustrada, porque os efeitos do ato de concentração já ocorreram, já se consolidaram.

Outro tema sempre presente quando se fala sobre o CADE e, também, sobre agências reguladoras é a interferência do governo. Eu nunca soube de colega que tenha sido pressionado, assim como eu nunca fui. Ouvir a opinião de uma autoridade, de um parlamentar, creio, é até um dever do conselheiro. Isso não é ceder à pressão; ao contrário, é até um dever. Como é dever dos conselheiros ouvir todos os que, legitimamente, têm dados ou informações que ajudem uma boa decisão do caso. Mas o ato de decisão, depois de analisadas as informações disponíveis, é um ato individual, produto de reflexão serena e informada. Quem é titular de um mandato e honra esse mandato não pode sentir-se pressionado: as minhas obrigações são claras, estão na Lei, eu tenho de cumpri-las. Então, pressão não é possível para quem honra o mandato que tem.

Qual a importância da defesa da concorrência para a sociedade brasileira?

Luiz Carlos Prado: Começo por observar que não é possível um país como o Brasil desenvolver-se de forma continuada e distribuindo renda com os efeitos que todos nós queremos sem uma política de defesa da concorrência ativa e consistente. Principalmente em alguns segmentos da economia, a concorrência tem um efeito muito positivo não apenas na redução de preços, mas em inovação e em diversificação de oferta de produtos. Quando você retira a concorrência, você retira o estímulo à inovação. Então, o principal papel da concorrência para um país em desenvolvimento são seus efeitos dinâmicos. Submeter as empresas a um ambiente concorrencial é uma política pública eficiente devido a seus efeitos sobre a inovação, assim como pelos benefícios aos consumidores.

Na verdade, os empresários odeiam a concorrência, e isso é óbvio, porque a concorrência reduz a margem de lucro, e a única maneira de eles aumentarem a margem é por meio de investimento em inovação, do aumento da eficiência e pela busca de novas alternativas para o seu negócio.

Nesse contexto, a concorrência é um processo modernizante por excelência. E em um país como o nosso, de dimensões continentais e com uma indústria complexa como essa, deve haver sempre concorrência. Um exemplo simples, o cafezinho. Quando tínhamos o preço tabelado, todo café no Brasil era aquele fraco e ruim, os melhores cafés iam para exterior. O fato de você ter aberto concorrência nesse setor não reduziu necessariamente o preço do cafezinho, mas hoje nós podemos ver cafeterias no Brasil inteiro de excelente qualidade, comprar cafés de todos os tipos, desfrutar de uma variedade e qualidade a que durante mais de um século os consumidores do maior produtor mundial de café não tiveram acesso. Isso melhorou o bem-estar do consumidor. O mesmo aconteceu com o macarrão: as marcas importadas são mais caras, mas forçam a melhoria da qualidade do produto local. O efeito não é necessariamente sobre preço, mas acaba por também levar a preços menores. Pode-se pagar mais caro pelo café (ou macarrão), mas é um café que você não tinha, e ele vai cumprir um papel diferente do que aquele café tradicional, que continua existindo, e nesse caso será mais barato do que era antes. Outro fato determinado pela concorrência: ela obriga as empresas a terem e usarem estratégias empresariais. Se elas se acomodarem, desaparecem.

Voltando à função do CADE. O CADE não controla nem altera a estrutura do mercado, como se sabe: ele é incapaz de alterar a estrutura dos diferentes mercados, nem é essa a sua função legal; mas ele é fundamental para colocar nas decisões empresariais a variável da concorrência como elemento indispensável na aquisição de empresas, nas decisões sobre estratégias comerciais, ou seja, na definição das decisões mercadológicas e na estratégia de investimento da empresa. Entre alguns resultados que a meu ver já são verificáveis na ação do CADE está o de tornar as empresas mais cautelosas nas suas ações, para não sofrerem processos por conduta anticompetitiva – tal preocupação, como já argumentamos, era inexistente, mesmo no caso de grandes empresas, há poucos anos.

Existem outros fatores que contribuem para melhorar o bem-estar econômico do Brasil e contribuir para o desenvolvimento econômico. Mas esses que enumerei acima são frutos concretos da minha experiência como conselheiro do CADE. E são visíveis a todos, perceptíveis a todos. Portanto, eu concluo afirmando não haver uma contradição entre promover desenvolvimento econômico, que implica procurar aumentar a taxa de investimento das firmas, e a defesa da concorrência, que procura garantir que a ação das empresas seja compatível com a contínua promoção do bem-estar dos consumidores. A concorrência é um fator a unir e a estimular esses dois propósitos.

LUIS FERNANDO SCHUARTZ[1]

Luis Fernando Schuartz, qual é a sua formação?

Luis Fernando Schuartz: Eu me formei em Direito na PUC em 1989, em São Paulo, e fui logo depois para a Espanha; lá fiquei dois anos na Faculdade Complutense de Madri, com a pretensão de fazer o doutorado em Direito Administrativo; fiz todos os créditos, mas resolvi não defender o doutorado, e segui para a Alemanha, porque queria estudar Filosofia do Direito; lá fiquei cinco anos. Fiz mestrado entre 1991 e 1992, em Direito Constitucional, com o professor Hans Meyer, sobre a independência do Banco Central alemão. Voltei para o Brasil em 1992, e fui ser assistente do professor Tercio Sampaio Ferraz, quando comecei a trabalhar com Direito da Concorrência. Em final de 1994, voltei para a Alemanha para fazer doutorado em Filosofia do Direito. Minha tese foi uma crítica da teoria do Habermas de uma perspectiva não eurocêntrica, que depois virou um livro publicado na Alemanha em 2002. Em 1999, voltei para o Brasil e estudei quatro anos de matemática pura na USP. Em 2006, vim trabalhar como pesquisador e professor na Fundação Getulio Vargas, no Rio de Janeiro, lecionando primeiro uma disciplina intitulada Introdução ao Pensamento Estratégico, que dá aos alunos noções bem introdutórias da teoria dos jogos e da decisão racional, e depois, a partir de 2008, Direito da Concorrência.

Como se deu a sua ida para o CADE?

Luis Fernando Schuartz: O Ricardo Cueva, na época conselheiro do CADE e a quem eu conhecia bem porque havia feito doutorado na Alemanha no mesmo período em que eu, perguntou-me se eu tinha interesse em ir para o CADE. Depois o Daniel Goldberg entrou em contato comigo e tivemos uma conversa em Brasília. Eu confesso que não estava muito interessado, mas minha posição mudou depois de conversar com três amigos, o Afonso Arinos, o Ronaldo Porto Macedo e o

---

[1] Mandato: 18.11.2005 a 17.11.2007.

Celso Campilongo, todos ex-conselheiros. A minha preocupação inicial era com a minha carreira acadêmica, mas nessas conversas me convenci de que uma passagem pelo CADE poderia ajudar, pois eu teria contato com a realidade prática da defesa da concorrência da perspectiva do tomador de decisão, o que me permitiria levantar questões e problemas que a mera reflexão teórica ou o trabalho como advogado ou consultor não costumam suscitar. Foi exatamente isso o que ocorreu: eu saí do CADE com questões teóricas na minha cabeça muito diferentes daquelas que eu tinha antes de ir para o CADE.

Como você encontrou o CADE?

Luis Fernando Schuartz: Eu herdei um grupo de assessores do ex-conselheiro Pfeiffer (dois economistas e dois advogados) quando cheguei ao CADE. Os colegas de colegiado que já estavam lá eram Elizabeth Farina, Luiz Delorme Prado, Ricardo Cueva e Luis Fernando Rigato, que continuaram e foram depois reconduzidos; eu entrei com o Sicsú e o Paulo Furquim.

O que me impressionou foi a produtividade, o que se conseguia extrair de meios extremamente escassos, sobretudo tempo, informações relevantes para o julgamento dos casos e recursos humanos qualificados. Vindo da iniciativa privada, essa situação me causou um estresse muito grande, porque, como acadêmico, eu tinha obsessão por precisão e rigor. Então, eu tive que trabalhar muito, rever todas as minutas em detalhe, e isso me deixou bastante angustiado no começo. Depois o pessoal foi aprendendo a fazer as coisas exatamente do jeito que eu queria que eles fizessem, e o meu trabalho mais para o final do mandato ficou mais fácil.

Em relação aos demais conselheiros, a minha experiência foi bastante positiva do ponto de vista do funcionamento harmônico e cooperativo do colegiado; não havia ações estratégicas ou manipulações de um conselheiro com relação aos demais, e tampouco coalizões para disputas de poder; ao contrário, havia bastante diálogo e transparência entre nós. Obviamente, isso não significava ausência de discussões e divergências, mas era tudo resolvido com muito respeito e argumentos racionais.

Quais foram os principais casos que você julgou?

Luis Fernando Schuartz: Eu tive a relatoria de casos extremamente complexos e interessantes. Um deles foi o Ato de Concentração VCP-Ripasa-Suzano,[2] que foi um caso bem complicado, que envolvia a análise de vários mercados relevantes. Fiz um voto de 180 páginas. Eu aprendi muito fazendo esse voto, pois o caso exigia atenção e um tratamento sofisticado com relação a praticamente todas as questões que podem surgir no âmbito do controle de concentrações. O caso Ripasa foi certamente o caso que me deu mais trabalho durante a minha passagem pelo CADE. Como eu disse anteriormente, fiz um voto de 180 páginas. Creio que deve ter sido o voto mais longo da história do CADE. É um verdadeiro roteiro de defesa da concorrência: foi necessária uma longa discussão sobre os temas da delimitação dos mercados relevantes, das condições de entrada, da rivalidade, do exercício coordenado de poder de mercado e dos ganhos de eficiência produtiva. A Ripasa, a Suzano e a VCP compraram juntas um concorrente e fizeram um consórcio para administrar os ativos produtivos desse concorrente. A conclusão da SDE e da SEAE foi no sentido de o consórcio aumentar a probabilidade de exercício coordenado de poder de mercado, e a restrição – negociada com as partes antes da emissão do parecer conjunto – limitou-se à definição de regras de governança que garantissem a independência das decisões das empresas envolvidas. Uma boa parte do voto foi para desqualificar essa conclusão da SDE e da SEAE e sustentar que o consórcio deveria ser eliminado. Desconstituir o consórcio significava que a VCP iria ficar com os ativos, a Suzano iria ficar com os ativos ou eles iriam ser vendidos a um terceiro; eu dei a preferência de aquisição às duas empresas. Desconstituído o consórcio, em 30 dias a Suzano e a VCP teriam que decidir se uma delas iria ficar com os ativos e, em caso afirmativo, qual das duas; na hipótese contrária, elas deveriam ofertá-los em um leilão a terceiros. Em razão dos impedimentos dos Conselheiros Furquim e Cueva, votamos Prado, Rigato, Sicsú, Elizabeth Farina e eu, que votei pela imposição da restrição. O Prado e Sicsú votaram alinhados com a SEAE e a SDE, o Rigato me acompanhou e a Elizabeth Farina desempatou em favor das requerentes. Por

---

[2] Ato de Concentração 08012.00010192/2004-77 – Requerentes: Votorantim Celulose e Papel S.A. e Ripasa S.A. Celulose e Papel.

3x2, o consórcio foi mantido, com imposição de venda da marca Ripasa. Meu voto foi longo por várias razões: a primeira, porque era uma concentração que envolvia vários mercados relevantes diferentes; segundo, porque em cada um desses mercados havia problemas de concentração significativos; e terceiro, em razão do número de pareceres econômicos juntados aos autos. Aliás, depois da passagem pelo CADE eu me tornei bastante cético com relação ao sucesso da estratégia de saturação dos conselheiros com pareceres econômicos, sobretudo pareceres econômicos com modelos quantitativos teoricamente sofisticados. A principal razão é que a assimetria de informações entre o CADE e as requerentes do ato de concentração é enorme, e isso faz com que a capacidade do CADE de controlar a qualidade das informações apresentadas ou detectar o uso estratégico de informações pelas requerentes seja extremamente limitada. Isso reduz o valor dessas informações e dos modelos que as utilizam no processo de ponderação de provas. No limite, o valor é igual a zero, e o saldo é uma perda líquida de recursos tanto privados quanto públicos. Daí, por outro lado, a importância da impugnação por terceiros interessados de concentrações notificadas ao SBDC: o impugnante, geralmente uma empresa do setor ou de um mercado conexo, traz as suas informações e pode contestar as informações apresentadas pelas requerentes, reduzindo a assimetria. Portanto, a impugnação amplia o debate e limita a manipulação dos dados e análises disponibilizados ao CADE, eventualmente aumentando o valor de cada pedaço de informação apresentado.

Outro caso interessante foi o voto-vista no ato BR-Agip,[3] em que tratei da eficácia relativa das restrições estruturais e comportamentais. Há um consenso de que as restrições estruturais são mais eficazes, salvo em circunstâncias excepcionais. Mas em mercados regulados, quando há uma agência que funciona e que já faz o trabalho de monitoramento do mercado, eu acredito que restrições comportamentais podem ser equivalentes ou até superiores às estruturais, dependendo dos ganhos de eficiência gerados pela concentração. O argumento está baseado na presença de economias de escala e de escopo na fiscalização e no monitoramento desses mercados, e ao fato de os custos envolvidos já se encon-

---

[3] Ato de Concentração 08012.005539/2004-60 – Requerentes: Petrobrás Distribuidora S/A e Agip do Brasil S/A.

trarem "afundados" no caso das agências reguladoras competentes, mas não no caso do CADE.

Essas considerações obviamente tocam na questão da divisão de competências decisórias entre as agências reguladoras e os órgãos de defesa da concorrência. Eu não sei dizer com certeza qual seria no Brasil a divisão ótima, mas estou convencido de que nela o poder das agências seria residual. O CADE já é um órgão institucionalmente confiável a ponto de poder centralizar, na Administração Pública, esse tipo de competência. É claro que sempre haverá pressões, mais ou menos sutis, dos mais diversos cantos da sociedade sobre um órgão como o CADE, sempre haverá um telefonema questionando o andamento desse ou daquele caso, mas acredito que já existe entre os atores relevantes a expectativa de que tais pressões serão ignoradas quando estiverem desacompanhadas de argumentos tecnicamente consistentes. Com relação a esse ponto, eu gostaria de dar aqui um testemunho e prestar uma homenagem. Quando há pressões, elas são normalmente encaminhadas e mediadas pelo presidente do Conselho, e é fundamental que o presidente seja transparente com os demais conselheiros e leal à instituição no seu gerenciamento. Meu testemunho é que, nesse quesito, a Elizabeth Farina foi uma figura excepcional e exemplar na sua contribuição à credibilidade institucional do CADE.

Obviamente, a transparência externa também é fundamental. Hoje eu costumo dizer que só depois de ter sido conselheiro do CADE eu posso avaliar, em toda a sua extensão, o significado da expressão "Estado de Direito". Quando você tem o poder de decidir, afetando direitos e interesses privados, e o dever de fazê-lo atendendo ao interesse público, você percebe como é tênue a linha que separa o uso legítimo desse poder do seu abuso. Em situações como esta, é extraordinariamente fácil atentar-se contra os princípios que articulam o conceito normativo de Estado de Direito; é preciso muita atenção para evitar que isso aconteça, e a transparência externa, juntamente com o controle social que ela viabiliza, é essencial nesse sentido.

Não esqueçamos que o conselheiro do CADE é um aplicador da lei. Esse é outro ponto fundamental que deve ficar bem claro. O conselheiro do CADE não está lá para expressar as suas convicções acadêmicas ou políticas sobre a defesa da concorrência, e muito menos sobre como o mercado deve se estruturar ou funcionar. Ele não é um formulador de políticas públicas (para usar a expressão em voga) na acepção estrita do termo. Eu digo isso porque há uma tentação muito grande de agir dessa forma, de posar de formulador de políticas públicas, dado que os conselheiros têm poder de decisão, e é da natureza do CADE intervir na liberdade de iniciativa dos agentes econômicos. O essencial, no entanto, é que essa intervenção deverá dar-se sempre enquanto adjudicação, ou seja, enquanto aplicação do direito positivo preexistente para a solução de casos concretos, na forma da lei, respeitando os princípios do Estado de Direito. É óbvio que, nesse papel, há espaços de liberdade interpretativa e, com eles, de criação do Direito. Porém, esses espaços não se confundem com os espaços de liberdade que estão à disposição dos agentes dotados de poder de criar normas jurídicas gerais, como é o caso, por exemplo, do legislador ordinário, do Presidente da República ou dos ministros de Estado. Novamente, o CADE é um órgão judicante; ele não existe para fazer política jurídica.

Passando às condutas anticompetitivas, o caso da Coopanest[4] foi um dos mais relevantes; na minha opinião, ele foi um divisor de águas no que se refere à investigação de cartéis. Este caso envolvia cooperativas de anestesiologistas da Bahia, que negociavam em conjunto os honorários médicos junto aos planos de saúde. As cooperativas resolveram boicotar os planos de saúde, exigindo aumento da remuneração dos médicos membros da cooperativa, tudo isso feito obviamente em conjunto, de uma forma concertada pelos médicos por meio da cooperativa e pelas cooperativas entre si. Nesse voto, ao interpretar o art. 20 da Lei 8.884/1994, eu sugeri uma leitura que diferenciava "infrações em razão do objeto" do ato investigado e "infrações em razão dos seus efeitos esperados", uma leitura que teve implicações importantes para a discussão sobre as condições de prova de restrições horizontais, especialmente dos cartéis. Essa interpretação fez inclusive a presidente mudar parcialmente o voto que já havia proferido antes do meu pedido de vista. Eu entendo que o voto deu o fundamento teórico que legitimava o modo como o SBDC vinha historicamente investigando e julgando os casos de cartel.

---

[4] Processo Administrativo 08012.008060/2004-85 – Representante: M. Público do Estado de Pernambuco; Representada: Cooperativa dos Médicos Anestesiologistas de Pernambuco – COOPANEST/PE.

O voto também mostrou que é desnecessária a importação da distinção do Direito Antitruste norte-americano entre regra da razão e regra *per se*. Tudo o que ela envolve em termos de padrões de análise de condutas anticompetitivas já está suficientemente explicitado no texto do art. 20. A propósito, é importante dizer que muitos que defendem a inaplicabilidade da regra *per se* no Brasil não entenderam corretamente o seu significado no Direito Americano: ela não significa condenação independentemente dos efeitos da prática para a concorrência, mas sim condenação independentemente da prova desses efeitos.

Outro voto muito importante foi o relativo ao Termo de Compromisso de Cessação celebrado entre o CADE e a Lafarge,[5] em processo administrativo para investigar a existência de cartel no mercado de cimento. Como foi o primeiro que o CADE julgou depois da alteração da lei, o desafio foi criar os parâmetros para a definição da contribuição pecuniária. Também era necessário pensar em uma solução para o problema da exigência de confissão de culpa: a SDE pressionava muito para que ela ocorresse nos casos de cartéis *hard-core* para não atrapalhar o programa de leniência. Ao final, nós, no CADE, negociamos a contribuição pecuniária sem a confissão de culpa. Isso por algumas razões: primeiro, não havia nenhuma exigência legal; segundo, como os TCCs são celebrados individualmente, eu não via tanto risco para o programa de leniência como a SDE, porque nada impediria, por exemplo, que se fizesse um compromisso de cessação logo depois do início do processo, e se condicionasse a celebração do TCC, para aqueles que viessem depois, à confissão de culpa. Não existe nenhuma razão jurídica para se ter, para o segundo, o terceiro e assim por diante, um TCC exatamente igual ao TCC que foi celebrado primeiramente; pelo contrário, é bastante plausível argumentar que a lei induz discriminações em função de variáveis como momento da propositura do termo, disponibilidade de indícios sobre grau de participação na conduta, etc. As condições podem variar para cada compromissário. É claro que as condições exigidas pelo CADE para a celebração de TCCs nos casos de cartel devem ser severas o bastante para não transformar a escolha do representado entre propor um TCC ou propor um Acordo de Leniência em uma escolha na qual a propositura do TCC seja sempre a

---

[5] Requerimento 08700.004221/2007-56 (Referente ao Processo Administrativo 08012.011142/2006-79) – Requerente: Lafarge Brasil S.A.

estratégia estritamente dominante, isto é, seja sempre melhor para o representado. Mas os conselheiros do CADE, obviamente, sabem disso, e eu acredito que o Conselho tem agido, na negociação de TCCs, de maneira a evitar esse resultado perverso. Na verdade, assumindo-se que o poder discricionário que a lei atribui ao CADE seja usado nesse sentido, é possível inclusive pensar nos dois institutos como se fortalecendo reciprocamente, por exemplo, ao tornar mais prováveis e mais frequentes Acordos de Leniência propostos por um agente participante de um cartel após a celebração, por um outro participante, de um TCC com o CADE. Os custos para os potenciais compromissários, incluindo os custos associados à punição, podem ficar tão altos após o primeiro TCC ter sido celebrado, que a opção da leniência pode se tornar relativamente mais atrativa.

Um ponto adicional a ser levado em conta, ainda no contexto da discussão sobre a exigibilidade do reconhecimento de culpa, é o caráter binário da decisão do CADE quanto a fazer ou não o TCC. Só há duas opções: a primeira é fazer o TCC tal como proposto ou negociado com o relator, e a segunda opção é litigar até o fim, não só até o fim no âmbito administrativo, mas até o fim também no âmbito judicial. Acontece que, mesmo com uma condenação definitiva na esfera judicial, a confissão de culpa não vai se verificar; logo, a racionalidade da decisão de celebrar ou não um TCC específico não deveria depender da existência ou não de confissão de culpa pelo compromissário, pois ela não virá em momento algum caso o CADE decida-se por não celebrá-lo.

Quanto à definição dos critérios para definir a contribuição pecuniária, recorri a argumentos de teoria da decisão racional sob condições de incerteza e me perguntei qual seria o mínimo valor que deveria deixar o CADE indiferente entre fazer o TCC e não fazer o TCC, tal como proposto. A ideia foi estimar o valor presente dos "ganhos esperados", ou melhor, da sanção pecuniária esperada associada à decisão do CADE de não fazer o TCC; isto é, de condenar a representada administrativamente e litigar contra ela até uma decisão judicial definitiva, usando esse valor como referência para a determinação do mínimo valor aceitável para a contribuição. O raciocínio é análogo ao utilizado por um litigante racional que precisa decidir se aceita ou não uma proposta de acordo para encerrar um processo judicial: ele compara o ganho que terá com o acordo com o ganho esperado associado à decisão de continuar litigando. Esse ganho é "esperado" no sentido de que depende da ocorrência de eventos futuros e incertos, tipicamente ganhar a ação (total ou parcialmente) ou perder a ação. No caso do CADE, o ganho esperado é substituído pela sanção esperada, que é igual ao somatório das sanções possíveis multiplicadas por suas respectivas probabilidades. O argumento está desenvolvido em detalhe no voto.

Por último, eu não queria deixar de mencionar o caso das Vitaminas Animal,[6] no qual você, Pedro, era um dos advogados. Nesse caso, eu me manifestei, em voto-vista, sobre uma questão processual bastante geral que eu reputo da máxima relevância e que tem que ver com teoria da prova e o princípio do livre convencimento do juiz. Trata-se da questão do *standard* ou padrão de prova. Eu não vejo essa discussão muito desenvolvida no âmbito do Direito Processual brasileiro. Aliás, há um artigo muito interessante de dois autores americanos que afirmam que essa é uma discussão que, apesar de envolver um problema fundamental da aplicação do Direito, está restrita aos juristas americanos, e que suscitou uma resposta crítica de Michele Taruffo, famoso jurista italiano. Seja como for, parece-me que, no Brasil pelo menos, a discussão está engatinhando. O conceito de padrão de prova refere-se ao máximo grau de incerteza que se admite para uma dada decisão, por exemplo, uma decisão penal condenatória. O principal ponto é o seguinte: não se pode exigir 100% de certeza por parte do julgador ao avaliar o conjunto probatório presente nos autos; sempre vai haver probabilidade positiva de erro; ao condenar alguém, o julgador sempre está correndo o risco de errar, e não se pode exigir que esse risco seja zero, pois, se assim fosse, ninguém seria condenado nunca. Não existe probabilidade zero de erro. Daí a necessidade de explicitação do padrão de prova que está sendo utilizado. Foi o que procurei fazer no caso das Vitaminas Animal: procurei discutir qual o grau de certeza que o julgador deve ter para condenar alguém por infração à ordem econômica. Assumindo que, em se tratando de aplicação de sanções, não há no Direito brasileiro diferenciação entre os padrões de prova vigentes nos casos penal e administrativo, concluí que a SDE não tinha satisfeito o padrão de prova necessário à condenação, e votei

---

[6] Processo Administrativo 08012.004599/1999-18 – Representantes: SDE/MJ (*ex officio*) e SEAE MF; Representados: F. Hoffmann – La Roche Ltd., Produtos Roche Químicos e Farmacêuticos S/A, Basf Aktiengesellschaft, Basf S/A, Aventis Animal Nutrition do Brasil Ltda., Aventis Animal Nutrition e outros.

(nesse caso, sozinho) pela absolvição. Nos autos havia referência a um cartel organizado fora do Brasil, e a afirmação de que o cartel teria afetado o território brasileiro; mas no meu entendimento não havia prova alguma de que o acordo também se referia ao Brasil ou de que teria produzido efeitos no Brasil. Não se fez, por exemplo, qualquer análise da correlação dos preços externos com os preços aqui praticados. Entendi que não bastaria ter havido o fato do cartel lá fora; teria sido necessário provar que ele visava envolver o mercado brasileiro ou que teria elevada probabilidade de afetá-lo. E isso não foi feito: não estava demonstrado nos autos, não havia prova nos autos, apenas um *press release* da Comissão Europeia mencionando a existência de um cartel no exterior. Se você me perguntar qual a minha opinião subjetiva acerca desse caso, eu lhe diria que eu acredito que o propósito do acordo também incluía o mercado brasileiro e que é muito provável que o cartel tenha produzido efeitos negativos por aqui, mas isso não é relevante do ponto de vista jurídico. O relevante é que não havia provas objetivas que, em conjunto, fossem suficientes para a superação do padrão de prova vigente para decisões condenatórias.

Em conclusão: não se pode seriamente querer instruir um processo sancionador supondo-se a necessidade de extrair do conjunto probatório presente nos autos conclusões com certeza absoluta seja para condenar seja para absolver; por outro lado, a crença subjetiva de um ou mais julgadores não pode ser considerada suficiente para bancar uma condenação. Isso não invalida o princípio do livre convencimento do juiz, simplesmente porque esse princípio não pode ser entendido a partir do modelo da lâmpada que se acende na cabeça do julgador quando está convencido da verdade ou da falsidade de uma proposição.

Qual a importância da defesa da concorrência para a sociedade brasileira?

Luis Fernando Schuartz: A resposta a esta pergunta é política no sentido de que não há uma única resposta tecnicamente correta. Trata-se de uma escolha que depende do fim, ou melhor, do valor que nós, enquanto sociedade, queiramos atribuir à defesa da concorrência no Brasil. Isso pode parecer um truísmo, mas não é. Dizer, por exemplo, que a defesa da concorrência serve para promover a eficiência e não deve envolver interesses distributivos é fazer uma opção política que é tão tecnicamente correta quanto dizer que a defesa da concorrência necessariamente deve incluir preocupações distributivistas. Houve no Brasil um certo deslumbramento com a ideia da maximização da eficiência, e se passou a impressão de que as decisões que não encampassem essa ideia seriam decisões erradas de um ponto de vista técnico, mas é importante que se afirme explicitamente que isso é falso, para que nós possamos fazer, de maneira desimpedida e sem culpa, a escolha que entendermos politicamente mais adequada.

O meu entendimento, tendo a Lei 8.884/1994 nas mãos, é que, ao menos no que diz respeito ao controle de concentrações, nós institucionalizamos um sistema misto, em que a preocupação distributiva é dominante quanto mais próximos estiverem os efeitos esperados de uma concentração dos "consumidores ou usuários finais", como diz o texto legal. Aparentemente, a escolha política que está refletida na lei foi tal, que esses consumidores e usuários não podem perder, de modo que os atos que potencialmente os afetarem negativamente não poderão ser aprovados sem restrições. No entanto, essa proteção contra transferências de renda não seria extensível a agentes localizados mais acima nas cadeias produtivas. Em relação a estes, eventuais perdas teriam o mesmo peso que os eventuais ganhos obtidos com a concentração econômica pelos seus participantes, podendo ser compensadas por tais ganhos. Quanto mais acima na cadeia, mais distributivamente neutra seria a nossa legislação. Para resumir, a defesa da concorrência serve para aquilo que quisermos que ela sirva, e a decisão política que hoje está refletida no texto da nossa lei em vigor parece ter sido a seguinte: nenhuma perda será admitida para os consumidores finais, e, quanto aos outros, apenas admitiremos perdas que possam ser compensadas por ganhos maiores ou iguais.

Eu acredito que a defesa da concorrência também pode trazer outros benefícios para a sociedade brasileira, como por exemplo, a institucionalização da ideia de que é o mérito que deve determinar quem se sai melhor em competições pela apropriação de recursos, mas esses benefícios são indiretos e bem mais distantes do que aqueles que eu mencionei anteriormente e que, tipicamente, busca-se atingir com uma legislação antitruste.

Em relação mais especificamente ao futuro papel do CADE, eu penso que o modelo mais apropriado para o Brasil seria algo parecido com o modelo americano, ou seja, de judicialização do Direito da

Concorrência, com o CADE exercendo, como órgão administrativo, o papel de um "promotor público da concorrência". Muitas pessoas dizem ser absurda essa ideia por causa da lentidão do Judiciário e da sua falta de especialização. Mas esse é um problema de aprendizado institucional, e a história ensina que é perfeitamente possível aprender com o tempo e que, além disso, os resultados desse processo evolutivo podem ser bastante satisfatórios. De fato, se os juízes americanos aprenderam, os nossos também podem aprender. Eu não vejo razão para acreditar que os juízes americanos são mais inteligentes do que os brasileiros. Embora eu esteja convicto, como eu disse antes, de que o CADE é um órgão institucionalmente maduro, ainda não estão criadas todas as condições para uma estabilidade institucional efetiva, que sobreviva às pessoas que ocupam os cargos-chaves dentro do Conselho. Além de recursos materiais, faltam ainda certas decisões políticas que tornem irreversível o processo de aperfeiçoamento das instituições que se ocupam da defesa da concorrência no País, como, por exemplo, a decisão de dotar o CADE de um quadro de pessoal bem maior do que o atual, com plano de carreira definido e salários compatíveis com a responsabilidade que o exercício da função implica. Isso para não falar dos processos de escolha dos integrantes dos órgãos que compõem o SBDC, que funcionam de modo bastante imperfeito.

Ou seja, quando o CADE tiver uma estrutura administrativa compatível com o papel que queremos que ele exerça na sociedade brasileira, aí sim poderemos supor que aquilo que foi conquistado ficará menos vulnerável à vontade política dos governantes de plantão.

COLEGIADOS DO CADE 1962-2008[1]

COMPOSIÇÃO DO CONSELHO 1962/1964

Presidente: Lourival Fontes
Procurador-geral: Paulo Germano Magalhães
Conselheiros:
Mário Martins
Nelson Omegna
Saturnino Braga
Irineu Pontes Vieira

COMPOSIÇÃO DO CONSELHO 1965/1966

Presidente: Tristão da Cunha
Conselheiros:
Gratuliano Brito
Nestor Duarte
João da Costa Pinto Dantas Junior
Coelho de Souza

COMPOSIÇÃO DO CONSELHO 1967

Presidente: Tristão da Cunha
Conselheiros:
Gratuliano Brito
Raul de Góes
João da Costa Pinto Dantas Junior
Coelho de Souza

---

[1] Esta lista faz parte do Programa de Recuperação da História do Cade e foi elaborada pelo Assessor Henrique Campos a partir de valiosas contribuições de membros do IBRAC, José Inácio Franceschini, Carlos Francisco Magalhães e dos participantes do Programa de Intercâmbio do Cade, Humberto Branco, Alexandre Domingues, Sílvia Felippe e Júlio Roth, por ocasião das festividades do trigésimo-quinto aniversário do CADE. O arquivo foi completado funcionárias Elda Belo, Mary Lúcia dos Santos Cunha e a estagiária Thaís Vieira de Souza, todas do Centro de Documentação – Biblioteca.

COMPOSIÇÃO DO CONSELHO 1968/1969/1970

Presidente: Tristão Cunha
Conselheiros:
Gratuliano Brito
João da Costa Mendonça de Braga
Coelho de Souza
Raul de Góes

COMPOSIÇÃO DO CONSELHO 1971

Presidente : Tristão Cunha
Conselheiros:
Gratuliano Brito
João da Costa Mendonça de Braga
Geraldo de Rezende Martins
Hermes da Matta Barcellos

COMPOSIÇÃO DO CONSELHO 1972/1973

Presidente: Tristão Cunha
Conselheiros:
Gratuliano Brito
Olympio José de Abreu
Geraldo de Rezende Martins
Wanor Pereira de Oliveira

COMPOSIÇÃO DO CONSELHO 1974

Presidente: Gratuliano Brito
Conselheiros:
Olympio José de Abreu
Geraldo de Rezende Martins
Wanor Pereira de Oliveira
Guilherme Augusto Canedo de Magalhães

COMPOSIÇÃO DO CONSELHO 1975/1976/1977

Presidente: Gratuliano da Costa Brito
Procuradores-gerais: Elbruz Carvalho, Vicente Tourinho
Conselheiros:
Geraldo de Rezende Martins
Wanor Pereira de Oliveira

Guilherme Augusto Canedo de Magalhães
Hamilton Bittencourt Leal

COMPOSIÇÃO CONSELHO 1978

Presidente: Gratuliano da Costa Brito
Procurador-geral: Elbruz Moreira de Carvalho
Conselheiros:
Hamilton Bittencourt Leal
Vicente Tourinho
Wanor Pereira de Oliveira
Guilherme Augusto Canedo de Magalhães

COMPOSIÇÃO DO CONSELHO 1979

Presidente: Gratuliano Brito
Procurador-geral: Elbruz Carvalho
Conselheiros:
Vicente Tourinho
Wanor Pereira de Oliveira
Eduardo Galil
Márcio F. Nunes Cambraia

COMPOSIÇÃO DO CONSELHO 1980

Presidentes: Gratuliano Brito , Eduardo Galil
Procurador-geral: Elbruz Carvalho
Conselheiros:
Eduardo Galil
Féres Osraia Nader
Vicente Tourinho
Wanor Pereira de Oliveira
Márcio F. Nunes Cambraia

COMPOSIÇÃO DO CONSELHHO 1981

Presidente: Eduardo Gail
Procurador-geral:
Elbruz Carvalho
Conselheiros:
Vicente Tourinho

Romeu Rodrigues Silva
João Lopes Esteves
Féres Osraia Nader

COMPOSIÇÃO DO CONSELHO 1982

Presidente: Eduardo Galil, Paulo César Muniz
Procurador-geral: Elbruz Carvalho
Conselheiros:
Féres Osraia Nader
João Lopes Esteves

COMPOSIÇÃO DO CONSELHO 1983

Presidente: Paulo César Portugal Muniz
Procurador-geral: Elbruz Carvalho
Conselheiro: João Lopes Esteves

COMPOSIÇÃO DO CONSELHO 1983

Presidente: Paulo César Portugal Muniz
Procurador-geral: Elbruz Carvalho
Conselheiro: João Lopes Esteves

COMPOSIÇÃO DO CONSELHO CADE 1984

Presidente: Paulo César Portugal Muniz
Procurador-geral: Elbruz Carvalho
Conselheiro: João Lopes Esteves

COMPOSIÇÃO DO CONSELHO 1985

- Transferência do **CADE** do Rio de Janeiro – RJ, para Brasília – DF, conforme Decreto 91.246, de 13 de maio de 1985.

Presidente(s): Paulo César Portugal Muniz, José Paulo Cavalcanti Filho
Conselheiro: João Lopes Esteves

COMPOSIÇÃO DO CONSELHO 1986

Presidente: José Paulo Cavalcanti Filho, Werter Rotunno Faria
Procuradores-gerais: José Arnaldo da Fonseca, Renato Menegat
Conselheiros:

Ana Maria Ferraz Augusto
George Marcondes Coelho de Souza
Geová Magalhães Sobreira
Mauro Grinberg

COMPOSIÇÃO DO CONSELHO 1987

Presidente: Werter Rotunno Faria
Procurador-geral: José Arnaldo da Fonseca

Conselheiros:
George Marcondes Coelho de Souza
Geová Magalhães Sobreira
Mauro Grinberg
Maria Isabela Vianna de Oliveira Vaz

COMPOSIÇÃO DO CONSELHO 1988

Presidente: Werter Rotunno Faria
Procurador-geral: José Arnaldo da Fonseca
Conselheiros:
George Marcondes Coelho de Souza
Geová Magalhães Sobreira
Mauro Grinberg
Maria Isabel Vianna de Oliveira Vaz

COMPOSIÇÃO DO CONSELHO 1989

Presidente: Werter Rotunno Faria
Procuradores-gerais: José Arnaldo da Fonseca, Renato Menegat
Conselheiros:
George Marcondes Coelho de Souza
Geová Magalhães Sobreira
Mauro Grinberg
Maria Isabel Vianna de Oliveira Vaz

COMPOSIÇÃO DO CONSELHO 1990

Presidente: Weter Rotunno Faria
Conselheiros:
Geová Magalhães Sobreira
Maria Isabel Vianna de Oliveira Vaz

George Marcondes Coelho de Souza
Mauro Grinberg

COMPOSIÇÃO DO CONSELHO 1991

No período compreendido entre, março de 1990 e março de 1992, não foram nomeados membros para o plenário do CADE.

COMPOSIÇÃO DO CONSELHO 1992/1993/1994

Presidente: Ruy Coutinho
Procuradores-gerais: Paulo Gonet Branco, Marcello Augusto Diniz Cerqueira, Jorge Gomes de Souza
Conselheiros:
Carlos Eduardo Vieira de Carvalho
José Matias Pereira
Neide Teresinha Malard
Marcelo Monteiro Soares

- 11.07.1994: Publicação da Lei 8.884. O Conselho Administrativo de Defesa Econômica, passa a ser uma Autarquia Federal vinculada ao Ministério da Justiça, com sede e foro no Distrito Federal e atribuições previstas nessa mesma Lei.

COMPOSIÇÃO DO CONSELHO 1995

Presidente: Ruy Coutinho do Nascimento
Procuradores- gerais: Marcelo Augusto Diniz Cerqueira, Jorge Gomes de Souza (Substituto)
Conselheiros:
Carlos Eduardo Vieira de Carvalho
José Matias Pereira
Neide Teresinha Malard
Marcelo Monteiro Soares
Edgard Lincoln de Proença Rosa
Edison Rodrigues-Chaves

COMPOSIÇÃO DO CONSELHO 1996

Presidente: Ruy Coutinho, Gesner José de Oliveira Filho
Procuradores-gerais: Marcelo A.D. Cerqueira, Marusa Vasconcelos Freire

Conselheiros:
Edison Rodrigues-Chaves
Leônidas Rangel Xausa
Antônio Carlos Fonseca da Silva
Renault de Freitas Castro
Lucia Helena Salgado e Silva
Paulo Dyrceu Pinheiro

COMPOSIÇÃO DO CONSELHO 1997

Presidente: Gesner José de Oliveira Filho
Procuradora-geral: Marusa Vasconcelos Freire
Conselheiros:
Leônidas Rangel Xausa
Antônio Carlos Fonseca da Silva
Renault de Freitas Castro
Lucia Helena Salgado e Silva
Paulo Dyrceu Pinheiro
Arthur Barrionuevo Filho

COMPOSIÇÃO DO CONSELHO 1998

Presidente: Gesner José de Oliveira Filho
Procuradora-geral: Marusa Vasconcelos Freire
Conselheiros:
Leônidas Rangel Xausa
Antônio Carlos Fonseca da Silva
Renault de Freitas Castro
Lucia Helena Salgado e Silva
Paulo Dyrceu Pinheiro
Arthur Barrionuevo Filho
Mércio Felsky
Ruy Afonso de Santacruz Lima
Marcelo Procópio Calliari

COMPOSIÇÃO DO CONSELHO 1999

Presidente: Gesner José de Oliveira Filho
Procuradores-gerais: Marusa Vasconcelos Freire, Dalton Soares, Amauri Serralvo

Conselheiros:
Lucia Helena Salgado e Silva
Arthur Barrionuevo Filho
Mércio Felsky
Ruy Afonso de Santacruz Lima
Marcelo Procopio Calliari
João Bosco Leopoldino da Fonseca
Hebe Teixeira Romano Pereira da Silva

COMPOSIÇÃO DO CONSELHO 2000

Presidente: Gesner José de Oliveira Filho, Mércio Felsky, João Grandino Rodas
Procurador-geral: Amauri Serralvo
Conselheiros:
Lucia Helena Salgado e Silva
Mércio Felsky
Ruy Afonso de Santacruz Lima
Marcelo Procópio Calliari
João Bosco Leopoldino da Fonseca
Hebe Teixeira Romano Pereira da Silva

COMPOSIÇÃO DO CONSELHO 2001

Presidente: João Grandino Rodas
Procurador-geral: Amauri Serralvo
Conselheiros:
Mércio Felsky
João Bosco Leopoldino da Fonseca
Hebe Teixeira Romano Pereira da Silva
Thompson Almeida Andrade
Afonso Arinos de Mello Franco Neto
Celso Fernandes Campilongo

COMPOSIÇÃO DO CONSELHO 2001

Presidente: João Grandino Rodas
Procurador-geral: Fernando de Magalhães Furlan
Conselheiros:
Afonso Arinos de Mello Franco Neto

Celso Fernandes Campilongo
Thompson Almeida Andrade
Roberto Augusto Castellanos Pfeiffer
Ronaldo Porto Macedo Júnior
Miguel Tebar Barrionuevo

COMPOSIÇÃO DO CONSELHO 2002

Presidente: João Grandino Rodas
Procurador-geral: Fernando de Magalhães Furlan
Conselheiros:
Afonso Arinos de Mello Franco Neto
Celso Fernandes Campilongo
Thompson Almeida Andrade
Roberto Augusto Castellanos Pfeiffer
Ronaldo Porto Macedo Júnior
Miguel Tebar Barrionuevo

COMPOSIÇÃO DO CONSELHO 2003

Presidente: João Grandino Rodas
Procuradora-geral: Maria Paula Dallari Bucci
Conselheiros:
Thompson Almeida Andrade
Roberto Augusto Castellanos Pfeiffer
Miguel Tebar Barrionuevo
Cleveland Prates Teixeira
Fernando de Oliveira Marques
Luiz Alberto Esteves Scaloppe

COMPOSIÇÃO DO CONSELHO 2004 - 1.º SEMESTRE

Presidente: João Grandino Rodas
Procuradora-geral: Maria Paula Dallari Bucci
Conselheiros:
Thompson Almeida Andrade
Roberto Augusto Castellanos Pfeiffer
Miguel Tebar Barrionuevo
Cleveland Prates Teixeira
Fernando de Oliveira Marques
Luiz Alberto Esteves Scaloppe

COMPOSIÇÃO DO CONSELHO 2004 – 2.º SEMESTRE

Presidente: Elizabeth Maria Mercier Querido Farina
Procuradora-geral: Maria Paula Dallari Bucci
Conselheiros:
Roberto Augusto Castellanos Pfeiffer
Luiz Fernando Rigato Vasconcellos
Ricardo Villas Boas Cueva
Luiz Carlos Thadeu Delorme Prado
Luiz Alberto Esteves Scaloppe

COMPOSIÇÃO DO CONSELHO 2005 - 1.º SEMESTRE

Presidente: Elizabeth Maria Mercier Querido Farina
Procuradores-gerais: Maria Paula Dallari Bucci, Mauro César Santiago Chaves
Conselheiros:
Roberto Augusto Castellanos Pfeiffer
Luiz Fernando Rigato Vasconcellos
Ricardo Villas Boas Cueva
Luiz Carlos Thadeu Delorme Prado
Luiz Alberto Esteves Scaloppe

COMPOSIÇÃO DO CONSELHO 2005 - 2.º SEMESTRE

Presidente: Elizabeth Maria Mercier Querido Farina
Procurador-geral: Arthur Badin
Conselheiros:
Luis Fernando Rigato Vasconcellos
Ricardo Villas Boas Cueva
Luiz Carlos Thadeu Delorme Prado
Luis Fernando Schuartz

COMPOSIÇÃO DO CONSELHO 2006

Presidente: Elizabeth Maria Mercier Querido Farina
Procurador-geral: Arthur Badin
Conselheiros:
Ricardo Villas Boas Cueva
Luiz Carlos Thadeu Delorme Prado

Luis Fernando Schuartz
Luis Fernando Rigato Vasconcellos
Paulo Furquim de Azevedo
Abraham Benzaquem Sicsú

COMPOSIÇÃO DO CONSELHO 2007

Presidente: Elizabeth Maria Mercier Querido Farina
Procurador-geral: Arthur Badin
Conselheiros:
Ricardo Villas Boas Cueva
Luiz Carlos Thadeu Delorme Prado
Luis Fernando Schuartz
Luis Fernando Rigato Vasconcellos
Paulo Furquim de Azevedo
Abraham Benzaquem Sicsú

COMPOSIÇÃO DO CONSELHO 2008 – 1.º SEMESTRE

Presidente: Elizabeth Maria Mercier Querido Farina
Procurador-geral: Arthur Badin
Conselheiros:
Ricardo Villas Boas Cueva
Luiz Carlos Thadeu Delorme Prado
Luis Fernando Schuartz
Luis Fernando Rigato Vasconcellos
Paulo Furquim de Azevedo
Abraham Benzaquem Sicsú

COMPOSIÇÃO DO CONSELHO 2008 – 2.º SEMESTRE

Presidente: Interinos: Ricardo Villas Boas Cueva, Paulo Furquim de Azevedo
Procurador-geral: Arthur Badin
Conselheiros:
Fernando de Magalhães Furlan
Paulo Furquim de Azevedo
Olavo Zago Chinaglia
Carlos Emmanuel Joppert Ragazzo
Vinícius Marques de Carvalho

COMPOSIÇÃO DO CONSELHO 2008 – 2.º SEMESTRE (2)

Presidente: Arthur Badin
Procurador-geral: Gilvandro Vasconcelos Coelho de Araújo
Conselheiros:
Fernando de Magalhães Furlan
Paulo Furquim de Azevedo
Olavo Zago Chinaglia
Carlos Emmanuel Joppert Ragazzo
Vinícius Marques de Carvalho
César Costa Alves de Mattos

Este livro foi composto na fonte Caslon, corpo 11

Impressão e Acabamento